Haben Tiere eine Würde? Sind Tierschützer die besseren Menschen? Muss man Sadist sein, um Tiere zu quälen? Warum lassen wir wilde Tiere nicht in ihrer natürlichen Umgebung? Warum landet die Katze auf dem Schoß und der Fisch in der Pfanne? Und was sagt der Umgang mit Tieren über uns als Gesellschaft, über uns als Menschen aus?

Egal, ob es um übertriebene Tierliebe, Missbrauch von Haus- oder Nutztieren, Tierschutz contra Menschenschutz oder Ethik im Umgang mit Tieren geht: Es gibt keinen Fall, den der weltweit führende Tieranwalt nicht kennt.

Dr. Antoine F. Goetschel hat sich neben seiner Anwaltstätigkeit in Zürich seit 1985 dem Tier in Recht, Ethik und Gesellschaft gewidmet und zahlreiche Bücher und Aufsätze darüber veröffentlicht. Er hat die ›Stiftung für das Tier im Recht‹ mitbegründet und war maßgeblich daran beteiligt, dass die Schweiz, als einziges Land der Welt, die Würde des Tieres in der Bundesverfassung verankert hat. Drei Jahre hat er das weltweit einzigartige Amt des Rechtsanwalts für Tierschutz in Strafsachen des Kantons Zürich (Tieranwalt) ausgeübt. Darüber hinaus ist er als Lehrbeauftragter an der Zürcher Universität tätig.

Weitere Informationen, auch zu E-Book-Ausgaben, finden Sie bei www.fischerverlage.de

Antoine F. Goetschel
mit Doris Mendlewitsch

Tiere klagen an

FISCHER Taschenbuch

Erschienen bei FISCHER Taschenbuch,
Frankfurt am Main, März 2013

© S. Fischer Verlag GmbH, Frankfurt am Main 2013
Druck und Bindung: CPI – Ebner & Spiegel, Ulm
Printed in Germany

ISBN 978-3-596-19100-0

»Die Größe und den moralischen Fortschritt einer Nation
kann man daran messen, wie sie die Tiere behandelt.«
Mahatma Gandhi

»Weh dem Menschen,
wenn nur ein einziges Tier
im Weltgericht sitzt.«
Christian Morgenstern

Inhalt

Anhang 249

Vorwort

Warum ich welche Fragen stelle

Ich bin als Anwalt in einer Kanzlei in Zürich tätig und betreue vor allem Fälle aus dem Gebiet des Erb-, Vereins-, Stiftungs- und Vertragsrechts. Außerdem bin ich Vegetarier, versuche möglichst nur Accessoires und Kleidung zu kaufen, die ohne Leder angefertigt wurden, und verzichte auf Medikamente, deren Entwicklung auf Tierversuchen basiert. Bereits diese wenigen, aber scheinbar widersprüchlichen Merkmale einer Person verunsichern viele Menschen. Das scheint zu den gängigen Bildern nicht zu passen. Wenn sie dann noch erfahren, dass ich mich seit dreißig Jahren für einen rechtlich fundierten Tierschutz engagiere und rund drei Jahre als Tieranwalt im Kanton Zürich tätig war, also quasi die Rechte der Tiere vor Gericht vertreten habe, dann ist bei etlichen die Verwirrung komplett, und sie wissen nicht, in welche »Schublade« sie mich stecken sollen.

Warum eigentlich, wieso soll das nicht zusammenpassen? Man muss kein »sentimentaler Gutmensch« sein, wenn man für einen ernstzunehmenden Tierschutz plädiert. Und wenn man sich für einklagbare Rechte der Tiere einsetzt, heißt das weder, dass einem die Situation von benachteiligten Menschen in unserer Gesellschaft oder in der Welt überhaupt egal ist, noch dass man ein Genussverächter oder Misanthrop ist. Auch bin ich nicht der Ansicht, dass eine Besserstellung des Tieres im Recht das Luxusproblem einer Gesellschaft ist, die sonst nichts mehr zu regeln hätte. Es gibt in unseren aufgeklärten, gut funktionierenden Gesellschaften noch jede Menge Probleme, die zu lösen sind. Deshalb fragen sich und mich oftmals die Leute: Warum sollten wir uns angesichts vieler anderer Aufgaben unserem Verhältnis zu Tieren, unserem Umgang mit ihnen als Haus-, Nutz-, Vergnügungs-, Versuchstiere widmen? Meine Antwort besteht in einer Gegenfrage: Warum sollten wir es NICHT tun?

Ich spiele die Relevanz des rechtlich fundierten Tierschutzes nicht gegen andere gesellschaftliche oder humanitäre Probleme aus. Ich sage nicht: Ein bewusster, reflektierter Umgang mit Tieren ist für eine Gesellschaft oder ein Individuum wichtiger als beispielsweise der Schutz kleiner Kinder vor Vernachlässigung oder sexuellem Missbrauch. Ich halte den Tierschutz nicht für wichtiger als alles andere auf der Welt. Ich halte ihn aber auch nicht für unwichtiger.

Ich bin davon überzeugt, dass es für uns als Individuen wie für uns als Gesellschaft von großer Bedeutung ist, das Verhältnis zu unseren tierlichen Mitgeschöpfen so zu gestalten, dass es ihnen gerecht wird und dass wir guten Gewissens damit leben können. Wenn wir diese Beziehung vernachlässigen - sei es mit Absicht oder sei es aus Unwissenheit -, dann wird daraus eine moralische Verwahrlosung, die auf Dauer auch das Verhältnis der Menschen untereinander negativ beeinflussen wird.

Keiner von uns kann sich um alles kümmern, keiner von uns kann alle Probleme, unter denen die Welt leidet, lösen (selbst wenn er wüsste, wie). Ich konzentriere mich darauf, meine Verantwortung für die Besserstellung des Tieres in Recht, Ethik und Gesellschaft wahrzunehmen. Einen großen Teil meiner Energie wende ich dafür auf, das Bewusstsein für einen gerechten Umgang mit Tieren zu wecken und zu schärfen sowie Argumente dafür zu liefern, dass man sich auch in einer hochindustrialisierten Gesellschaft tiergerecht verhalten kann.

Dieses Buch ist kein Aufruf, sich ab sofort streng vegetarisch zu ernähren; es will Sie nicht dazu überreden, Ihr Leben von nun an dem Tierschutz zu weihen. Ich will Ihnen vielmehr aufgrund meiner Überlegungen und Erfahrungen als Tieranwalt einen Zugang bieten zu einem Thema, das Sie bisher möglicherweise wahrgenommen, aber nicht konsequent durchdacht haben. Ich möchte Sie aufmerksam machen auf Dinge, die Sie bisher nur in Ausschnitten erfahren haben, deren Auswirkungen im Alltag Ihnen aber nicht bewusst waren. Ich möchte – das sei mir gestattet – Sie ein wenig verunsichern und dazu beitragen, dass Sie die ein oder andere Ihrer selbstverständlichen Ansichten hinterfragen und womöglich sogar über Bord werfen. Und ich wäre sehr froh, wenn ich Sie davon überzeugen könnte, sich für einen ethisch begründeten Umgang mit Tieren einzusetzen, nicht als militanter Aktivist, sondern als verantwortungsbewusster Mensch (falls Sie dann auch zu dem Schluss kommen, kein Fleisch mehr zu essen, würde ich es begrüßen, aber wie schon gesagt: Das ist nicht das Hauptthema des Buchs).

Für viele Menschen ist das Rechtswesen mit dem Makel behaftet, trocken und langweilig zu sein. Als Jurist sehe ich das natürlich anders, für mich ist es ein hochspannendes Terrain, auf dem widerstreitende Interessen um Durchsetzung oder zumindest Ausgleich kämpfen. Man kommt in Kontakt mit verschiedensten Glaubenssätzen und Lebensentwürfen, mit Ignoranz und übertriebenem Eifer, mit Erscheinungsformen des Lebens, die man nie für möglich gehalten hätte. Dieses Buch speist sich einerseits aus diesen Erfahrungen, die ich als Tieranwalt in einem ganz direkten Sinne gemacht habe, also aus den Fällen, die mir im Laufe der Zeit begegnet sind. Andererseits fließen auch meine Überlegungen ein – und natürlich ebenso die weiterer Menschen –, mit denen ich die Notwendigkeit eines verbesserten Tierschutzes im Gesetz begründe.

Tierschutzrecht weist – wie der Umgang mit Tieren überhaupt – sehr viele Facetten auf. Ein geschlossenes System vorzustellen wäre daher schwierig, außerdem führte es nicht zu dem von mir angestrebten Ziel des reflektierten Umgangs. Daher habe ich mich entschlossen, die mir wichtigen Aspekte in zehn Fragen aufzuwerfen und zu erörtern. Sie kreisen alle mehr oder weniger eng um das Thema der Würde der Tiere. Es sind, das muss ich vorwegschicken, nicht immer angenehme Fragen, und es gibt auch nicht stets hundertprozentig eindeutige Antworten in Form fester Regeln. Sie werden nicht jeden meiner Standpunkte teilen, vielleicht regen Sie sich auch hin und wieder über eine Provokation auf. Darüber würde mich sehr freuen! Denn ich bin überzeugt davon, dass wir vor allem das Gespräch über den richtigen, respektvollen Umgang mit Tieren voranbringen müssen. Und ein Gespräch ist kein Monolog, sondern lebt von Rede und Gegenrede. Dieses Gespräch möchte ich mit Ihnen führen – zur Information und zur Klärung. Denn das ist die Basis für den gesellschaftlichen Konsens, auf dem eine Besserstellung des Tieres fußen muss.

Frage 1

Liebe oder Recht:
Womit erreicht man mehr?

Beginnen wir mit einer Art Gleichung:
- Hundehalter in Deutschland geben rund 330 Millionen Euro jährlich für die medizinische Versorgung ihrer Tiere aus.
- Das Hundefutter lassen sie sich mehr als 1 Milliarde Euro kosten.
- Jeder Deutsche verzehrt rund 60 Kilogramm Fleisch im Jahr, mehr als die Hälfte davon ist Schweinefleisch.[1] Im Supermarkt kosten 100 Gramm Schweinenackensteak im Angebot 59 Cent.
- Knapp 90 Prozent der Bundesbürger halten das Lebensrecht von Pflanzen und Tieren für achtenswert.

Was folgt aus dieser Gleichung, was kann man aus diesen Zahlen ablesen? Zumindest so viel: Das Verhältnis des aufgeklärten, modernen Zeitgenossen gegenüber Tieren ist widersprüchlich. Tierlieb sind fast alle, das Haustier wird mit großem finanziellem Aufwand verwöhnt, und das Fleisch schmeckt noch besser, wenn es preiswert ist. Es scheint keinen Zusammenhang zwischen diesen Verhaltensweisen zu geben – sehr seltsam.

Was die Liebe kann

Wie also behandelt man den Tierschutz im Allgemeinen und Besonderen, wenn es bei der Mehrheit der Bevölkerung offenbar kein konsistentes Verhalten, vielleicht nicht einmal ein durchgängiges Denken dazu gibt? Es bringt nichts, mit dem moralischen Zeigefinger auf Löcher im logischen System hinzuweisen, wenn es vielleicht gar kein System gibt. Trotzdem – oder gerade deswegen – halte ich es für unabdingbar, über die Grundpfeiler eines einigermaßen widerspruchsfreien Verhaltens

---

1 www.bvdf.de/in_zahlen/tab_06/, Zugriff 5. 1. 2012

gegenüber Tieren zu sprechen und als ihr Anwalt zu verdeutlichen, welche rechtlichen Ansprüche ihnen zustehen, worauf sie beruhen und wie man sie durchsetzen kann.

Über die Tierliebe als solche scheint diese Vermittlung jedoch nicht möglich; das machen die wenigen obengenannten Zahlen deutlich. Man kann offenbar seinen Hund lieben und auch die tägliche Portion Fleisch auf dem Teller. Wahrscheinlich deshalb, weil sich die Liebe nur auf bekannte, nahestehende Wesen richtet, nicht auf anonyme, »verarbeitete« Individuen. Ist aber ein Schwein weniger wert als ein Hund, nur weil ich ihn liebe? Muss sich ein Tier meine Liebe verdienen durch ein niedliches Aussehen oder durch bestimmte Fähigkeiten? Macht erst meine Liebe das Tier zu einem wahrnehmbaren Wesen? Und dadurch zu einem schützenswerten Leben? Klares Nein.

Wenn wir über Tierschutz und ethisches Verhalten gegenüber Tieren sprechen, dann müssen wir nach einem Kriterium für richtiges Verhalten suchen, das unabhängig von uns besteht – also beispielsweise nicht in unserer Zuneigung –, sondern den Tieren allgemein, vielleicht sogar allen Lebewesen zugestanden wird. Meiner Ansicht nach besteht dieses Kriterium darin, dass wir den Tieren zubilligen, Würde zu haben. Aber, werden die Zweifler sofort einwenden, kann man das wirklich sagen: Haben Tiere Würde? Eine Würde, die womöglich vergleichbar ist mit der Menschenwürde? Lange habe ich überlegt, wie ich an dieses Thema herangehen soll. Die Behauptung, dass Tiere Würde haben, wirkt vielleicht weit hergeholt, eventuell sogar akademisch. Doch der Schein trügt! Diese These ist für jede Menge Überraschungen gut.

Mancher Leser hat vielleicht bereits Erfahrungen mit emotional hochengagierten Tierschützern gesammelt oder gar mit militanten, gewaltbereiten Aktivisten. Vielleicht waren Sie irritiert oder fühlten sich von ihnen sogar abgestoßen. Emotionale Standpunkte sind zwar verständlich und als Ausgangspunkt der Beschäftigung mit einem Thema auch nachvollziehbar. Häufig erschweren sie aber das Gespräch. Da man jedem Menschen sein Gefühl und die Wahrhaftigkeit seiner Empfindung zugestehen muss, sind sie letztlich sowieso nicht diskutierbar. Vom Wesen her und auch geprägt durch meinen Beruf als Anwalt gehe ich lieber rational vor. Es empfiehlt sich ein besonnenes Vorgehen umso mehr, als das Ziel meiner Erörterungen ja darin besteht, die Grundlage für allgemeine, durchsetzbare Forderungen zu schaffen. Und alles, was mit Gesetzen und ihrer Verabschiedung im Parlament sowie mit der Rechtsprechung zu tun hat, muss in eine möglichst objektive Rede gefasst sein, damit es sich verallgemeinern und auf viele Situationen respektive Fälle anwenden lässt. Den Begriff der Würde halte ich für diese Aufgabe der Objektivierung für sehr geeignet.

Kurzer Blick auf die Grundpfeiler: Tierethik und Tierschutzrecht

Ich erlaube mir an dieser Stelle einen Blick auf die beiden Grundpfeiler jeder Überlegungen zum Schutz des Tiers: die Tierethik und das Tierschutzrecht. An sich ist das Verhältnis zwischen diesen beiden Ansätzen klar: Das eine ist die notwendige Grundlage, das andere die Anwendung. Eine stimmige, konsistente Gesetzgebung zum Schutz des Tieres ist auf ethische Grundlagen angewiesen. Diese Grundlagen kann sie aber nicht selbst entwickeln, das müssen Theologen und Philosophen leisten. Wenn die Denker wiederum zu wenig auf die Anwendbarkeit ihrer Erkenntnisse achten, befinden sie sich in einem Elfenbeinturm, was keinem nützt.

Also ist eigentlich alles klar und die Arbeitsteilung optimal, oder? Theoretisch schon, in der Realität sieht die Sache anders aus. Wenn es um einen wirksamen Tierschutz geht, liegen die Positionen der Ethiker und der Praktiker oft meilenweit auseinander. Und das, obwohl ja eigentlich alle dasselbe wollen. Die Vertreter der Tierethik mit ihrem hochentwickelten Differenzierungsvermögen erheben gegenüber den Kollegen von der Seite des Tierschutzes gern den Vorwurf, sie seien zu wenig fundiert und zu gefühlsbetont. Die wiederum werfen den Ethikern gern vor, dass sie den Kontakt mit der Praxis scheuen und man auf diese Art niemals zu einer Veränderung, geschweige denn einer Verbesserung der Situation der Tiere im Hier und Jetzt komme.

Wie das Fazit eines bekannten jüdischen Witzes über zwei Streithansel lautet: Jeder hat recht. Ich meine, man kommt nur zueinander, wenn man ein drittes Element einführt, nämlich das der Freundschaft. Ich habe lange im Familienrecht praktiziert (ein häufig emotional aufgeladenes und daher schwieriges Gebiet) und daraus gleichsam den Begriff der Freundschaft im öffentlichen Raum entwickelt. Ich verstehe darunter ein Verhältnis von zwei Parteien, die wissen, dass sie unbedingt zusammengehören. Beide erkennen einander an und schätzen sich wechselseitig für ihre Eigenschaften und Fähigkeiten, sie wissen, was sie verbindet und wo sie getrennte Wege gehen. Beiden ist klar, dass es ohne den jeweils anderen nicht geht.

So sehe ich auch die Unterschiede zwischen der Ethik und dem Tierschutz. Das eine geht nicht ohne das andere. Ich selbst habe begonnen, mich mit der Tierethik wissenschaftlich zu beschäftigen, um einen Beitrag dazu zu leisten, dass es dem Tier in der Rechtsordnung bessergeht. Über die Jahre hat sich mein Blickwinkel stetig erweitert: Angefangen habe ich mit tierethisch kurz und eingängig formulierten Postulaten, heute bin ich bei einer ausgewogenen rechtlichen Beleuchtung der Beziehung des Menschen zum Tier, die sozial verträglich ist.

Vom Naturell her bin ich eher pragmatisch, man kann auch sagen zielorientiert. Und als Anwalt habe ich oft genug erfahren, dass es für den Betroffenen manchmal wichtiger ist, einen Erfolg zu erzielen, mit dem er leben kann, als durch etliche Instanzen noch etwas »mehr Recht zu bekommen«. Vor diesem persönlichen Hintergrund ist für mich die Wirksamkeit das Maß der Wahrheit, deshalb bin ich an langen Debatten über rechtliche bzw. ethische Grundpositionen nicht besonders interessiert.

Aber wie schon gesagt: Klare ethische Begriffe sind die Grundlage der Rechtsordnung. Und die Begründung, warum das Tier im Recht eine bessere Position erhalten soll als bisher, ist im wahrsten Sinne des Wortes fundamental für jeden, der sich damit beschäftigt. Es ist leicht, ganz allgemein dafür zu plädieren, Tiere zu schützen, sie artgerecht zu halten etc. Doch sobald es an die Feinheiten geht, ist eine ethische Fundierung oder zumindest ein Bewusstsein dessen, was gemeint ist und welche Konsequenzen eine Forderung nach sich zieht, unabdingbar. Soll allen Tieren dieser Schutz gewährt werden, das heißt nicht bloß Menschenaffen und Walen, sondern auch Haustieren und gar Wirbellosen? Enthält ein solcher Tierschutz notwendigerweise das Verbot, Tiere zu Nahrungszwecken zu töten? Darf man Tieren die Freiheit nehmen, wenn sie es in ihrem Gefängnis »gut haben«? Diese und viele weitere Fragen lassen sich einigermaßen widerspruchsfrei nur behandeln, wenn man ein paar ethische Grundbegriffe geklärt hat. Deshalb hier ein knapper, wirklich sehr knapper Überblick über einige der wichtigsten Positionen.

Gedanken über das Verhältnis von Mensch und Tier und vor allem über das richtige Handeln des Menschen – denn das ist der Gegenstand der Ethik – hat man sich schon immer gemacht, wenn auch nicht mit durchgängiger Intensität. In der jüdisch-christlichen Tradition war der enge Zusammenhang der Schöpfung von Mensch und Tier immer bewusst. In der Paradies-erzählung etwa, die in der Genesis an die zweite Schöpfungs-geschichte anschließt, führt Gott dem Menschen alle Tiere vor, damit er jeder Art einen besonderen Namen gebe. Er will, dass der Mensch sie als Mitgeschöpfe anerkennt. »Da bildete Gott der Herr aus Erde alle Tiere des Feldes und alle Vögel des Himmels und brachte sie zum Menschen, um zu sehen, wie er sie nennen würde; und ganz wie der Mensch sie nennen würde, so sollten sie heißen. Und der Mensch gab allem Vieh und allen Vögeln des Himmels und allen Tieren des Feldes Namen.«[2] Gott gibt also dem Menschen den Auftrag, seine Mitgeschöpfe anzuschauen, sie zu erkennen und ihre Unterschiede wahrzunehmen. Sie sind keineswegs etwas Nebensächliches oder ein Beiwerk des Menschen. Dass sie ihren Namen von ihm erhalten, unterstreicht seine Verantwortung für sie.

Die unzertrennliche Gemeinschaft von Mensch, Tier und Gott wird bestätigt in der Erzählung von der Rettung der Lebewesen in der Arche Noah: »Und wenn der Bogen in den Wolken steht, will ich ihn ansehen, um des ewigen Bundes zu gedenken zwischen Gott und allen lebenden Wesen, die auf Erden sind. Und

---

2 1. Mose 2,19–20, Übersetzung der Züricher Bibel, Zürich 1971

Gott sprach zu Noah: Dies ist das Zeichen des Bundes, den ich aufrichte zwischen mir und allem Fleische, das auf Erden ist.«[3] Mensch und Tier, alles Fleisch, das auf Erden ist, steht in derselben Beziehung zu Gott. Es wird kein Unterschied zwischen dem Menschen und den Tieren gemacht, es geht um die ganze Schöpfung des Lebens.

Auch das Buch Hiob, dessen Thema die Gerechtigkeit Gottes ist, beschäftigt sich eindrücklich mit der Natur und ihrer Bedeutung für die Welt als Ganzes. Gott selbst spricht zu Hiob und erläutert ihm die Wunder der Natur, die er geschaffen hat. In Worten starker poetischer Kraft und überaus eindringlich zählt er eine lange Reihe seiner Werke auf, das Eis, den Schnee, den Regen, die Wälder, das fruchtbare Land – und die Tiere. Was wird da alles erwähnt: der Vogel Strauß, der Wildesel, das Pferd, der Löwe, das Krokodil in allen Einzelheiten ... Die Tiere werden mit ihren Eigenschaften illustriert, die Individualität ihrer Art wird detailliert beschrieben, ihr Aussehen, ihre Vitalität – geradezu ein Feuerwerk des Lebens und der Lebensfreude. Es ist sein Werk, daran lässt Gott keinen Zweifel, jedes Tier ist ebenso von ihm erschaffen wie der Mensch, das reibt er Hiob deutlich unter die Nase: »Bestimmst du die Zeit, da die Steinziegen gebären? ... Siehe doch das Flusspferd, das ich schuf wie dich ...« Und Hiob versteht: »Ich habe erkannt, dass du alles vermagst ... Darum habe ich geredet in Unverstand, Dinge, die zu wunderbar für mich, die ich nicht begriff.«[4]

3 1. Mose 9,16–17
4 Hiob 39,1; 40,10; 42,2–3

An vielen weiteren Stellen der Bibel wird über die Beziehung zwischen Mensch und Tier gesprochen, worauf wir hier nicht eingehen können, weil es den Rahmen dieses Buchs sprengen würde. Auch die erschöpfende Behandlung aller Denker, die sich in den folgenden Jahrtausenden damit beschäftigten und zur Durchdringung des Themas beitrugen, füllt Bände. Ebenso die Erklärungsversuche, aus welchen Gründen es, trotz der eindeutigen Botschaft der Schöpfungsgeschichte, zu der Entartung des Mensch-Tier-Verhältnisses kam, die wir heute feststellen müssen. Kurzum: Ich muss mich hier auf eine sehr skizzenhafte Darstellung beschränken und lasse die vielen Philosophen und Wissenschaftler unerwähnt, die eine Würdigung verdient hätten. Mir geht es in den folgenden Abschnitten vor allem darum, mit wenigen Strichen nachzuzeichnen, welche philosophischen Standpunkte sich in den letzten rund zweihundert Jahren entwickelten und wie sie die Grundpositionen des ethisch fundierten Tierschutzes geprägt haben.

Bestimmendes Thema, so muss man leider sagen, war die Behandlung von Tieren in der neuzeitlichen europäischen Philosophie nicht. Wenn man sich mit dem Tier beschäftigte, dann oft deshalb, um die Stellung des Menschen deutlicher herauszuarbeiten, auch seine vermeintliche Überlegenheit. Albert Schweitzer, der später selbst wesentlich zur ethischen Debatte über das Mensch-Tier-Verhältnis beitrug, regte sich über diesen Mangel an Interesse bzw. die über die Abneigung gegenüber diesem Thema in deutlichen Worten auf: »Wie die Hausfrau, die die Stube gescheuert hat, Sorge trägt, dass die Türe zu ist, damit ja der Hund nicht hereinkomme und das getane Werk durch die Spuren seiner Pfoten entstelle, also wachen die europäischen Denker darüber, dass ihnen keine Tiere in der Ethik herumlaufen. Was sie sich an Torheiten leisten, um die überlieferte Engherzigkeit aufrechtzuerhalten und auf ein Prinzip zu bringen, grenzt ans Unglaubliche.«[5]

Das ist zwar richtig, allerdings auch sehr streng geurteilt. Es gab immer Denker, die sich mit dem Verhältnis von Mensch und Tier und den moralischen Grundsätzen beschäftigten, nach denen diese Beziehung zu gestalten sei. Knackpunkt bei allem Sprechen über das Verhalten gegenüber Tieren ist die Frage der Ähnlichkeit oder der verwandtschaftlichen Beziehung zwischen Mensch und Tier. Ein häufiges Abwehrargument gegenüber der Forderung nach einem zumindest rücksichtsvollen Verhalten bestand darin, die Ungleichheit zu betonen: Der Mensch sei vernunftbegabt, mit Sprache und Intellekt ausgestattet, das Tier nicht, es wisse daher auch gar nicht, was ihm geschehe. Deshalb sei es im Grunde unnötig, irgendwelche Regeln für den schonungsvollen Umgang aufzustellen.

Der englische Moralphilosoph und Reformer Jeremy Bentham (1748–1832) sah die Sache anders. Er war der Meinung, dass es nicht darum gehe, ob Tiere in der Lage seien, zu denken oder zu sprechen. Entscheidend sei vielmehr, dass sie leiden könnten, und genau daraus müsse sich die Richtschnur unseres Handelns entwickeln. Dieser sogenannte Pathozentrismus, also die Fokussierung auf die Leidensfähigkeit, bestimmte lange Zeit die Sichtweise.

Immanuel Kant (1724–1804) hielt Tierschutz für geboten, weil es im Interesse des Menschen und der Gesellschaft sei. »Die gewaltsame und zugleich grausame Behandlung der Tiere ist der Pflicht des Menschen gegen sich selbst entgegengesetzt, weil

---

5 Albert Schweitzer: Gesammelte Werke in 5 Bänden, Band 2, München o. J., S. 363

dadurch das Mitleid am Menschen abgestumpft und eine der Moralität sehr dienliche Anlage geschwächt und nach und nach ausgetilgt wird.«[6] Das heißt also: Der Mensch verroht, wenn er sich ungestraft der Tierquälerei hingeben darf. Eine solche Verwahrlosung wiederum bringt das gesellschaftliche Zusammenleben in Gefahr. Wenn ein rücksichtsvolles Handeln angebracht sei, dann weil es der Gesellschaft nutze.

Arthur Schopenhauer (1788–1860) sah diese eher funktionale Betrachtung als zu eng an. Das Mitleid und das Empfinden der Gleichartigkeit steht bei ihm im Vordergrund, was er aber nicht in der christlichen Religion, sondern im Buddhismus verwirklicht sieht. Den guten Buddhisten beschreibt er so: »Die andern sind ihm kein Nicht-Ich, sondern ein ›Ich noch mal‹. Daher ist sein ursprüngliches Verhältnis zu Jedem ein befreundetes: er fühlt sich im Innersten verwandt, nimmt unmittelbar Theil an ihrem Wohl und Wehe, und setzt mit Zuversicht die selbe Theilnahme bei ihnen voraus.«[7] Schopenhauers Bezug auf den Buddhismus blieb die Position eines Außenseiters, was auch insofern bedauerlich ist, als er das wichtige Element der erfahrbaren Verwandtschaft von Mensch und Tier benannt hat.

Bis Albert Schweitzer (1875–1965) die Stimme erhob, fanden Debatten über das Verhältnis von Mensch und Tier und die daraus folgenden Konsequenzen vor allem in philosophischen Kreisen statt. Mit ihm bekamen sie Breitenwirkung, weil er das ermutigende Beispiel eines Menschen war, der seine Ethik auch tatsächlich lebte, nicht nur theoretisch entwickelt hatte. Er ver-

6 Immanuel Kant: Die Metaphysik der Sitten, 2. Teil, § 17, Werke in zwölf Bänden, Band 8, Frankfurt 1977
7 Arthur Schopenhauer: Preisschrift über die Grundlage der Moral, Sämtliche Werke in fünf Bänden, Leipzig o. J.

trat die Ansicht, dass man dem »Leben inmitten vom Leben«, also jedem Geschöpf, dem der Wille zum Leben zuzusprechen sei, mit derselben Ehrfurcht begegnen muss.[8] In der Fachsprache der Tierethik wird das als Biozentrismus bezeichnet. Dieser schwingt bis heute in vielen Positionen zum Tierschutz und seiner Verankerung in Gesetzen mit.

Nach dem Zweiten Weltkrieg differenzierte sich diese Sichtweise noch. Die Abwehr von Schaden, Quälerei etc. aufgrund des Respekts vor dem Mitgeschöpf bekommt unter modernen Produktionsbedingungen, den Möglichkeiten genetischer Manipulierbarkeit etc. noch einmal eine andere Bedeutung. Auch früher hat es Nutztierhaltung gegeben, dabei wurde das Tier aber doch eher als eine Art Schicksalsgenosse angesehen. Seitdem die Herstellung von Lebensmitteln jedoch mehr und mehr in Fabriken vor sich geht und Tiere vor allem als zu optimierende Produktionseinheiten gesehen werden, ist eine größere Distanz entstanden, eine Verdinglichung eingetreten.

Die biozentrische Position ist aufgrund dieser Entwicklung noch etwas weiträumiger geworden. Entscheidend ist demnach, dass man das Tier in seiner Gesamtheit wahrnimmt und ihm nicht nur einen Anspruch auf Wohlergehen zubilligt, sondern ihm Integrität, also eine Art Eigenwert zugesteht. Auf den ersten Blick mag das harmlos erscheinen. Es ist jedoch eine brisante Forderung, die ihre starken Auswirkungen dann entfaltet, wenn man sie ein wenig näher beleuchtet. Der entscheidende Punkt ist der: Ob ein Betrachter davon ausgeht, dass sich ein Tier wohl fühlt, liegt wesentlich an seiner individuellen Beurteilung, auch an seinen persönlichen Interessen. Akzeptiert man aber ein Tier

8 a.a.O., S. 377

als Subjekt, als autonomes Lebewesen, das in der von der Spezies vorgegebenen Weise leben soll, dann ist einer willkürlichen Entscheidung, was »gut« für das Tier ist, der Boden entzogen.

Wer bestimmt, was gut ist?

Der Begriff der Integrität oder der Würde des Tieres umfasst also viel mehr als lediglich die Abwehr von Leid oder Schmerzen. Dass dieser Ansatz den heutigen Bedingungen besser entspricht, zeigt folgendes Beispiel.

In ihrer Dissertation von 2008 hat die Bochumer Wissenschaftlerin Kirsten Schmidt ein spannendes Problem untersucht: Lässt es sich ethisch begründen, dass Forscher die wesentlichen Eigenschaften eines Tieres zu seinem Wohl verändern?[9] Es ging unter anderem um die Züchtung blinder Hühner. Warum das, was sollte ein sprichwörtlich blindes Huhn bringen? Das Argument lautete, blinde Hühner seien glücklicher und lebten stressfreier. Der wissentlich herbeizuführende Defekt wurde also mit einem Gewinn an Wohlbefinden des Opfers begründet. In den Legebatterien würden die Tiere nicht mehr aufeinander einpicken bzw. -hacken; man müsste ihnen nicht mehr die Schnäbel abschneiden, um Verletzungen zu verhindern; der Kannibalismus, der in den großen Anlagen häufig auftrete, nähme ab – mit Sicherheit eine Erleichterung für die Tiere. Zweifellos! Nur um welchen Preis?

9 Kirsten Schmidt: Tierethische Probleme der Gentechnik. Zur moralischen Bewertung der Reduktion wesentlicher tierlicher Eigenschaften, Paderborn 2008

Intuitiv reagieren die meisten Menschen auf solche Ideen abwehrend, halten sie für pervers, eine unzulässige Manipulation des Lebens. Doch wie gezeigt, liegt dem ja ein irgendwie begründbarer guter Zweck zugrunde.

Um Missverständnisse zu vermeiden: Bei dem Beispiel des blinden Huhns, das Kirsten Schmidt in ihrer Dissertation sehr viel differenzierter bearbeitet, als ich es hier wiedergebe, handelt es sich nicht um ein in der Agrarwirtschaft oder Gentechnik bereits vorhandenes Phänomen, sondern um ein philosophisches Gedankenexperiment. Es wird aufgestellt, um die Grenzen einer tierethischen Argumentation aufzuzeigen, die das Wohlempfinden der Tiere in den Mittelpunkt stellt. Wenn man also die Verminderung des Leids als Hauptaufgabe sähe, könnte man die Zucht blinder Hühner für einen ethisch erlaubten Weg halten. Geht man von der Integrität und Würde aus, auf die jedes Tier Anspruch hat, verbietet sich eine solche Argumentation. Seinen Selbstzweck und seinen Eigenwert, seine Autonomie anzuerkennen und alles zu unterlassen, was diese einschränkt – das ist eine alle Aspekte umfassende ethische Basis. Gesteht man einem Tier Würde oder den Anspruch auf Integrität zu, dann ist jeder Eingriff in seine Geschaffenheit, in sein Wesen unzulässig. (Ich höre Ihren Einwand: Aber man muss doch nur die Legebatterien abschaffen, dann entsteht das Problem doch gar nicht erst! Stimmt, aber wie gesagt geht es mir an dieser Stelle um ein gedankliches Durchspielen von Argumentationsstrukturen, um nichts anderes. Zu den Haltungsbedingungen in großindustriellen Anlagen kommen wir noch.)

Die Würde des Tieres als Grundlage für das eigene und das gesellschaftliche Handeln zu betrachten halte ich im Übrigen auch deshalb für vorteilhaft, weil ebendadurch Handeln weiterhin möglich und vor allem sinnvoll ist. Dieser Ansatz taugt sowohl als Richtschnur für das alltägliche individuelle Verhalten als auch für die Verbesserung des Tierschutzes allgemein. Das heißt, ich appelliere an die Verantwortung jedes Einzelnen, sich so zu verhalten, dass die Autonomie des Tieres gewahrt bleibt (eine meiner Ansicht nach auch leicht zu beantwortende Frage, wenn ein Schnitzel vor einem auf dem Teller liegt). Wie ich schon sagte: Mir ist an der Wirksamkeit von Erkenntnissen mehr gelegen als an fundamentalen Positionen, und ich glaube, dass ich meine Verantwortung für die Tiere praktisch wahrnehmen muss. Deshalb setze ich mich eben auch für eine Verbesserung des Tierschutzes ein, vor allem für eine Verbesserung auf juristischem Gebiet.

Manche Ethiker, wie etwa der amerikanische Philosoph Tom Regan, haben sehr radikale Forderungen formuliert. Er hält jede Art von Weiterentwicklung des Tierschutzes für falsch. Seine (von mir stark komprimiert wiedergegebene) Ansicht: Ein absolutes Unrecht kann nicht reformiert werden. Ebenso wenig wie es eine Reform der Kinderarbeit oder der Sklaverei geben kann, ist eine Reform des Tierschutzes möglich. Es sollten nicht die Details der Ausbeutung geändert werden, sondern die Ausbeutung muss abgeschafft werden.[10] Ich kann das nachvollziehen, bescheide mich aber zunächst mit weniger und setze mich dafür ein, dass der Tierschutz auf stärkere Beine gestellt wird als bisher. Zum einen, indem ich versuche, ihn aus der Ecke der rein emotionalen Zuwendung herauszuholen, zum anderen indem ich dazu beitrage, rationale Grundlagen für einen verbesserten, juristisch einklagbaren Tierschutz zu schaffen. Diese Aufgabe

10 www.animal-rights.de/bibliothek/philosophen/regan_statement.shtml, Zugriff 10. 1. 2012

wird alle, die daran mitwirken, auch im internationalen Kontext, noch viele Jahre beschäftigen. Manche Aspekte einer auf dem Begriff der Würde der Kreatur beruhenden Ethik und Gesetzgebung sind noch nicht abschließend geklärt. Gleichwohl lässt sich meiner Überzeugung nach am besten damit arbeiten und argumentieren. Immerhin hat die Schweiz mit der Aufnahme der »Würde der Kreatur« in die Bundesverfassung, also dem Grundgesetz, im Jahr 1992 und daraufhin im Tierschutzgesetz einen vielversprechenden Anfang gemacht. Damit bezog man sich unter anderem auf Karl Barth (1886–1968), den großen Schweizer Theologen und Verfasser der Barmer Theologischen Erklärung. Er führte in seinem Großwerk der »Kirchlichen Dogmatik« den Begriff der »Würde der Tiere« ein. Auch in Südkorea gibt es seit 2008 ein Gesetz, das die Notwendigkeit des Tierschutzes mit der Würde des Tieres begründet.

Legt man den Begriff der Würde zugrunde, dann sind darunter nicht nur relativ eindeutig zu beantwortende Fragen der Nutztierhaltung, der Schlachtung etc. zu behandeln, sondern auch solche der Haustierhaltung und -behandlung, der Nutzung von Tieren zu therapeutischen Zwecken und der Zuwendung im Sinne eines Liebesobjekts. Für einen Ethiker wie für einen Anwalt ist es nämlich eine schwierige Aufgabe, das sehr unterschiedliche Verhalten der Menschen gegenüber Tieren in ein System zu bringen. Kaninchen beispielsweise werden als Wildtiere gejagt, als Haustiere geliebt, als Hobbyobjekte gezüchtet und ausgestellt sowie als Lebensmittel verspeist. Liegt dem etwas Gemeinsames zugrunde? Und vor allem: Wie lässt es sich beurteilen im Hinblick auf die Würde oder Integrität des Tieres?

Das Maß der Instrumentalisierung

Ich meine, ein sehr brauchbarer Maßstab, um zu entscheiden, ob die Würde eines Tieres angegriffen wird oder nicht, ist der der Instrumentalisierung. Er bietet zwei Vorteile: Er ist einerseits eindeutig und bietet andererseits genug Spielraum, um verschiedenste Fälle damit zu beurteilen. In der Regel eindeutig zu beantworten ist etwa die Frage: Benutze ich ein Tier für irgendeinen Zweck, der nicht seiner Art entspricht, und schränke ich es dadurch in seinen Lebensäußerungen ein? Bei Tieren als Nahrungsmittellieferanten fällt die Beurteilung leicht. Andere Antworten sind schwieriger zu finden oder weniger eindeutig zu formulieren. Dafür lässt der Begriff der Instrumentalisierung aber genügend Spielraum, zum Beispiel bei der Güterabwägung. »Güterabwägung« ist ein wichtiger Terminus in der Ethik und im Recht, wenn es darum geht, einen Konflikt zu lösen, in dem sich zwei (oder mehr) gleichwertige Güter gegenüberstehen. Das heißt, die Beeinträchtigung des einen Guts wird mit der dadurch gewonnenen Förderung des anderen verglichen. Bei Tierversuchen hieße das etwa: Ist der Erkenntnisgewinn, der durch Experimente mit Tieren herbeigeführt wird, nur durch diese Methode zu erzielen, und wenn ja, ist er so groß und bedeutsam, dass er einen solch massiven Eingriff in das Leben der Tiere rechtfertigt? Zum Problem der Tierversuche später mehr, hier seien sie nur zur Illustration dessen erwähnt, was mit Instrumentalisierung und Güterabwägung gemeint ist.

Man sieht, dass man mit dem Begriff der Instrumentalisierung im wahrsten Sinne des Wortes ein Instrument gewinnt, um in der Vielfalt der Tier-Mensch-Beziehungen den jeweiligen Einzelfall beurteilen zu können. Es ist kein absoluter Maßstab, einen solchen kann es meiner Überzeugung nach auch nicht geben. Aber er taugt sehr gut, um jenseits der reinen Gefühlsebene bzw. über die »empfundene« Tierliebe hinaus entscheiden zu können: Ist dieses oder jenes Verhalten richtig oder nicht? Er taugt vor allem dann, wenn es um Beziehungen zwischen Mensch und Tier geht, in denen weder offensichtliche Quälerei noch Verwahrlosung oder eine billigend in Kauf genommene absichtliche Schädigung vorliegt. Etwa wenn es sich um eine aus dem Gleis geratene Liebe zu einem Hund handelt. Oder um den Einsatz von Wildtieren wie Delphinen für therapeutische Zwecke. Aber auch wenn es generell um die unterschiedliche Beurteilung des Wertes von Tieren geht. Und dazu kommen wir im folgenden Kapitel.

Frage 2

Der große Unterschied:
Warum landet die Katze auf dem Schoß und der Fisch in der Pfanne?

Wir haben ein Herz für Tiere. Die meisten von uns jedenfalls. Aber dieses Herz ist wählerisch. Es schlägt für Kaninchen, Pferde, Hunde, Katzen und vielleicht noch für Zierfische und Wellensittiche. Es schlägt auch gelegentlich für kleine Eisbären und bedrohte Pandas. Für viele andere Tiere schlägt es aber nicht. Kaum jemand käme auf die Idee, sich ein Schwein zu halten, damit es ihm Gesellschaft leistet – der Daseinszweck eines Schweins scheint darin zu bestehen, geschlachtet und gegessen zu werden. Die wenigsten reservieren in ihrer Wohnung eine Zimmerecke für Spinnen – wenn Spinnen irgendwo hingehören, dann nach draußen. Und vermutlich geht den meisten das Öffnen einer Thunfischdose ohne größere Gefühlswallung von der Hand – obwohl die Vorstellung, dass viele der gefangenen Thunfische einen langen Todeskampf im Netz oder am Haken hinter sich haben, einem die Haare zu Berge stehen lassen könnte. Hingegen würde allein der Vorschlag, Mastpferde zu züchten, einen Sturm der Entrüstung auslösen. Wieso? Wieso Schweinefilet, aber kein Haflinger-Kotelett? Wieso Hähnchenschenkel, aber kein Kanarienvogel im Speckmantel?

Wonach wir den Wert von Tieren bestimmen

Wir haben ein ausgesprochen differenziertes, in vielerlei Hinsicht widersprüchliches Verhältnis zu Tieren. Unser Mitgefühl und unsere Wertschätzung variieren je nach Tierart. Manche Spezies ist uns offensichtlich nahe – und genießt deshalb eine Vorzugsbehandlung. Andere Arten scheinen uns kaltzulassen – und werden deshalb gejagt und womöglich ausgerottet oder geschlachtet und gegessen. Und manche sind uns durchaus sympathisch, landen aber trotzdem in einem Käfig. Oder auf unserem Teller. Woran liegt es, dass wir auf unterschiedliche Tier-arten ganz unterschiedlich reagieren? Dass sich bei Pferd und Katze grundsätzlich unser Mitgefühl regt, bei Hummer, Schwein und Hering dagegen nicht? Mit anderen Worten: Warum neh-men wir uns das Schicksal mancher Tiere zu Herzen, während wir gegen das Schicksal anderer völlig gleichgültig sind – wie qualvoll auch immer es sein mag?

Wohlgemerkt, es geht hier nicht um individuelle Vorlieben für bestimmte Arten oder Rassen. Manche unter den Lesern die-ses Buchs sind wahrscheinlich engagierte Tierschützer, einige sind Vegetarier, vielleicht sogar Veganer. Wenn ich im Folgen-den also häufig »wir« sage oder »die Europäer« oder gar »der Mensch«, dann im Zusammenhang mit kollektiven Grundein-stellungen. Denn darum geht es zunächst einmal, wenn man das Phänomen betrachtet, dass das Verhalten gegenüber Tieren einerseits bestimmten »Gesetzmäßigkeiten« folgt, andererseits aber auch paradox und widersprüchlich ist. Es geht mir also zu-nächst einmal um das allgemein verbreitete Verhalten gegen-über Tieren im Rahmen einer Kultur. Sicher bietet dieser Rah-men Spielraum für individuelle Neigungen – so wird es bei uns immer Menschen geben, die sich eher für Hunde als für Katzen erwärmen können, und umgekehrt. Aber auch der Hundefreund würde die Einladung zu einem gespickten Katzenrücken wohl ablehnen, auch der Katzenliebhaber würde keinen Hundeschin-ken kaufen – zu einem Wiener Schnitzel jedoch könnte man wahrscheinlich beide überreden. Offenbar gehorcht unsere Ein-stellung zu Tieren im Großen und Ganzen doch bestimmten tra-dierten Mustern. Sie ist kulturell geprägt, sie ist vorgeformt. Ein Indiz dafür: Viele Kulturen kennen einen – meist unausgespro-chenen – Kodex, welches Tier zum Verzehr freigegeben und welches durch ein Tabu geschützt ist. Vergleicht man diese Ko-dizes, merkt man allerdings bald, dass Genießbarkeit ein dehnbarer Begriff ist und die Vorstellung davon von Kultur zu Kultur wechselt, wie die folgenden drei Beispiele zeigen.

Den bekanntesten Fall eines derartigen Kodex stellen die jüdischen Speisevorschriften dar. Anhand einer langen Liste wird die Tierwelt daraufhin geprüft, welche Gattung zum Verzehr geeignet ist und welche keinesfalls auf den Speiseplan gehört. Das sollst du essen – das sollst du nicht essen, heißt es da kategorisch. Als Teil der mosaischen Gesetzgebung sind diese Speisevorschriften verbindlich – und damit ein bemerkenswerter Versuch, den Allesfresser Mensch zu zügeln. Allerdings braucht der Kodex genießbarer Tiere gar nicht schriftlich fixiert zu sein, um strikte Geltung zu genießen, wie das nächste Beispiel zeigt. Denn ausgerechnet in einem Land, das für regelmäßig auftretende Hungersnöte bekannt ist, ist der allergrößte Teil der heimischen Tierwelt traditionell tabu: in Äthiopien. Die Äthiopier kennen keine Jagd, essen folglich keine Wildtiere, weder Säugetiere noch Vögel, verschmähen aber genauso Pferde, Esel, Tauben, Gänse, Frösche, Schnecken und Schweine – Lebewesen, die vielen Europäern durchaus genießbar erscheinen. Was die äthiopische Küche an Fleisch zu bieten hat, wirkt aus unserer Perspektive daher ziemlich einfallslos, es beschränkt sich – auch in Notzeiten – auf Huhn, Rind und Schaf, in einigen wenigen Gegenden verzehrt man auch Süßwasserfische. Solchen Einschränkungen unterwirft sich die ostasiatische Küche bekanntlich nicht. Vor allem für Chinesen scheint es keinerlei Speisetabus zu geben, ihre Küche verarbeitet – zumindest in manchen Regionen – buchstäblich alles, was die Schöpfung hergibt, vom Affen über Hund und Schlange bis zum Wurm. Wie es aussieht, zählt hier im Verhältnis zum Tier allein der Geschmack – was einen Europäer wiederum noch weit stärker befremden dürfte als die Selbstbeschränkung der Äthiopier.

Welche Tiere als Schlachtvieh in Betracht kommen oder auf anderen Wegen in einen Kochtopf gelangen, das hängt also kaum von den Vorlieben des Einzelnen ab. Das richtet sich nach den unbewusst wirksamen Traditionen der jeweiligen Kultur, auch in Europa, und allenfalls die Globalisierung schafft es, uns Tiere schmackhaft zu machen, die bis in jüngste Vergangenheit vor uns sicher waren – wer hätte vor dreißig Jahren geglaubt, einmal Krokodil, Strauß oder Känguru auf einer westeuropäischen Speisekarte zu begegnen? Allerdings haben die kulinarischen Moden auch in der Vergangenheit immer wieder mal gewechselt. So briet man sich im Mittelalter zu festlichen Anlässen tatsächlich einen Storch, und in England galt der Schwan als Delikatesse, bis die Pute nach der Entdeckung Amerikas seinen Platz auf englischen Tischen einnahm.

Kulturen regeln aber nicht nur die Frage der Genießbarkeit. Sie bestimmen in manchen Fällen auch, welchen Rang ein Tier in der Wertschätzung des Menschen, welche Stellung es in seinem ethischen System einnimmt. Im Folgenden vier Beispiele dafür.

Hindus gilt die Kuh als heiliges Tier. Das hat zur Folge, dass der Mensch der Kuh in Indien und Nepal generell und ausnahmslos ihren Willen lässt, auch den, nicht getötet zu werden. Das gegenteilige Verdikt trifft in den semitischen Kulturen das Schwein: Juden und Muslime sehen im Schwein das unreine Tier schlechthin. Ironischerweise ist die Verachtung, die es in diesem Kulturraum erfährt, für das Schwein ein Glück – Schweinefleisch ist dort genauso tabu, wie es für die meisten Hindus in Indien Rindfleisch ist. Der Hund wiederum zählt in der arabischen Welt gleichfalls zu den unreinen Tieren und erfährt daher in der Regel eine Behandlung, die Europäern geradezu skandalös erscheint. Er wird mit Fußtritten traktiert oder mit Steinen beworfen, sollte er seine Zutraulichkeit zu weit treiben. Und auf die Beschimpfung »Du Hund!« reagiert ein Araber ähnlich wie ein Europäer, den man als Schwein bezeichnet. Am anderen Ende der Skala, also ganz oben, rangiert in der arabischen Welt das Kamel. Für Beduinen war das Kamel zu allen Zeiten buchstäblich eine Lebensversicherung, und ihr Verhältnis zu diesem Tier lässt sich durchaus mit einer Freundschaft vergleichen, wie sie sonst nur unter Menschen vorkommt. Ein Kamel zu schlachten und zu verzehren kam für einen Beduinen folglich gar nicht in Betracht, außer in extremen Ausnahmefällen. Die städtische Bevölkerung arabischer Länder hingegen schätzt Kamelfleisch in jeder Form, und in Somalia gehörte Kamelleber zu einem besonders guten Frühstück.

Wie man sieht, verbinden wir mit bestimmten Tierarten bestimmte Vorstellungen, die rein gar nichts mit der physischen Realität des einzelnen Tiers, seinem Aussehen etwa, zu tun haben – auch die Schlange hat es in einigen Kulturen zum heiligen Tier gebracht. Vielmehr wird dieser oder jener Spezies diese oder jene Rolle innerhalb eines kulturellen Kontextes zugeschrieben, die dann über ihr Los – nämlich Vorzugsbehandlung oder Elendsleben – entscheidet. Und noch ein weiterer Punkt ist in diesem Zusammenhang von Bedeutung. Das Maß an Mitleid, an Mitgefühl, das Menschen ganz allgemein Tieren gegenüber empfinden oder aufzubringen bereit sind, variiert von Kultur zu Kultur erheblich.

Um bei unseren Beispielen Äthiopien und China zu bleiben: Schlechtgenährte Pferde ziehen in Äthiopien Karren und Kutschen. Andere Pferde werden geritten, obwohl sie aufgescheuerte Rücken haben. Und Kamele mit wundgeriebenen Höckern schleppen Lasten, unter denen das Tier selbst kaum noch auszumachen ist. Ihre Besitzer scheint dies alles nicht zu stören. Oder kann man sich in einem armen Land wie Äthiopien Mitleid einfach nicht leisten? Stellt sich die Moral immer erst als Nebeneffekt eines vollen Magens ein? Ist Mitleid Luxus? Die chinesischen Restaurantbesucher, die das Tier, das sie zu essen beabsichtigen, im Lebendzustand prüfen und aussuchen, könnten sich Mitleid durchaus leisten. Doch auch sie scheinen keines zu kennen. Jedenfalls nehmen sie in Kauf, dass diesem Tier bei vollem Bewusstsein ein Körperteil amputiert wird oder dass es bei lebendigem Leib zerteilt wird. An seinen Qualen stören sich weder Koch noch Gast. Ist Mitgefühl also nicht allein durch die wirtschaftliche Situation bedingt, sondern auch von kulturellen Voraussetzungen abhängig?

Fest steht, dass wir im Westen eine hohe Mitleidskultur entwickelt haben, die sich nicht nur auf unseresgleichen erstreckt. Auch das Schicksal von Tieren ist uns in den letzten zweihundert Jahren mehr und mehr zur Gewissenssache geworden. In vielen Ländern hat sich der Gesetzgeber des Tierschutzes angenommen, die deutsche Bundesregierung veröffentlicht alljährlich einen Tierschutzbericht, und auch ein Einzelner ist schnell bereit, für ein misshandeltes Tier Partei zu ergreifen. Selbst der Gedanke, dass ein Feuchtgebiet mit seiner seltenen Tier- und Pflanzenwelt Vorrang vor einem Gewerbegebiet haben könnte, ist uns nicht fremd, und unsere Heimtiere leben in der Regel wohlbehütet. Ja, wir haben ein Herz für Tiere. Wie können wir dann dulden, dass die meisten Nutztiere heute bei uns wie seelenlose Automaten behandelt werden? Wie ist es zu erklären, dass wir bei Mast- und Legehennen, Mastputen, Kälbern, Milchkühen und Schweinen oder Pelztieren wie Nerz und Blaufuchs Haltungsbedingungen hinnehmen, unter denen die Tiere teils massiv leiden? Und wie kommt es, dass wir bestimmte Tiere in nie gekannten Mengen verzehren? Allein in deutschen

Schlachthöfen wurden 2010 über 58 Millionen Schweine geschlachtet[1] – also mehr als eine Million pro Woche. Warum regt sich kaum Protest gegen die industrielle Fleischproduktion, gegen die übervollen Käfige und Ställe, gegen das millionenfache Schlachten am Fließband? Warum lösen diese Zustände keine Großdemonstrationen à la Gorleben aus? Warum greifen die Zeitungen diesen Dauerskandal nur dann auf, wenn es um die zwangsläufig eintretenden Folgen geht wie Gammelfleisch und Ähnliches? Und wie ist es möglich, dass uns die Leberwurst immer noch schmeckt?

Die Situation ist paradox. Auf der einen Seite rühmen wir uns, eine humane Zivilisation geschaffen zu haben. Wir sind von der Gleichwertigkeit aller Kulturen, der Gleichwertigkeit aller (menschlichen) Erdenbewohner überzeugt, retten auch griechische Straßenhunde und engagieren uns für Zebras und Elefanten in der fernen Serengeti. Und gleichzeitig hat die Ausbeutung von Tieren bei uns unvorstellbare Ausmaße angenommen – was die Fischbestände der Weltmeere angeht, kann man ohne Übertreibung von »ausschlachten« sprechen. Hartnäckig weigern wir uns, unser hochentwickeltes Mitgefühl auf jene Tierarten auszudehnen, die in irgendeiner Form unsere nicht weniger hochentwickelten Bedürfnisse befriedigen – sei es, dass sie uns mit Fleisch, Milch oder Eiern, sei es, dass sie uns mit Häuten oder Fellen beliefern. Kulturelle Gründe allein vermögen dieses Paradox nicht erklären, zumal vieles andere, was bei uns lange Zeit traditionsbedingt gültig war, heute außer Kraft gesetzt

---

1 Bundesministerium für Ernährung, Landwirtschaft und Verbraucherschutz: Schlachtungen von Tieren in- und ausländischer Herkunft. www.bmelv-statistik.de/de/statistischer-monatsbericht/b-ernaehrungswirtschaft/#B03, Tabelle 0203160, Zugriff 6. 1. 2012

ist. Wahrscheinlicher ist, dass hier tiefsitzende psychologische Gründe vorliegen.

Stellen wir uns zunächst die Frage, warum sich die meisten von uns am Anblick einer Fischtheke mit ihren Fischleibern im Originalzustand nicht stören, während wir den Anblick ganzer – oder halber – Tierleiber in einer Metzgerei unerträglich finden. In unseren Metzgereien erinnert ja kaum noch etwas an geschlachtete Tiere, da erleben wir Fleisch ausschließlich in der quasi abstrakten Form eines Filets oder Koteletts, und nur der Fachmann kann die einzelnen Fleischstücke noch bestimmten Körperteilen eines Tiers zuordnen. Das war nicht immer so. Was in afrikanischen oder asiatischen Ländern heute noch üblich ist, nämlich die Leiber geschlachteter Rinder, Schweine, Schafe oder auch Kamele am Stück in der Metzgerei oder sogar davor, für Passanten auf der Straße gut sichtbar aufzuhängen, das war vor gar nicht allzu langer Zeit auch bei uns gang und gäbe. Die Älteren unter Ihnen werden sich noch an die Rinderhälften an der Wand hinter der Theke des Schlachters oder den Schweinskopf in den Auslagen einer Metzgerei erinnern, und in England dekorierten Metzger noch in den neunziger Jahren ihre Geschäfte mit ganzen Fasanen im Federkleid und ganzen Hasen im Fell. Heute verschont man uns mit allem, was auf einen Zusammenhang zwischen Tier und Fleisch hinweisen könnte: Wahrscheinlich würden weit weniger Kunden eine Metzgerei betreten, die auch nur entfernt an Schlachthof erinnern würde. Wir sind empfindlich geworden. Aber, um auf unsere Frage zurückzukommen: Warum stören wir uns an toten Säugetieren? Warum ruht unser Blick eher gelassen auf gut erhaltenen, aber genauso toten Fischen?

Vielleicht, weil es uns grundsätzlich leichter fällt, uns in Säugetieren als in Fischen wiederzuerkennen. Das Kriterium, nach
dem sich unsere Einstellung zu Tieren richtet, wäre folglich ihre
Menschenähnlichkeit. Das heißt: In manche Tiere können wir
uns leichter hineinversetzen als in andere, und das Schicksal,
das wir Tieren zugedenken, hängt nicht zuletzt von bestimmten
charakteristischen Eigenschaften der jeweiligen Tierart ab. Eigenschaften, die uns entweder im weitesten Sinne menschlich
vorkommen – oder aber das Gefühl von Andersartigkeit und
Fremdheit bei uns auslösen. Welche Eigenschaften wären es, die
uns so für ein Tier einzunehmen vermögen, dass wir ihm einen
menschenähnlichen Status einräumen?

Ganz allgemein gesprochen lassen wir uns von solchen Tieren
seelisch anrühren, die Übereinstimmungen mit uns im Körperbau aufweisen, die uns in ihrem kommunikativen Verhalten
ähneln oder die bestimmten sinnlichen Bedürfnissen des Menschen entgegenkommen, also Auge, Gehör oder Tastsinn ansprechen. Im Hinblick auf den Körperbau stehen uns natürlich
die Primaten, die Affen überhaupt, am nächsten, was für einen
Europäer schon Grund genug wäre, vom Genuss von Affen-
fleisch abzusehen. Grundsätzlich fühlen wir uns jedem Tier, das
vier Gliedmaßen aufweist, verwandter als allem, was gar keine
oder acht Beine hat; das dürfte nicht nur auf Säugetiere, sondern auch auf Schildkröten und Eidechsen zutreffen. Es fällt
aber auch deswegen leichter, sich in einem Säugetier wiederzuerkennen, weil sein Kopf ähnlich wie das menschliche Gesicht in
Nase, Mund und Augen aufgeteilt ist, seine Physiognomie also
der unseren am ehesten entspricht. Entscheidender als der Körperbau scheint allerdings etwas anderes zu sein, nämlich die Fähigkeit eines Tiers, unseren Blick zu erwidern. Oder anders gesagt: durch Kommunikation mit uns in Beziehung zu treten.

Es ist nämlich so, dass wir uns nicht nur selbst in einem Tier wiedererkennen möchten. Uns kommt es genauso darauf an, vom Tier seinerseits wiedererkannt zu werden. Und es steigert unsere Wertschätzung für ein Tier deutlich, wenn es fähig ist, *seiner* Wertschätzung für *uns* sichtbaren Ausdruck zu verleihen. Es behagt uns, es schmeichelt uns vielleicht sogar, dass ein Tier auf uns reagiert, dass es zum Beispiel unseren Kommandos gehorcht oder seine Freude, unserer ansichtig zu werden, unmissverständlich zu erkennen gibt – durch einen Freudentanz inklusive Schwanzwedeln, durch Jaulen und Bellen oder Schnurren und Anschmiegen, durch Lecken oder einfach dadurch, dass es zur Begrüßung auf uns zugelaufen kommt. Fischen, Vogelspinnen oder Hühnern ist es nicht gegeben, ihre Anhänglichkeit, falls vorhanden, für jedermann sichtbar unter Beweis zu stellen, und auch Kühe, Schweine und Kaninchen sind in dieser Hinsicht zurückhaltender als Hunde, Pferde oder Katzen. Womöglich ist für unser Verhältnis zu Tieren nichts wichtiger als eine wie auch immer geartete kommunikative Fähigkeit, durch die ein Tier seine innere Bewegung verrät und dem Menschen das Gefühl vermittelt, bei ihm auf Gegenliebe zu stoßen. Postkarten mit niedlichen Kätzchen und der Aufschrift »Ich hab dich lieb« sprechen Bände. Würde man eine Karte mit einem Hecht und demselben Spruch verschicken?

Doch nicht nur Heimtiere, die durch jahrtausendelange Domestizierung an den Umgang mit Menschen gewöhnt sind, vermögen in uns das Gefühl der Verbundenheit zu wecken oder zumindest den Eindruck von Anhänglichkeit hervorzurufen. Auch Affen, Delphine, zahme Elstern oder Papageien verfügen über ein Repertoire von Ausdrucksmöglichkeiten, das auf eine beträchtliche Intelligenz sowie ein ausgeprägtes Seelenleben schließen lassen, und dürfen daher ebenfalls eine gewisse Menschenähnlichkeit beanspruchen. Kein Zweifel jedenfalls, dass solche Fähigkeiten eine emotionale Nähe zwischen Mensch und Tier stiften, kein Zweifel auch, dass ein »kommunikatives« Tier deshalb als Mahlzeit kaum in Betracht kommt. Besonders stimmliche Ausdruckfähigkeit, also ein differenziertes Artikulationsvermögen, scheint die menschliche Hemmschwelle gegenüber Tieren zu erhöhen. So haben zum Beispiel Singvögel zumindest in unseren Landen deutlich größere Überlebenschancen als Vögel mit monotonen Stimmen, und die besten Überlebenschancen hat ein Papagei, der auf der Schulter seines Herrchens ins Zimmer kommt und die anwesenden Gäste mit dem Ruf: »Hände hoch! Das ist ein Überfall!« begrüßt. Vielleicht hat sogar unser Mitgefühl für Wale einen entscheidenden Schub erhalten, als die ersten Tonaufnahmen vom Gesang der großen Meeressäuger bekannt wurden.

Ähnlichkeit des Körperbaus und Artikulationsfähigkeit sind Kriterien für unsere Einstellung zu Tieren. Es gibt indes noch weitere. So genießen Tiere, die sich als süß oder niedlich beschreiben lassen, auf jeden Fall unsere Sympathie. Das trifft vor allem auf Jungtiere zu. In ihrer Unbeholfenheit und Zartheit sprechen sie das menschliche Mitgefühl stärker als erwachsene Tiere an; sie wecken unser Verantwortungsbewusstsein, sie erscheinen uns wie Schutzbefohlene. Die Gefühle, die der Mensch dem eigenen Nachwuchs entgegenbringt, eignen sich offenbar gut dazu, auf Tiere übertragen zu werden. Auf Kinder scheinen insbesondere Kaninchen, unabhängig von ihrem Alter, süß oder niedlich zu wirken, was vor allem Mädchen zu schaffen macht, wenn bei einem Kochkurs für Kinder ein Kaninchen zubereitet werden soll.

Und noch etwas erhöht die Chance von Tieren, uns in lebendigem Zustand mehr zu beglücken als in totem: wenn sie unseren Gesichts- oder Tastsinn befriedigen. Das heißt zum einen: Schönheit schützt bis zu einem gewissen Grad vor dem Gegessenwerden. Schönheit, die sich in Adel, Rasse, Anmut oder Farbenpracht äußern kann. Einem Pfau schneidet man nicht so leicht die Kehle durch wie einer Gans, einen Goldfisch haut man nicht so schnell in die Pfanne wie eine Forelle. Umgekehrt ist die von vielen so wahrgenommene Hässlichkeit, etwa Plumpheit oder Unproportioniertheit, ein Nachteil, der es dem Schwein, vielleicht auch der Kuh schwermacht, Fürsprecher zu finden, und gegen Tierversuche an Ratten haben sicherlich weniger Menschen etwas einzuwenden als gegen Experimente mit hübschen, »süßen« Beagles. Eine Aufwertung erfahren »schöne« Tiere überdies durch die Kunst – Maler stellen auf ihren Bildern mit Vorliebe Pferde, Löwen, Hunde und Pfauen dar, keine Tintenfische, keine Hyänen, keine Fledermäuse und selten Geier.

Das heißt zum anderen: Tiere, die man streicheln kann, sind generell beliebter als solche, die sich nicht zum Streicheln eignen oder sich nicht streicheln lassen. Der Mensch streichelt gern, auch das ist eine Form der Kommunikation, und an Fröschen, Hummern, Hühnern oder Fischen lässt sich der Tastsinn nicht befriedigen – wohl aber der Geschmackssinn.

Das unsichtbare Tier: So schmeckt es uns

Wie gesagt, unser Herz für Tiere ist wählerisch – und hat für seine Wahl zahlreiche oft unbewusste Gründe. Gemeinsam ist ihnen allen, dass sie sich von unseren eigenen, also den menschlichen Bedürfnissen und Vorstellungen herleiten. Tiere müssen uns gewissermaßen in Aussehen, Beschaffenheit oder Verhalten in irgendeiner Weise ansprechen. Es gibt jedoch auch einen objektiven Grund, der genauso wie die subjektiven Gründe über Gleichgültigkeit und Mitgefühl in unserem Verhältnis zu Tieren entscheidet, und dieser Grund liegt in der Entwicklung der westlichen Zivilisation, die uns das unsichtbare Tier – und damit eine selektive Wahrnehmung von Tieren beschert hat.

Da sind auf der einen Seite die Heimtiere, die Meerschweinchen und Kaninchen für die Kinder, die Kanarienvögel, Hunde und Katzen für die ganze Familie – Tiere, für die wir alles tun, ohne dass sie irgendetwas für uns tun müssten außer da zu sein, wenn wir mit ihnen spielen oder spazieren gehen möchten. Zu ihnen haben wir ein von allen direkten Nützlichkeitserwägungen freies, rein emotionales Verhältnis, und dem Hund, der als Wachhund früher draußen vor dem Haus an der Kette lag, wird heute womöglich ein Platz am Bettende von Herrchen oder Frauchen freigehalten. Auf der anderen Seite sind, hinter den Kulissen, verbannt in Zucht- und Mastbetriebe, die Nutztiere – zu denen wir folglich gar kein Verhältnis mehr haben. Kühe auf der Wiese sind eine Seltenheit geworden, Schweine, Hühner und Gänse im Freien allenfalls noch an abgelegenen Orten zu bestaunen, und Schafe oder Rinder, die in ganzen Herden durch die Straßen einer Stadt zum Schlachthof getrieben werden, gehören ohnehin längst der Vergangenheit an. Am ehesten sehen wir heute Schweine oder Kälber in einem Viehtransporter auf der Autobahn. Tiere, die uns einmal vertraut waren, weil sie zu jedem Bauernhof dazugehörten, weil sie den ganzen Sommer über auf der Weide standen, geistern nur noch durch die Erinnerungen der Älteren von uns oder befinden sich als hübsche

Zeichnungen in Bilderbüchern für die Kleinen. Wie soll sich da keine Gleichgültigkeit einstellen? Weder Menschenähnlichkeit noch Flauschigkeit, noch kommunikative Fähigkeiten können uns zur Rücksichtnahme auf ein Tier bewegen, dessen Leben sich von der Geburt bis zur Schlachtung unserem Blick entzogen in abgeschotteten Räumen abspielt.

Im Übrigen: So genau wollen wir es dann ja auch nicht wissen. Um den Besuch eines Schlachthofs, eines Schweinemastbetriebs reißt sich ja wohl kaum jemand. Denn egal ob Heimtier, landwirtschaftliches Nutztier oder Wildtier – die meisten Menschen gehen davon aus, dass zwischen Mensch und Tier bei aller Ähnlichkeit ein fundamentaler Unterschied besteht. Dass der Mensch als Höherrangiger auf jeden Fall berechtigt ist, die Verfügungsgewalt über Tiere auszuüben, ihr Schicksal zu bestimmen, sie nach Gutdünken zu behandeln. Wenn wir sie am Leben lassen, hegen und pflegen und womöglich lieben, dann ist es unserer Gutherzigkeit und Großzügigkeit geschuldet. Und wenn es uns einfällt, sie einzusperren, zu verletzen, zu töten und zu essen, dann tun wir das mit dem – wohlgemerkt vermeintlichen – Recht des überlegenen höheren Wesens. Ein Herz für Tiere, das bedeutet unzweifelhaft auch: Nachsicht üben gegenüber Geschöpfen, die schwächer, irgendwie weniger vollkommen sind als wir. Gleichwertig oder ebenbürtig jedenfalls nicht.

Doch andererseits ... Empfinden wir nicht auch Tieren gegenüber so etwas wie eine Tötungshemmung? Bei Mücken, Fliegen oder Wespen vielleicht weniger – da ist das Zuschlagen und Drauftreten nur ein verständlicher, vielleicht gar verzeihlicher Reflex, irgendwie muss man sich der Plagegeister ja erwehren. Aber schon eine Schnecke, die sich im Garten über die Jungpflanzen hermacht, mit dem Spaten zu spalten kostet Überwindung – wie viel mehr brächte einen da die Aufforderung in Verlegenheit, aus einer Schafherde dasjenige Tier auszuwählen, das geschlachtet und verzehrt werden soll. Bringen wir es wirklich über uns, auf eins der Tiere zu zeigen, wenn alle uns aus großen braunen Augen anschauen? Und wie sehr regen sich beispielsweise Eltern auf, wenn ihre Kinder im Rahmen von Projektwochen »Leben in der Steinzeit« der Schlachtung eines Tieres beiwohnen, das sie am Ende auch noch essen sollen. Von Traumatisierung ist die Rede, nicht davon, dass es einen Zusammenhang zwischen Fleischessen und Tieretöten gibt und Chicken Nuggets nicht aus der Verpackung stammen, in der sie verkauft werden.[2]

Dass das Töten von Tieren im Grunde stets ein Frevel ist, scheint dem Menschen in früheren Zeiten zumindest durchaus bewusst gewesen zu sein, weshalb dem Töten eines Tiers in vielen alten Kulturen die Bitte um Verzeihung vorausging, an das Tier selbst, die Götter oder den Schutzgeist des betreffenden Tiers gerichtet. Offenbar zieht sich doch so etwas wie ein Schuldbewusstsein durch die gemeinsame Geschichte von Mensch und Tier, von den Anfängen bis heute. Was dieses Schuldbewusstsein beweist? Offenbar dass unserer Irritation wie der Bitte um Verzeihung eine wichtige Einsicht zugrunde liegt. Es ist die Einsicht, dass der Unterschied zwischen Mensch und Tier doch nicht fundamental sein kann. Dass beide zumindest eines gemeinsam haben: dass sie beide vom gleichen Willen zum Leben beseelt sind.

Wahrscheinlich gibt es kein Tier, das sich nicht gegen seine Tötung wehren oder sich ihr zu entziehen versuchen würde. Wer einmal erlebt hat, wie sich ein Wurm windet, der sich auf eine

2 Frauke Lüpke-Narberhaus: »Tschüss, liebes Kaninchen«, in Spiegel online, 31. März 2011, www.spiegel.de/schulspiegel/0,1518,754257,00.html, Zugriff 6. 1. 2012

asphaltierte Straße verirrt hat und unter der Sonne zu vertrocknen droht, wie er sich aufbäumt, ringelt, krümmt und seinen Kopf ein ums andere Mal in die harte Asphaltdecke zu bohren versucht, der weiß, dass der Lebenswille auf Mensch und Tier gleichermaßen verteilt ist. Vermutlich würde das auch niemand abstreiten. Aber es scheint nicht ausschlaggebend zu sein. Der Lebenswille eines Tiers hat jedenfalls kaum je Menschen davon abgehalten, Tiere zu schlachten oder zu erlegen. Warum also halten wir uns trotzdem für berechtigt, mit Tieren grundsätzlich anders zu verfahren als mit unseresgleichen?

Vielleicht sollte man an dieser Stelle zunächst daran erinnern, dass es mit der Humanität im Lauf der Geschichte immer nur langsam vorangegangen ist. Auch der Respekt vor dem Lebensrecht des Menschen hat sich nur sehr allmählich durchgesetzt. Und da, wo die Humanität Erfolge zu verzeichnen hatte, gingen sie oft zu Lasten der Tiere – Arbeitstiere nahmen dem Menschen die schweren Arbeiten ab, Tieropfer traten an die Stelle von Menschenopfern. Das vorausgeschickt, könnte das Töten von Tieren dem Menschen ursprünglich durch die Lebensgefahr, in die sich der Jäger begab, gerechtfertigt erschienen sein. Fleischbeschaffung war ja viele Jahrtausende hindurch mit Jagd verbunden, und ein Tier zu erjagen ist etwas völlig anderes, als es zu schlachten. Bei der Jagd auf große Tiere (Eber, Mammut, Bär, Wal) setzte der Jäger sein eigenes Leben aufs Spiel, unter Umständen entstand eine Kampfsituation, und die Lebensgefahr dürfte dem Jäger – in einem magisch-religiösen Sinn – als Rechtfertigung für die Tötung seines Beutetiers erschienen sein. Bis heute zehrt die Jagd ja von der Aura eines ritterlichen Abenteuers, wie die Trophäen beweisen, mit denen ein Jäger daheim seine Wände dekoriert. Jeder ausgestopfte Hirsch- oder Eberkopf erinnert gewissermaßen an einen Sieg des Menschen über das Tier, als wäre die Jagd noch immer eine gefährliche Sache (dazu nähere Ausführungen bei der Antwort auf Frage 8). Bei der routinemäßigen Tötung im Schlachthof verbieten sich derartige Illusionen, weshalb wohl kein Schlachthofbetreiber die Köpfe von Kühen oder Hausschweinen bei sich aufhängt.

Angesichts des millionenfachen Leidens im Zeitalter der industriellen Fleischproduktion stellt sich die Frage der Rechtfertigung allerdings neu und schärfer denn je. Reicht es, unsere Essgewohnheiten anzuführen? Unser Recht auf Lustgewinn? Unseren Anspruch auf billiges Fleisch und bezahlbare Pelzmäntel? Diese Begründung wäre wohl zu dürftig – und lässt einen viel tieferen Grund für unsere Gleichgültigkeit gegenüber den Zuständen in Mastbetrieben, Schlachthöfen und auch in Versuchstierhaltungen vermuten. Dem wahren Grund kommen wir wahrscheinlich näher, wenn wir uns klarmachen, dass wir als Menschen in unserer Haltung zu Tieren grundsätzlich tief gespalten sind.

Denn einerseits üben Tiere von jeher eine starke Faszination auf uns aus. Wir bewundern sie, und das aus vielerlei Gründen. Tiere werden, wie in der Bibel, als staunenswerter Beweis für die unerschöpfliche Kreativität Gottes herangezogen, sie gelten als Inbild von Ungestüm und Kraft (Bär, Stier, Elefant), sie prägen unsere Begriffe von Schönheit und Grazie (Pfau, Gazelle, Pferd, Kranich), sie erscheinen uns als Urbild der Freiheit (Hirsch), wir sehen in ihnen Tugenden und moralische Stärken verkörpert (Lamm, Ameise, Taube), wir finden in ihnen auch unsere Vorstellung des Majestätischen verwirklicht (Löwe, Adler). Als Wunschvorstellungen, die sich auf bestimmte Eigenschaften von Tieren beziehen, lassen sich Wappentiere verstehen oder mittelalterliche Beinamen wie Heinrich der Löwe und Albrecht der Bär. Und dazu kommt gerade in unserer Zeit das Staunen über die außerordentlichen Fähigkeiten, denen man im

Tierreich begegnet. Eigentlich alles gute Voraussetzungen dafür, Tieren mit Achtung oder vielleicht sogar Ehrfurcht zu begegnen.

Wenn das nicht geschieht, dann wohl vor allem deshalb, weil wir die Tiere dem Bereich der Natur zuschlagen, die wir in uns selbst mit den Mitteln der Vernunft und Zivilisation zu überwinden trachten. Denn Natur ist immer beides zugleich, großartig und beängstigend, bewundernswert und bedrohlich, und unsere größte Sorge ist, der Firnis der Zivilisation könnte von uns abplatzen und wir selbst könnten wieder zu Tieren werden. Es ist deshalb vielleicht nicht falsch, unser Verhältnis zu Tieren immer noch als Fortsetzung des jahrtausendealten Machtkampfs zu verstehen, bei dem es um die Grundsatzfrage geht: Wer ist Herr im Haus? Wem gehört die Welt? Wer darf die Erde in Besitz nehmen? Doch wohl wir, die vernunftbegabten Menschen.

Eine scharfe Trennlinie verläuft weiterhin zwischen Tier und Mensch. Und solange wir diese Trennlinie ziehen – ob in aggressiver Absicht oder in gleichgültiger Haltung –, solange wir also die Andersartigkeit des Tiers als Minderwertigkeit deuten, werden wir versucht sein, Tieren unseren Willen aufzuzwingen, und sie unsere Überlegenheit spüren lassen. Der große Unterschied, den wir zwischen genießbaren und ungenießbaren Tieren machen, ist also letztlich die Folge des noch größeren Unterschieds, den wir zwischen uns und dem Tier im Allgemeinen machen. Natürlich, niemand kann von uns erwarten, alle Tiere gleichermaßen zu lieben. Aber vielleicht ergibt sich aus diesen Überlegungen, dass es an der Zeit wäre, unseren Standort in der Schöpfung neu zu bestimmen. Es könnte sich dann zeigen, dass eine etwas bescheidenere Vorstellung von uns selbst und eine etwas höhere Meinung von unseren Mitgeschöpfen und der ihnen innewohnenden Würde angebracht wären. Und womöglich müsste diese Voraussetzung erfüllt sein, damit sich Verhältnisse ändern, wie sie im nächsten Kapitel beschrieben werden.

Frage 3

Grenzenlose Profitorientierung:
Was nützt den Tieren unsere Haltung?

Begriffe sind oft verräterisch. Wenn Wildtiere im Zoo gemeint sind, spricht man ganz unbefangen von »Tieren in Gefangenschaft«. Genauer kann man es nicht ausdrücken. Das passende Bild dazu liefert der Dichter Rainer Maria Rilke mit seinem berühmten Gedicht »Der Panther«, in dem uns ein Tier, das als Inbegriff von geschmeidiger Kraft und Ungezähmtheit gilt, als abgestumpftes Wesen vorgeführt wird, zu einer bedauernswerten Existenz hinter Käfigstäben verurteilt. Gewiss passt der Begriff »Gefangenschaft« auf Zootiere auch heute noch. Aber viel zutreffender beschreibt er die Zustände, unter denen Nutztiere in modernen Großmastbetrieben und Zuchtanstalten gehalten werden. Wenn wir einen Blick hinter die Kulissen solcher Betriebe werfen – was die Fleischindustrie zu verhindern sucht –, bieten sich uns nicht selten Skandalbilder wie diese: Schweine, eingepfercht auf engstem Raum, im eigenen Dreck. Oder Mastputen, die mit abgeschnittenen Schnäbeln und amputierten Krallen zusammengedrängt im Dunkeln dahinvegetieren. Oder Zehntausende von Kühen, vollgepumpt mit Antibiotika und Kraftfutter, kaum noch fähig, die Last ihres eigenen Körpers zu tragen.

Auch wenn sicher nicht in allen Betrieben solche Zustände herrschen: Die Intensivhaltung stellt per se ein Problem dar. Allein die Zahlen sind unglaublich. 4,2 Millionen Milchkühe, von denen viele nie eine Wiese zu sehen bekommen, werden in Deutschland gehalten.[1] Jede von ihnen gibt im Schnitt jährlich 7 110 Kilogramm Milch, also knapp 20 Kilogramm pro Tag. Das ist der Durchschnitt. Einige davon müssen aber täglich bis zu 50 Liter Milch liefern; das ist so viel, wie in fünf Putzeimer

1 Bundesministerium für Ernährung, Landwirtschaft und Verbraucherschutz: Milcherzeugung, Milchanlieferung und Milchleistung, Tabelle SBT 0102030–2010, 19. 9. 2011. www.berichte.bmelv-statistik.de

passt. 56 Millionen Schweine und 4 Millionen Rinder werden in Deutschland alljährlich geschlachtet – weltweit sind es 60 Milliarden Tiere pro Jahr. 99 Prozent aller Masthühner in Deutschland stammen aus Mastbetrieben mit je über 10 000 Tieren, 40 Prozent davon aus Betrieben mit einer Bestandsgröße von 100 000 Tieren und mehr.[2] Und was ihre Lebensbedingungen angeht: Die gesetzlich erlaubte Besatzdichte für Masthühner bei Kleingruppenhaltung wird nach dem Lebendgewicht pro Quadratmeter berechnet. Sie beträgt 35 Kilogramm auf einem Quadratmeter. Im Klartext bedeutet das: 30 oder mehr Tiere teilen sich die Fläche eines größeren Beistelltisches.

Tiere als Industrieprodukte

Was nützt diesen Tieren unsere Haltung? Selbst wenn hier und da ein Umdenken in der Politik festzustellen sein mag und sich auch viele Menschen für eine tiergerechte Landwirtschaft einsetzen: Ein flächendeckender Wandel ist nicht zu erkennen. Wenn wir bedenken, dass viele der Nutztiere kaum wie lebende Wesen behandelt werden, dass sie nicht viel anders als Autoreifen oder Staubsauger industriell produziert und ähnlich industriell verwertet werden, dann kann von »nützen« eigentlich gar nicht die Rede sein. Auch die Sprache, mit der über die Tiere gesprochen wird, ist aufschlussreich, etwa wenn sich eine Interessenvertretung »Zentralverband der Deutschen Schweineproduktion e. V.« nennt. Oder wenn das Bundesministerium für Ernährung, Landwirtschaft und Verbraucherschutz die neuesten

2 Bundesministerium für Ernährung, Landwirtschaft und Verbraucherschutz: Betriebe mit Masthühnerhaltung nach Bestandsgrößenklassen, Tabelle MBT-0117560–00, 20. 10. 2008, www.bmelv-statistik.de

Zahlen mit folgenden Worten bekanntgibt: »Basierend auf den vorliegenden Informationen über Schlachtungen, Außenhandel, Preise und Viehzählung wird für das Kalenderjahr 2010 davon ausgegangen, dass die Schweinefleischproduktion um 3,5% zugenommen hat auf 5,45 Mill. t (+3,5% auf 58,3 Mill. Stk.) ... Der Verzehr ist voraussichtlich um 0,8% auf 39,2 kg/Kopf gestiegen, so dass sich ein Selbstversorgungsgrad von 110% ergibt. Die Bruttoeigenerzeugung (BEE) stieg trotz zunehmender Lebendimporte um 1,9% auf 46,0 Mill. Tiere (+3,3% auf 4,9 Mill. t).«[3] Natürlich ist die Sprache der Statistik nie besonders feinfühlig, das erwartet auch kein Mensch. Aber wenn Begriffe wie »Bruttoeigenerzeugung (BEE)« fallen, würde man doch gerne in Erinnerung rufen: Hier wird über Lebewesen gesprochen!

Seit der Einführung der ersten Legebatterien scheinen wir mehr und mehr zu verdrängen, dass die Produktionseinheiten von Hühnern, Schweinen und Rindern an sich Lebewesen sind. Dabei wird die Domestizierung von Huhn, Ziege und Kuh, die vor etwa 10 000 Jahren gelang, heute von manchem als gemeinsamer Entwicklungsprozess von Mensch und Tier verstanden. So als hätten beide Seiten damals einen Vertrag abgeschlossen, bei dem der eine regelmäßige Nahrung und Sicherheit in Aussicht stellte und der andere darin einwilligte, Leder, Felle, Wolle, Eier, Federn, Milch und Fleisch zu liefern. Im Zusammenleben mit dem Menschen lernten die Tiere eine neue Art der Gewalt, aber auch eine neue Art der Fürsorge kennen. Die Natur sei ja nicht gütig, lieb und harmlos; die meisten Tiere hätten in freier

3 Bundesministerium für Ernährung, Landwirtschaft und Verbraucherschutz: »Schweinefleischerzeugung 2011: Wird es ein kurzer Schock sein? Ausblick auf den Schweinemarkt nach der Novemberzählung 2010, www.bmelv.de/SharedDocs/Downloads/Landwirtschaft/Markt-Statistik/Viehbestandserhebung-11-2010-Schweine.pdf?__blob=publicationFile

Wildbahn Feinde, die ihnen ans Leder wollten, und der Winter ist für viele eine harte Zeit, da bot die Existenz als Nutz- und Arbeitstier an der Seite des Menschen greifbare Vorteile. Natürlich hatte das Tier im Gegenzug etwas dafür zu leisten – und manches zu ertragen –, und gewiss handelte der Mensch nicht aus purer Tierliebe, sondern aus wirtschaftlichem Kalkül, aber aufs Ganze gesehen entwickelte sich so doch eine gewisse Verbundenheit. Wie zutreffend dieses Modell auch immer sein mag – Fakt ist jedenfalls, dass wir bis vor ca. 80 Jahren in einer Art Partnerschaft oder Schicksalsgemeinschaft miteinander lebten. Man war aufeinander angewiesen. Idyllisch waren die Verhältnisse auch unter diesen Umständen nicht, doch Aufzucht und Schlachten hatten nicht jenen zynischen Charakter, den sie heute angenommen haben. Fast könnte man sagen, dass die dörflichen Schlachtfeste vergangener Zeiten einen geradezu würdigen Rahmen für eine Schlachtung darstellten – verglichen mit der täglichen mechanischen Tötungsroutine, die sich in unseren Schlachthöfen abspielt. Immerhin wurde das Schlachtvieh bis zum Schluss als Tier behandelt, nicht als Rohmaterial, nicht als seelenloser Produzent seines eigenen Fleischs.

Zweifellos gibt es heute – und glücklicherweise vermehrt – Bauernhöfe, wo Tiere nicht in dieser Weise zu Lieferanten ihres eigenen Körpers herabgewürdigt werden. Außerdem hat in den letzten zwei Jahrzehnten auch in der Politik, auch in der Fleischbranche, vor allem aber bei den Verbrauchern ein Umdenken stattgefunden, das eine Neuorientierung in Richtung einer tiergerechteren Haltung begünstigt. Ich bin mir dieser Fortschritte durchaus bewusst, und ich begrüße sie voll und ganz. Doch kann man mit den bisherigen Ergebnissen noch längst nicht zufrieden sein. Die weitaus überwiegende Mehrheit der Bevölkerung kümmert sich nicht besonders um die Produktionsbedingungen. Pro Kopf beträgt der Umsatz mit Bioprodukten in der Schweiz 132 Euro, in Österreich 103 Euro, in Deutschland aber nur 70 Euro – im Jahr (2009).[4] Der Anteil der Bioprodukte am gesamten deutschen Lebensmittelmarkt macht sage und schreibe 4 Prozent aus.[5] Nach einem echten Bewusstseinswandel sieht das nicht aus.

Gewisse Tierarten können wir in der Betrachtung dieses Kapitels ganz ausklammern, denn Pferde, Schafe und Ziegen bleiben von den Zumutungen der Intensivhaltung verschont, wenn auch nur deshalb, weil bei ihnen auf diese Weise bisher keine Leistungssteigerung zu erzielen war. Theoretisch, nämlich wenn es nach dem Gesetz ginge, dürfte es bei uns überhaupt kein Tier schlechter haben als in früheren Zeiten, denn schließlich wird die Tierhaltung durch die Tierschutzgesetzgebung geregelt. So gilt für alle Tierarten, dass Tiere ihrer Art und ihren Bedürfnissen entsprechend angemessen zu ernähren, zu pflegen und verhaltensgerecht unterzubringen sind. Die Möglichkeiten der Tiere zu artgemäßer Bewegung dürfen demnach nicht so eingeschränkt werden, dass ihnen Schmerzen oder vermeidbare Leiden oder Schäden zugefügt werden. Und wer Tiere hält oder betreut, hat über die für deren angemessene Ernährung, Pflege und verhaltensgerechte Unterbringung erforderlichen Kenntnisse und Fähigkeiten zu verfügen.[6] Das alles klingt gut – doch wer sich mit den Verhältnissen in der Praxis vertraut macht, reibt sich manchmal die Augen. Denn dort herrschen oft Verhältnisse, die spätere Generationen vielleicht genauso anstößig

4 Bund Ökologische Lebensmittelwirtschaft: Zahlen, Daten Fakten: Die Bio-Branche 2011, S. 22
5 Matthias Balz: Branchen im Blickpunkt: Der deutsche Markt für ökologische Lebensmittel, ifo-Schnelldienst 7 / 2011
6 Tierschutzgesetz der Bundesrepublik Deutschland, § 2

finden werden, wie wir Heutige verbreitete Unmenschlichkeiten der Vergangenheit verurteilen.

Grundsätzlich muss man feststellen: Tiere werden in der Massentierhaltung in erster Linie wie Rohstofflieferanten behandelt. Schweine dürfen keine Schweine, Kühe keine Kühe, Hühner keine Hühner mehr sein. In vielen Fällen sind die Funktionen dieser Tiere auf Fressen, Verdauen, Wachsen und Vermehren reduziert. Artgerecht ist das nicht. Aber was bedeutet jene Artgerechtigkeit, die nach dem Gesetz als Maßstab an die Tierhaltung angelegt werden muss? Für Schweine würde »artgerecht« bedeuten, dass sie im Freien, in Gruppen und in einer strukturierten Umgebung gehalten werden. Auf einer Wiese, wo sie auf Futtersuche mit ihren Rüsseln im Boden wühlen können. Wo sie Hütten haben, in die sie sich zurückziehen können, geräumig genug, dass sie zu mehreren eng beieinander schlafen können. Denn Schweine sind gesellige Tiere. Gesellig, verspielt, sensibel und klug. Sie reagieren auf Menschen, sie helfen einander, sie sind lernfähig. Artgerecht heißt also auch, dass sie in Gesellschaft leben dürfen, dass ihnen Anregungen geboten werden. Unter solchen Bedingungen leben zum Beispiel viele Schweine, die nach Bioland-Kriterien aufgezogen werden. Aber die Mehrheit aller Schweine in Deutschland wird in Mastbetrieben gezogen, für die ein anderes Kriterium Vorrang hat, nämlich das des maximalen Profits.

Auch wenn es dem Gesetz nach eigentlich nicht sein dürfte: Die Geselligkeit liebenden Tiere verbringen ihr Leben voneinander isoliert in Einzelkäfigen aus Stahl oder Beton, die häufig so eng sind, dass sie sich nicht einmal um die eigene Achse drehen können. Manche sind gezwungen, im eigenen Kot zu schlafen. Eine solche Umgebung bietet an Anregungen natürlich nichts –

keinen normalen Wechsel im Rhythmus der Tages- und Jahreszeiten, keine Nahrungssuche, nichts zu erkunden, nichts zu erleben. Ein besonderer Stressfaktor aber ist die Enge der Käfige. Weil sie sich an den Wänden ihrer Kastenstände reiben, ziehen sich manche Tiere mit der Zeit wunde Stellen zu, und der Bewegungsmangel bewirkt, dass die Knochendichte bei ihnen abnimmt. Nicht selten sind dann Klauen- und Gelenkschäden die Folge. Diese Haltungsbedingungen können zu Verlusten im Bestand führen, sie rentieren sich für den Züchter aber trotzdem. Denn je weniger Bewegungsfreiheit ein Tier genießt, desto weniger Kalorien verbrennt es und umso weniger Futter wird benötigt.

Diesem Stress werden nun Tiere ausgesetzt, deren psychische Ausstattung ohnehin in vielen Fällen von der eines herkömmlichen Hausschweins abweicht. Denn die Nachfrage nach magerem Schweinefleisch hat zur Züchtung von Tieren geführt, die nicht nur Herz- und Gelenkprobleme haben, sondern auch unter ständiger Nervosität und Angstzuständen leiden. Das heißt: Die bei der Massentierhaltung verwendeten Rassen sind in der Regel genetisch so weit verändert, dass sie in einer natürlichen Umgebung gar nicht überlebensfähig wären. Sie halten nur in der künstlichen Umgebung klimatisierter Ställe bis zur Schlachtung durch.

Was auf die Schweinemast zutrifft, gilt auch für die Schweinezucht: Artgerecht geht es dabei nicht zu. Um möglichst viele Ferkel zu erhalten, werden die Sauen einem schnellen Zyklus von künstlicher Befruchtung und Geburt unterworfen – kaum sind die Ferkel entwöhnt, wird die nächste Trächtigkeit eingeleitet. Gleichzeitig wird von den Züchtern darauf hingearbeitet, die Zahl der Ferkel pro Wurf zu erhöhen; derzeit sind es im Durchschnitt neun. Und schon in ihren ersten Lebenstagen müssen die Ferkel eine Reihe schmerzhafter Eingriffe über sich ergehen lassen. Männliche Ferkel werden ohne Betäubung kastriert, um dem typischen Geruch von Eberfleisch entgegenzuwirken, der von den Verbrauchern abgelehnt wird. Außerdem werden Ferkeln in vielen Fällen die Zähne abgeschliffen, damit sie einander nicht verletzen, und mehrheitlich die Schwänze kupiert, um dem verbreiteten, krankhaften Schwanzbeißen vorzubeugen. Manche Züchter versuchen auch, derartige Stressreaktionen zu unterbinden, indem sie ihre Ferkel durch warme, dunkle Ställe in einen Zustand der Apathie versetzen. In einer Hinsicht wenigstens hat man sich nun auf ein humaneres Verfahren verständigt: Europäische Kommission, Fleischindustrie und Landwirtschaft, Verbände des Einzelhandels und weitere Interessenvertreter haben am 15. Dezember 2010 eine Europäische Erklärung über Alternativen zur chirurgischen Kastration bei Schweinen verabschiedet. Danach sollen Ferkel vom 1. Januar 2012 an nur noch unter Anwendung von Schmerzmitteln kastriert werden. Vom 1. Januar 2018 an wird die Kastration generell verboten sein.[7]

Man kann nur hoffen, dass sich die betroffenen Betriebe daran halten werden. In kaum einer Branche bleiben so viele Rechtsbrüche ungeahndet wie in der Fleischindustrie, in kaum einer Branche funktioniert das System der Kontrollen schlechter. Der Grund dafür ist einfach. Da es hier nicht um die Arbeitsbedingungen von Menschen, sondern um die Lebensbedingungen von Tieren geht, drücken viele ein Auge zu. Schließlich will jeder mitverdienen, auch die Tierärzte.

Ein aussagekräftiges Indiz für die Kumpanei von Tierärzten und Fleischindustrie ist der Verbrauch von Antibiotika. In Deutsch-

---

7 Tierschutzbericht der Bundesregierung 2011, S. 9

land wurden 2010 rund 1 000 Tonnen Antibiotika in der Nutz-
viehhaltung eingesetzt, in der Humanmedizin sind es jährlich
rund 300 Tonnen. Ein akuter Fall, der die Anwendung von
Medikamenten rechtfertigen würde, liegt dabei oft gar nicht vor.
Es reicht, dass ein Tierarzt unter Zehntausenden von Kühen ein
krankes Tier entdeckt, um den gesamten Bestand mit Antibiotika zu behandeln.[8] Mit anderen Worten: Der Missbrauch von
Medikamenten ist in der Massentierhaltung an der Tagesordnung, weil sich dieses anfällige System anders gar nicht aufrechterhalten lässt. Und da die Tierärzte daran mitverdienen, ist
die großzügige Verabreichung von Antibiotika auch in ihrem
Sinne. Was früher in der Tierzucht galt, wird durch die Fleischindustrie also buchstäblich auf den Kopf gestellt, wie der amerikanische Autor Jonathan Safran Foer in seinem Buch »Tiere
essen« beschreibt: Medikamente dienen nicht mehr der Heilung
kranker Tiere, sondern stabilisieren defekte Immunsysteme,
Tierärzte haben nicht mehr die Gesundheit der Tiere, sondern
die Rentabilität eines Betriebs im Blick, und Züchter sind an gesunden Tieren nicht mehr interessiert, sofern nur die meisten
von ihnen das maximale Schlachtgewicht erreichen.[9]

Das ist natürlich nicht nur in den USA so, sondern auch in
Deutschland. Ende 2011 wurden in Nordrhein-Westfalen die
Ergebnisse einer Untersuchung des Landesministeriums für Kli-
maschutz, Umwelt, Landwirtschaft, Natur- und Verbraucherschutz zum Antibiotikaverbrauch in der Hähnchenmast veröffentlicht. Sie waren schockierend. Demnach erhielten 96 Prozent der Tiere Antibiotika, antibiotikafreie Mast gehörte zu den

8 Silvia Lieblich: »Beim Kochen besser Latex tragen«, in: Süddeutsche Zeitung,
    www.sueddeutsche.de/wirtschaft/massentierhaltung-beim-kochen-besser-
    latex-tragen-1.1146009, 19. September 2011
9 vgl. Jonathan Safran Foer: Tiere essen, Köln [8]2011, S. 163 ff.

Ausnahmen. Und das war ja nicht alles. Während der 30 bis 35 Tage, die die Tiere leben, kommt eine Vielzahl von Wirkstoffen zum Einsatz, teilweise bis zu acht verschiedene Antibiotika. In mehr als der Hälfte der Behandlungen wurden die Antibiotika nur ein bis zwei Tage verabreicht, was weder gestattet ist noch dem Stand der veterinärmedizinischen Wissenschaft entspricht. Der verbreitete Einsatz der Medikamente und vor allem die kurze Verabreichungszeit fördern massiv die Bildung von multiresistenten Keimen, so dass Menschen, die daran erkranken, auf die Behandlung mit Antibiotika nicht mehr reagieren. Minister Remmel, der die Studie vorstellte, sprach deutliche Worte: »Entweder es handelt sich um Wachstumsdoping – was seit 2006 europaweit verboten ist. Oder aber das System der Tiermast ist derart anfällig für Krankheiten, dass es ohne Antibiotika nicht mehr auskommt. Das ist dann Gesundheitsdoping. Wenn es aber nur noch mit Antibiotika geht, dann ist für mich klar: Diese Art von Massentierhaltung wird aus rechtlicher und ethischer Sicht keinen Bestand haben können!«[10]

Nordrhein-Westfalen ist natürlich kein Einzelfall, sondern steht exemplarisch für diese Art von Hähnchenmast. Die Worte des Ministers lassen an Klarheit nichts zu wünschen übrig. Nur muss man außerdem fragen: Was erwartet ein Verbraucher, der ein tiefgefrorenes Hähnchen beim Discounter zum Kilopreis von 1,63 Euro erwirbt? Kann er wirklich glauben, dass er für diesen Preis ein Nahrungsmittel erwirbt, das gesund ist und das unter erträglichen Verhältnissen für das Tier entstanden ist? Für Fleisch aus biologischer Erzeugung muss man deutlich mehr be-

10 www.umwelt.nrw.de/ministerium/presse/presse_aktuell/presse111115.php, Zugriff 6.1.2012. Hierzu kritisch http://www.rwi-essen.de/forschung-und-be ratung/fdz-ruhr/unstatistik-des-monats/, Zugriff 20.2.2012

zahlen, ca. 8 bis 10 Euro.[11] Wenn man schon nicht an das Tier denkt: Sollte man sich das nicht selbst wert sein?

Auch Kühe leiden unter dem Diktat der Billigproduktion. Vielleicht wäre es anders, wenn Milch nicht so billig wäre. Beim niedrigen Literpreis jedoch lohnt die Produktion nur dann, wenn die Haltung der Tiere selbst einen minimalen Aufwand erfordert – wie bei der sogenannten Anbindehaltung zum Beispiel. In der überwiegenden Zeit an die Kette gelegt, verbringen viele Kühe in diesem Fall den größten Teil ihres Lebens auf einem Fleck, dicht an dicht. Häufig mit Antibiotika behandelt, die allein schon gegen die häufig auftretenden Euterentzündungen verabreicht werden, und mit Kraftfutter gemästet, führen die Kühe hier ein Dasein als lebende Milchfabriken. Und da Kühe nur Milch geben, wenn sie Kälber gebären, muss jedes Tier einmal im Jahr ein Kalb zur Welt bringen, um auf die jährliche Durchschnittsleistung von mehr als 7 000 Kilogramm Milch zu kommen. Geschlachtet werden sie in jedem Fall, gewöhnlich nach vier bis fünf Jahren. Glücklicherweise handelt es sich bei der Anbindehaltung um ein Auslaufmodell. Neue Anlagen werden zumeist als Boxenlaufställe errichtet.

Das Schicksal der Kälber wiederum hängt von ihrem Geschlecht ab. Für männliche Kälber gibt es in der Milchwirtschaft keine Verwendung, weshalb sie bald nach ihrer Geburt geschlachtet werden. Bei weiblichen Kälbern ist das natürlich anders. Die werden größtenteils am Leben gelassen, um in die Fußstapfen ihrer Mütter zu treten. Schlecht geht es für sie aus, wenn sie als

---

11 www.verbraucherzentrale-rlp.de/UNIQ132394050807395/link393731A.html, Zugriff 15. 12. 2011

Mastkälber einer Prozedur unterzogen werden, deren Ziel es ist, das begehrte weiße Kalbfleisch zu erzeugen, und deren absichtlich herbeigeführter Effekt die Beeinträchtigung ihrer Gesundheit ist. Solche Kälber werden wenige Tage nach der Geburt in schmale Boxen gezwängt. Fortan werden sie mit einer künstlichen Nährstofflösung gefüttert. Diese bewirkt nicht allein eine schnelle Gewichtszunahme – da sie weder Eisen noch Raufutter enthält, führt sie zu einem Mangel an roten Blutkörperchen, was einerseits die helle Fleischfarbe zur Folge hat, andererseits Infektionen und Verdauungs- wie Stoffwechselstörungen begünstigt. In jedem Fall sind die Tiere hohen Belastungen ausgesetzt.

Erfreulich immerhin, dass es in den letzten fünfzehn Jahren gerade bezüglich der Milchkühe ein Umdenken gegeben hat. Immer mehr Landwirte kommen von der Anbindehaltung ab und richten Freilaufställe ein, geräumige Ställe, in denen die Tiere sich frei bewegen können, dazu leicht und offen gebaut, sodass Tageslicht einfallen und Frischluft zirkulieren kann. Nicht allein Profitinteressen, auch althergebrachte Vorurteile stehen solchen Veränderungen mitunter im Wege. So weckte die Idee der Freilaufställe anfangs die Befürchtung, die Tiere würden darin erfrieren oder keine Milch mehr geben. Solche Sorgen haben sich als gegenstandslos erwiesen. Freilaufställe liefern längst den überzeugenden Beweis, dass auch artgerechte Tierhaltung einträglich ist.

Von einer artgerechten Haltung am weitesten entfernt ist heute eine Tierart, die einstmals die geruhsame Nutztierexistenz schlechthin verkörperte: das Huhn. Für viele Generationen bildeten der krähende Hahn und die gackernde Henne das idyllische Element im Bild eines traditionellen Bauernhofs, und von jeher wurde die Glucke mit ihrer Kükenschar als Inbild mütterlicher Zuwendung verstanden. Ausgerechnet dieses Tier ist heute in einem beispiellosen Ausmaß den menschlichen Profit-interessen unterworfen.

Das Tier als Maschine – im Huhn ist dieser Investorentraum Wirklichkeit geworden, seit es in den frühen sechziger Jahren zum Zweck des Eierlegens wie ein Aggregat in eine Käfigbatterie installiert wurde. Aber auch für den Konsumenten ist damit ein Traum in Erfüllung gegangen: Haben sich die Preise der meisten anderen Produkte in den letzten fünfzig Jahren im Durchschnitt verzehnfacht, ist das Ei sensationell billig geblieben, es kostet heute gerade das Doppelte. Die Kosten für das Huhn stehen auf einem anderen Blatt.

An dieser Stelle ist eine Begriffsklärung angebracht. Bis in die fünfziger Jahre des 20. Jahrhunderts gab es Dutzende von Hühnerrassen, deren Eier, Brust oder Keule wir verspeisten. Heute sind Rassen wie die Große Cochin oder das Friesenhuhn nur noch in Privathöfen oder auf Geflügelschauen zu sehen. Denn im Zeitalter der industriellen Tierhaltung gibt es nur noch zwei Arten von Hühnern, mit jeweils unterschiedlicher genetischer Ausstattung versehen und für eine jeweils unterschiedliche Funktion gezüchtet: die Legehenne und das Masthuhn. Die eine produziert ausschließlich Eier, das andere ausschließlich Fleisch. In der Intensivhaltung haben beide nur eins gemeinsam: Existenzbedingungen, die mit dem ehemals beneidenswerten Hühnerdasein nichts mehr zu tun haben.

Erinnern wir uns: In Freiheit legt ein Huhn fünf bis zehn Eier und konzentriert sich dann aufs Brüten. Wenn nach 21 Tagen aus den befruchteten Eiern die Küken geschlüpft sind, kann es wieder ans Eierlegen gehen. In diesem Rhythmus bringt es ein solches Huhn auf 50 bis 60 Eier im Jahr. Bei der modernen

Legehenne entfällt die Brutphase, weil ihre Eier zum größten Teil unverzüglich in den Supermarkt wandern. Legehennen legen permanent, und jedes Tier kommt auf 300 Eier jährlich.[12] Das ist Akkordarbeit. Was den Stress der Tiere noch erhöht, ist die beklemmende Enge, der sie ausgesetzt sind und an der sich zeitlebens nichts ändert. Zwar ist die Batteriekäfighaltung in Deutschland inzwischen verboten, doch die sogenannte Kleingruppenhaltung, die an ihre Stelle getreten ist, verschafft dem Huhn nur unwesentlich mehr Bewegungsfreiheit – der Platzgewinn entspricht etwa der Fläche einer gefalteten Papierserviette.[13] Dass Hühner unter diesen Bedingungen Stressreaktionen zeigen, ist kein Wunder – Menschen, die in einem vollbesetzten Aufzug eingesperrt sind, würden nach kurzer Zeit ähnlich reagieren. Die Lösung könnte darin bestehen, ein Einsehen mit den Tieren zu haben und ihnen ausreichend Platz und Beschäftigungsmöglichkeiten zu gönnen. Die Lösung der Agrarindustrie sieht anders aus. Damit sich die bedrängten Tiere keine ernsthaften Verletzungen zufügen, werden Legehennen die Schnabelspitzen abgeschnitten.

Natürlich wird ein gewisser Anteil der Eier in Brütereien ausgebrütet, denn der Legehennennachwuchs kann ja nur von ihnen selbst produziert werden. Was die weiblichen Küken angeht, ist ihr Schicksal keine Frage – sie werden als künftige Legehennen aufgezogen und verkauft. Doch was geschieht mit den männ-

12 Theresa Bäuerlein: Fleisch essen, Tiere lieben, München 2011, S. 77
13 Die Kleingruppenhaltung wurde durch das Bundesverfassungsgericht mit Beschluss vom 12. Oktober 2010 für verfassungswidrig erklärt. Bis zum 31. März 2012 musste eine neue Regelung durch das Bundesministerium für Ernährung, Landwirtschaft und Verbraucherschutz erstellt werden, die zu Redaktionsschluss dieses Buchs noch nicht vorlag. Die neue Regelung soll keine Kleingruppenhaltung mehr vorsehen, aber für bestehende Kleingruppenhaltung weitreichenden Bestandsschutz gewähren.

lichen Küken, die immerhin die Hälfte der ausgebrüteten Tiere ausmachen? Die Antwort lautet: Sie sind überflüssig. Sie werden umgehend aus dem Produktionssystem ausgesondert. Denn Legehennenmännchen taugen nicht einmal dazu, Brathähnchen zu werden, weil sie zu mager sind. Deshalb werden sie vernichtet, das heißt durch Rohre auf eine elektrisch geladene Platte gesaugt oder mit Kohlendioxid erstickt oder in speziellen Mixern zerhäckselt – bei lebendigem Leib und unbetäubt. Was von ihnen übrig bleibt, wird zu Tiermehl oder Dünger verarbeitet oder, wie in Berlin und in anderen Städten, neuerdings an Greifvögel und Reptilien im Zoo verfüttert.[14] Auf diese Weise sterben allein in Deutschland alljährlich 45 Millionen Küken; sämtliche EU-Länder zusammengenommen kommt man auf 280 Millionen getötete Küken pro Jahr.

Diese Praxis ist abstoßend, aber legal. Genauso wie das, was mit dem Masthuhn geschieht. Aus Sicht des Züchters interessieren an einem Masthuhn nur zwei Dinge: Gewichtszunahme und Lebenszeit. Natürlich soll die Gewichtszunahme möglichst schnell erfolgen und die Lebenszeit möglichst kurz ausfallen, denn je höher die Frequenz, desto höher der Profit, desto größer auch die Einsparungen an Futter. Tatsächlich wurden auf beiden Gebieten bedeutende Fortschritte erzielt. Heute erreicht ein Masthuhn sein Schlachtgewicht bereits nach sechs bis acht Wochen, und in dieser Frist nimmt es an Muskelfleisch und Fettgewebe rasend schnell zu. So schnell, dass weder sein Skelett noch seine Organe mithalten können. Als Folge können sich Deformationen und Krankheiten einstellen. Wie kommt ein Huhn in so kurzer Zeit in eine solche Verfassung?

14 Kristina Läsker: »Ein grausamer Tod«, Süddeutsche Zeitung 10. / 11. 9. 2011

Auch in diesem Fall lautet die Formel: viel fressen, wenig Bewegung. Masthühner werden zwar nicht in Käfigen gehalten, aber in Ställen zu Tausenden auf engem Raum zusammengepfercht. Nach spätestens zwei Monaten sind sie dann so weit: halbwüchsige Küken mit Körpern, die am Drehspieß einer Hähnchenbraterei wie richtige Hühnerleiber aussehen und mithin reif für den Schlachthof.

Tod für Millionen

Was hier geschieht, ist schnell erzählt. Jedes Huhn wird kopfüber mit den Füßen in eine Metallschlaufe gehängt und durch ein Förderband automatisch weitertransportiert. Das Flattern und Schreien der Tiere erstirbt, sobald sie die nächste Station erreichen, ein elektrisch geladenes Wasserbad, aus dem sie betäubt wieder auftauchen, um als Nächstes den Halsschnittautomaten zu passieren. Trifft die Klinge die Schlagader, blutet das Tier langsam aus; trifft sie nicht, springt der Nachschneider ein – ein Schlachthofarbeiter, der den Fehler der Maschine mit einem Messer korrigiert. Das – nun in den meisten Fällen – tote Tier wird dann durch ein Brühbad gezogen, wo es seine Federn lässt, bevor ihm Kopf und Füße maschinell abgeschnitten werden. Im letzten Schritt werden die Schlachtkörper mittels eines Luftkühlsystems gekühlt. Damit hat das moderne Fabrikhuhn jenen Zustand erreicht, in dem es seiner Bestimmung zugeführt werden kann.

Noch einige Hinweise auf die Dimensionen: In der Europäischen Union werden alljährlich 6 Milliarden (!) Masthühner auf die beschriebene Art produziert und getötet. Und weltweit beläuft sich ihre Zahl auf 52 Milliarden (2009). Der Vollständigkeit halber sei erwähnt, dass Mastputen kein besseres Leben führen als Masthühner. Selbst der Tierschutzbericht der Bundesregierung, sonst um zurückhaltende Formulierungen bemüht, spricht davon, dass »grundlegende und tierschutzrelevante Probleme bei der Mast von Puten in Deutschland«[15] festzustellen sind. Es gebe »Hinweise, dass sich evidente Gesundheitsstörungen gleich zu Beginn der Mastphase (6./7. Lebenswoche) möglicherweise auf die Haltungsbedingungen in der Aufzuchtphase zurückführen lassen«[16]. Die nichtevidenten Gesundheitsstörungen kommen dann noch hinzu.

Nicht anders ergeht es mittlerweile auch Tierarten, die nie den Haus- und Nutztieren zugerechnet wurden. Die als Wildtiere zwar seit langem gejagt werden, sich aber bislang vor ihrem plötzlichen Lebensende eines durchaus artgerechten Daseins in freier Wildbahn erfreuten. Dazu gehören in erster Linie Speisefische wie der Lachs. Von ihnen ist im Zusammenhang mit Massentierhaltung seltener die Rede, obwohl die Nahrungsmittelindustrie ihnen ein ähnliches Los bereitet wie Hühnern, Schweinen, Puten und Kühen.

Ich sagte es schon: Fische lassen uns erstaunlich kalt – Zierfischfreunde einmal ausgenommen. Das könnte mit einer grundsätzlichen Fremdheit zwischen dem Landbewohner Mensch und dem Meeres- oder Flussbewohner Fisch zu tun haben. Wirkt sich hier die Tatsache aus, dass Fische in einem anderen Element zu Hause sind? Oder die Schwierigkeit, mit Fischen zu kommunizieren? An ihren geistigen Fähigkeiten kann es jedenfalls nicht liegen. Was die angeht, haben Forscher in den letzten 20 Jahren

---

15 Tierschutzbericht der Bundesregierung 2011, S. 13
16 ebd., S. 53

Erstaunliches entdeckt: Fische jagen gemeinsam mit anderen Arten. Sie benutzen Hilfsmittel. Sie gehen monogame Beziehungen ein. Sie nehmen einander als Individuen wahr. Sie kennen eine soziale Hierarchie und fechten Rangstreitigkeiten aus. Sie besitzen ein ausgeprägtes Langzeitgedächtnis und geben Informationen über Generationen hinweg weiter. Mit anderen Worten: Sie dämmern nicht einfach vor sich hin. Sie nehmen – wie wir das bei vielen Tierarten voraussetzen dürfen – bewusst am Leben teil, sind schmerzempfindliche, leidens- und mit Sicherheit stressfähige Wesen. Die Betreiber sogenannter Aquakulturen hindert das nicht, Fischen ähnliche Lebensbedingungen aufzuzwingen, denen auch Schweine und Hühner in Großmastbetrieben ausgesetzt sind.

Aquakulturen sind zur Wasseroberfläche hin offene Unterwasserkäfige, in denen es von Fischen wimmelt. Möglicherweise schwang bei ihrer Entwicklung ursprünglich, also vor etwa 30 Jahren, auch mit, dass Aquakulturen eine Maßnahme gegen das Leerfischen der Weltmeere sein könnten. Tatsache ist, dass sie an der Überfischung der Meere nichts geändert haben und trotzdem weltweit auf dem Vormarsch sind. Fast die Hälfte der Fische, die in den Geschäften angeboten werden, stammt aus Fischfarmen. Weltweit werden jährlich über 51 Millionen Tonnen Fisch in Fischfarmen herangezogen; den größten Marktanteil hat China mit 67 Prozent.[17] Der überwiegende Teil dessen, was wir in Restaurants an Lachs serviert bekommen, ist Zuchtlachs, stammt also aus solchen Aquakulturen. Sie sind ebensolche industrielle Produktionsstätten von Nahrungsmitteln wie die Großbetriebe der Schweinemast. Auch hier wird alles optimiert: Laichzeiten und Befruchtung werden künstlich gesteuert,

17 du und das tier, Zeitschrift des Deutschen Tierschutzbunds, 5 / 2010, S. 13

das Wachstum beschleunigt. Der Hauptstressfaktor ist dabei die Enge, die in den Unterwasserkäfigen herrscht. Wegen des Gedränges kann es zu Kannibalismus kommen; die Wasserverschmutzung erschwert den Tieren das Atmen, und ihre Gesundheit wird von Kleinkrebsen bedroht, sogenannten Lachsläusen, die sich in die Fischkörper fressen. Getötet werden die Lachse oftmals dadurch, dass ihnen die Kiemen aufgeschlitzt werden, was zum Tod durch Verbluten führt. Andere Zuchtfische wie Steinbutt, Dorade und Aal werden passiv getötet, das heißt, man lässt sie an der Luft ersticken, was je nach Art bis zu zwei Stunden dauern kann.

Fassen wir alles bisher Gesagte zusammen, muss man zu dem Ergebnis kommen: Dem Tier bietet die Massentierhaltung keinen erkennbaren Nutzen. Das darf aber nicht zu dem Schluss verführen, dass unsere Nutztiere in solchen Großbetrieben der reinen Willkür ausgesetzt sind. Im Gegenteil: Die Nutztierhaltung ist in Deutschland durchaus geregelt, und die beschriebenen Verhältnisse entsprechen im Großen und Ganzen den Vorschriften. Wobei der Gesetzgeber besondere Vorsorge getroffen hat, vermeidbares Leiden beim Schlachten und Töten auszuschließen. Wie weit diese Regelungen in ihrer Gesamtheit das Wohl des Tiers und seine Würde im Auge haben, ist eine andere Frage.

Das betäubungslose Schlachten von Säugetieren ist in Deutschland grundsätzlich verboten (einzige Ausnahme ist das rituelle Schächten). Je nach Tierart und Betrieb werden Rinder, Kälber und Schweine bei uns mit dem Bolzenschussgerät, der Elektrozange oder mit Kohlendioxid betäubt, bevor der Stecher ihnen den tödlichen Schnitt in den Hals beibringt. Dennoch erlebt schätzungsweise ein Prozent aller Tiere aufgrund von Betäubungsfehlern die eigene Schlachtung mit, obwohl theoretisch jede misslungene Betäubung durch ein Warnsignal angezeigt wird. Ein Prozent – das sind 500 000 Schweine und 40 000 Rinder im Jahr, die bei vollem Bewusstsein entblutet werden.[18] Probleme dieser Art entstehen durch die Menge des täglich anfallenden Schlachtviehs und die Geschwindigkeit des Schlachtprozesses. Denn um ordentlich zu betäuben und sauber abzustechen, braucht ein Schlachthofarbeiter Zeit, die ihm bei der rasanten Fließbandproduktion eines modernen Schlachthofs nicht gelassen wird – in Großbetrieben bleiben dem Stecher gerade einmal zwei Sekunden für den tödlichen Schnitt. Immerhin darf man davon ausgehen, dass 99 Prozent der 45 Millionen Schweine und 4 Millionen Rinder, die alljährlich durch unsere Schlachthöfe geschleust werden, einen schmerzlosen Tod sterben.

Doch bis es zur Schlachtung kommt, ist – ungeachtet aller gesetzlichen Regelungen – praktisch jede Lebensphase eines Nutztiers mit Stress oder Leiden verbunden. Dazu gehört auch der Viehtransport. Vor allem Schlachtvieh legt vor seinem Tod oft Tausende von Kilometern zurück, eingesperrt in einen Lkw und oft genug sich selbst überlassen. Obwohl das Tierschutzrecht auch Regelungen für den Transport kennt, leiden die Tiere unterwegs selbst bei striktester Befolgung der Vorschriften, denn Reisen ist für sie in jedem Fall anstrengend und beängstigend. Hinzu kommt, dass die Tiere beim Aus- und Einladen nicht selten der Rohheit des Personals ausgesetzt sind. So ist es zum Beispiel üblich – und auch erlaubt – Elektrotreiber einzusetzen, um widerstrebende Tiere gefügig zu machen. Dass es auch anders

18 Klaus Tröger, Max-Rubner-Institut, zitiert von Patrick Hünerfeld: »Tierschutz: Horror im Schlachthof«, in: SWR-Fernsehen, odysso, Informationen zur Sendung vom 8. Juli 2010, www.swr.de/odysso/-/id=6622964/property= download/nid=1046894/1bcklmc/Odysso_100708.pdf, Zugriff 6. 1. 2012

geht, beweist die Behutsamkeit, mit der man beim Transport von Reitpferden zu Werk geht. Es zeigt sich eben immer wieder, dass nicht die Leidensfähigkeit eines Tiers unser Verhalten bestimmt, sondern unsere emotionale Verbundenheit mit ihm.

Im Hinblick auf die Massentierhaltung muss man also sagen: Der Mensch hat den stillschweigenden Kooperationsvertrag, den er einst mit dem Tier geschlossen hat, gebrochen. Nichts wäre jedoch falscher, als diese Verhältnisse einigen wenigen Sündenböcken anzulasten, etwa profitgierigen Züchtern oder Händlern. Nein, auch die allermeisten Verbraucher sind Teil dieses profitorientierten Systems. Zwar ist seit einigen Jahren ein allmählicher Bewusstseinswandel festzustellen, doch die Abkehr von der Massentierhaltung vollzieht sich nur in winzigen Schritten. Auch wenn nach Dioxin-im-Futter-Skandalen und den schockierenden Erkenntnissen über Medikamente in Mastbetrieben große Empörung herrscht: Grundlegend scheint sich das Verhalten der Verbraucher nicht zu ändern. Wie gesagt: 4 Prozent des Umsatzes im deutschen Lebensmittelmarkt entfallen auf Bioprodukte. Deshalb gilt nach wie vor: Lippenbekenntnisse zur Tierliebe nützen nichts, wenn wir im entscheidenden Moment, nämlich an der Kasse, nur an uns denken. Wenn uns der Preis für Eier, Milch und Fleisch wichtiger ist als das Schicksal derer, die es liefern, dann gibt es keine Fortschritte. Es gäbe die beschriebenen Zustände nicht, wenn wir alle bereit wären, entweder wieder deutlich mehr für unser Essen zu bezahlen – oder auf bestimmte Produkte zu verzichten, sofern sie nicht unter würdigen Umständen entstanden sind. Beides aber scheint für viele nicht in Betracht zu kommen. Warum nicht? Weil wir an unserem Lebensstandard festhalten wollen, egal was es andere Lebewesen kostet? Weil wir dafür sogar an unserer Gesundheit Abstriche hinzunehmen bereit sind (Stichwort Antibiotikaresistenz)? Weil sich das Essen genauso in den Konsum einreiht wie billige T-Shirts? Es führt kein Weg daran vorbei: Billig lässt sich Fleisch nur herstellen, wenn Tiere dafür leiden. Artgerechte Tierhaltung hat ihren Preis. Und den sollten wir zahlen.

Frage 4

Liebesobjekte:
Ist jeder, der Tiere liebt, ein Tierfreund?

Man muss kein Sadist sein, um Tiere zu quälen, auch Gleichgültigkeit kann – wie wir gesehen haben – dazu führen, dass Tiere unter erbärmlichen Umständen ihr Leben fristen müssen, etwa in den Großanlagen der Tier- und Fleischproduktion. Wäre demnach eine ausgeprägte Tierliebe die Versicherung gegen die artwidrige Haltung von Tieren? Nicht in jedem Fall, muss man sagen. Manchmal führt sogar eine überbordende Zuneigung zu Tieren zu Verhältnissen, die weder Mensch noch Tier gerecht werden.

Ungebremste Zuneigung: Animal Hoarding

Während meiner Zeit als Tieranwalt im Kanton Zürich hatte ich gelegentlich mit solchen Fällen der aus dem Gleis geratenen Schutz- und Hegegefühle zu tun. 149 Katzen in einem Einfamilienhaus – die erste Reaktion bei einer solchen Information besteht vielleicht in einem entsetzt-belustigten »Meine Güte!«. Wenn man aber mit den Umständen näher befasst ist, erkennt man schnell den Ernst der Lage. Angezeigt wurde im Jahr 2008 das Ehepaar Elisabeth und Robert C. wegen Vernachlässigung und Tierquälerei. Die Protokolle der Polizei, die die Zustände im Haus beschrieben, offenbaren Unsägliches: ein vollkommen verdrecktes Haus, in das die Katzen unter widrigsten Bedingungen eingepfercht waren. Gerade Katzen benötigen dringend Rückzugsmöglichkeiten, in einem kleinen Haus mit über hundert Artgenossen war das natürlich nicht mehr gegeben. Die Folge: permanenter Stress für jedes Tier, den es nicht abbauen konnte, immerwährende Anspannung durch den unnatürlichen Dauerkontakt. Ein Großteil der Tiere war zudem unterernährt, weil das Ehepaar die täglich erforderliche Summe für Katzenfutter nicht mehr aufbringen konnte. Viele Tiere waren krank, sie steckten einander immer wieder neu mit Krankheiten wie Katzenschnupfen und anderem an. Ein Tierarzt kam selten oder nie ins Haus.

Mehrfach war das Ehepaar bereits vom Veterinäramt, also der für Tierschutz zuständigen Amtsbehörde, ermahnt worden, nicht mehr als neunzehn Tiere zu halten und die Zahl der Würfe auf fünf pro Jahr zu beschränken. Da diese Hinweise offensichtlich nichts genutzt hatten, kam der Fall nun also zum Strafverfahren. Elisabeth und Robert C. wurden zu 90 Tagessätzen à 30 Franken auf Bewährung und zu einer Buße von 800 Franken wegen, wie es in der Schweiz heißt, eventualvorsätzlicher Tierquälerei verurteilt. Rund siebzig ihrer Tiere mussten eingeschläfert werden, weil ihr Zustand keine Aussicht auf Erholung mehr bot.

Ob das Urteil dazu beigetragen hat, erneute Leiden in diesem Haushalt zu verhindern? Ich habe von diesen Leuten nichts mehr gehört, doch das heißt nicht unbedingt, dass nach der Verurteilung dauerhaft bessere Verhältnisse eingekehrt sind. Denn von Animal Hoarding, so lautet der Fachausdruck für diese Art, wird dann gesprochen, wenn sich jemand aus übersteigerter Tierliebe immer mehr Tiere anschafft, ohne diesen eine genügend große Unterkunft, ausreichende Pflege oder Nahrung bieten zu können. Tierhorter erkennen oft nicht, dass die aus vermeintlich tief empfundener Tierliebe in großer Zahl »gesammelten« Tiere unter artwidrigen Bedingungen leben müssen und außerdem noch schlecht versorgt bzw. vernachlässigt sind. Eine psychologische Behandlung kann dem Betroffenen eventuell Hilfe bringen.

Das Phänomen Animal Hoarding ist leider noch viel zu wenig bekannt, auch wenn immer wieder Meldungen in der Presse auftauchen wie »Hundehölle ausgehoben« oder »Dreckstall: Frau lebte mit 30 Tieren in zwei Zimmern«. Selbst Tierärzten oder

Amtsveterinären ist oft nicht klar, dass hinter dem Horten von Tieren eine Krankheit stecken könnte. Fortnahmeverfügungen und Tierhalteverbote, wenn sie denn durchgesetzt werden, nützen den geretteten Tieren durchaus. Erst eine systematische behördliche Beobachtung der Tierhorter stellt aber sicher, dass die Betroffenen ihren Drang auch tatsächlich langfristig unterdrücken. Und ihre deutliche Bestrafung wegen Vernachlässigung und Überanstrengung der Tiere setzt ein deutliches Signal an sie und an die Öffentlichkeit, dass Tierquälereien nicht mit tatsächlicher oder vermeintlicher Krankheit entschuldigt und geduldet werden dürfen.

Verschiedene psychische Störungen können dem Animal Hoarding zugrunde liegen. Es kann sich um Depressionen, Zwangs- oder Beziehungsstörungen handeln, bei älteren Menschen auch um Demenz. Wissenschaftlich ist Animal Hoarding noch nicht ausreichend erforscht. Nach früheren Untersuchungen einer amerikanischen Gruppe von Wissenschaftlern, die im Hoarding of Animal Research Consortium (HARC) zusammenarbeiten, sind rund drei Viertel der Animal Hoarder Frauen, knapp die Hälfte ist älter als 60 Jahre und alleinstehend, und am häufigsten sind Hunde und Katzen vom Hoarding betroffen.[1]

Ein Animal Hoarder versteht sich selbst entweder als besonders verantwortungsvoller Pfleger, als Retter oder auch als Züchter. Gemeinsam ist den verschiedenen Typen (die sich in der äußeren Wahrnehmung nicht immer genau voneinander unterscheiden lassen), dass sie sich als berufen verstehen, den Tieren zu

---

1 Gary J. Patronek: Hoarding of Animals. An Under-Recognized Public Health Problem in a Difficult-to-Study-Population. Public Health Reports January/ February 1999, Vol. 114, www.tufts.edu/vet/hoarding/pubs/pubhlthrep.pdf

helfen. Sie glauben, die Tiere hätten es nur bei ihnen wirklich gut, und sie halten sich für die einzigen Menschen in einer tierfeindlichen Umwelt, denen das Wohl der Tiere am Herzen liegt. Denen, die als private Hundezüchter angefangen haben, fällt es schwer, sich von den jungen Tieren zu trennen, sie behalten die Welpen bei sich, weil sie befürchten, dass andere Besitzer nicht so gut mit den Tieren umgehen wie sie selbst. In der Folge wächst der Bestand unaufhörlich und ihnen selbst das Ganze schnell über den Kopf.

Animal Hoarder sind vom Sinn ihres Tuns überzeugt, »sie meinen es ja gut«, und sie sind nur sehr schwer oder gar nicht aufzuklären. Animal Hoarder können sich teilweise über eine lange Zeit gegenüber Nachbarn, Polizei und Veterinärbehörden behaupten, weil sie ihre zahlreichen Tiere meist im Verborgenen halten. Bis ein konkreter Tatverdacht besteht, ist es für die Tiere häufig schon zu spät. Die Behörden sind zwar zu Sofortmaßnahmen befugt, um das Tierschutzgesetz durchzusetzen, und sie können Anordnungen treffen, um Verstöße zu ahnden bzw. künftige zu verhindern. So können sie im Rahmen eines Verwaltungsverfahrens auch das Grundrecht auf Unverletzlichkeit der Wohnung rechtswirksam einschränken. Doch wie gesagt: Das Problem bzw. Vergehen ist nicht immer offensichtlich, und ob es sich tatsächlich um leidende Tiere handelt, müssen die Polizei oder die Vertreter einer anderen Behörde ja erst noch klären. Insofern sind die Behörden auf gut recherchierte und formulierte Anzeigen aus der Nachbarschaft angewiesen. Doch dauert es häufig eine längere Zeit, bis die Nachbarn aktiv werden, oft erst dann, wenn sie sich durch Gerüche oder Lärm belästigt fühlen.

Mein Liebling: Tiere als Lebenspartnerersatz

»Liebe zur Kreatur« als Grundlage der Mensch-Tier-Beziehung zu definieren ist – das habe ich auch schon im ersten Kapitel dargelegt – problematisch, weil das, was wir als Liebe zum Tier empfinden, nicht automatisch dazu führt, dass man es so behandelt, wie es seiner Natur entspricht. Der Grad der Intensität einer Liebesbeziehung wird immer vom Menschen bestimmt, auch wenn es durchaus Äußerungen der Zuneigung vonseiten des Tieres gibt. Animal Hoarding umfasst extreme Fälle von missverstandener Liebe zum Tier. Es gibt aber auch mildere Ausprägungen, und die sind sehr häufig, nämlich wenn Tiere Funktionen übernehmen sollen, die ihnen wesensfremd sind. Man muss es einmal nüchtern sagen: Kein Tier ist dazu bestimmt, Ersatz für Kinder, Lebenspartner oder Freunde zu sein. Weder Hund noch Katze, weder Maus noch Wellensittich oder sonst ein Tier ist dafür da, die äußere oder die seelische Einsamkeit von Menschen vergessen zu machen oder zu lindern. Liest man in Foren Einträge wie »Meine Kinder sind aus dem Haus, mein Mann ist weg, ich möchte mir einen Hund anschaffen. Kann mir jemand sagen, welche Rasse besonders geeignet ist?«, dann weiß man schon, dass auch diese Mensch-Tier-Beziehung ganz und gar einseitig gestaltet wird.

Verstehen Sie mich nicht falsch, es ist gut und richtig, ein positives, emotionales Verhältnis zu Tieren zu haben. Doch muss man ein Tier immer als Tier wahrnehmen, um überhaupt in der Lage zu sein, sich richtig verhalten zu können. Warnzeichen, dass das nicht mehr gewährleistet ist, sind zum Beispiel ausgedehnte Dialoge mit dem Tier. Ich sage bewusst »Dialoge« und nicht »Monologe«, weil der betreffende Tierhalter tatsächlich den Eindruck hat, dass das Tier antwortet, wenn ihm wichtige

Fragen vorgelegt werden – durch seinen Blick, sein Schwanzwedeln, durch Bellen oder Mauzen oder was auch immer. »Schnucki, was meinst du, sollen wir nicht doch mal überlegen, ob wir umziehen?«, »Liebes, Herr Meyer war doch vorhin sehr seltsam, findest du nicht auch? Wir sollten nicht mehr durch seine Straße gehen.« Es klingt vielleicht skurril, aber so und so ähnlich spielt sich das täglich tausendfach ab. Ich will die Menschen nicht verurteilen und einige wenige ausgewiesene »Tierkommunikatoren« gibt es zweifellos. Doch viele normale Tierhalter leiden sicherlich unter dem Verlust von menschlichen Kontakten, sind durch Krankheit oder andere Handicaps nur wenig oder gar nicht mobil und sehnen sich nach Zuwendung, die ihnen von anderer, von menschlicher Seite verwehrt bleibt. Sie glauben, sie in einer anschmiegsamen Katze, einem treuen Hund oder einem fröhlich pfeifenden Vogel zu finden. Man kann das nachvollziehen. Dennoch: Es ist eine Täuschung. Und jede Art von Beziehung, die auf einer Täuschung beruht, ist zum Scheitern verurteilt. Das ist in den zwischenmenschlichen Verbindungen so – und in den Mensch-Tier-Beziehungen ebenso.

Zum Beispiel Ziervögel: Obwohl es zu den Grundbedürfnissen der meisten Vögel gehört, im Schwarm oder zumindest in einer Zweierbeziehung mit einem gegengeschlechtlichen Partner zu leben, wird der Großteil der Stubenvögel einzeln gehalten. Das Sozialverhalten diese Tiere wird auf den Ersatzpartner Mensch ausgerichtet, und so singen beispielsweise allein gehaltene Kanarienvögel öfter, als wenn sie einen Artgenossen bei sich hätten. Manche Sozialfunktionen kann aber der Mensch nicht erfüllen, etwa das bei Sittichen oder Papageien übliche gegenseitige Gefiederzupfen. Aus Verzweiflung beginnen die vereinsamten Käfigvögel häufig, ihr Gefieder zu benagen, sich nackt zu rupfen und sich Wunden beizubringen. Andere Arten neigen zur Fettsucht, weil als einzige Beschäftigung in der Isolation des Käfigs das Fressen bleibt. Die häufig als Ersatz angebotenen Spielsachen wie Plastikteile oder Spiegel führen teilweise zu enormem Stress, etwa bei männlichen Wellensittichen, die dauernd vor ihrem eigenen Spiegelbild balzen und ihr Futter erbrechen, wie es für das werbende Füttern nötig ist. Bei den Tierärzten sind diese Haltungspsychosen ein bekanntes Problem – und den Besitzern die Ursachen häufig nur schwer zu vermitteln.[2] In der Schweiz etwa werden durch die neue Tierschutzgesetzgebung vor allem auch das Sozialleben und die Bewegungsbedürfnisse der Tiere stärker berücksichtigt. So dürfen sozial lebende Tiere, wie etwa Meerschweinchen oder die meisten gängigen Ziervögel, nicht mehr allein gehalten werden.

Ein Tierhalter fügt seinem Tier nicht nur massiven Schaden zu, wenn er es unter Bedingungen hält, die seiner Natur widersprechen. Er ist selbst wohlmöglich auch in einer heiklen psychischen Situation, wenn er sein Tier als das einzige Wesen ansieht, das ihn wirklich versteht und liebt (»Mein Hund ist der ehrlichste Mensch, den ich kenne.«). Mit Sicherheit aber tut gerade er diesem geliebten Wesen Gewalt an, indem er es in seinem Vogel- oder Hund-Sein nicht akzeptiert und seine Bedürfnisse daher nicht wahrnimmt. Ein übergewichtiger Dackel, der jeden Nachmittag Frauchens Lieblingssahnetorte bekommt, weil »wir ja denselben Geschmack haben«, ein Retriever, der nicht mit anderen Hunden spielen darf, »weil die irgendwie Dreck am Stecken haben« (nicht die Hunde natürlich, sondern die Besitzer) – diese und ähnliche menschliche Verhaltensformen sind Übertra-

2 Bundesverband Praktizierender Tierärzte e. V., www.tieraerzteverband.de/cgi-local/wPermission.cgi?file=/wKleintiere/smile_tiergesundheit/voegel/haltung_ziervoegel.shtml, Zugriff 6. 1. 2012

gungen, die vollkommen tierfremd sind. Ein Blick nach Amerika zeigt, wohin das führen kann, etwa zu »Hochzeiten« von Tierhaltern mit ihren Tieren, die Vererbung großer Vermögen an Hund oder Katze oder zu der Erwartung der Tierhalter, dass die eigenen Eltern das Heimtier wie einen Enkel akzeptieren.[3]

Europäer schauen gern mit mildem, überlegenem Lächeln auf Entwicklungen aus den USA, doch wir sollten uns nicht so sicher fühlen, wir holen mit großen Schritten auf. Auch im deutschsprachigen Raum gibt es interessante Entwicklungen, beispielsweise Doga. Falls Sie noch nie davon gehört haben: Das ist Yoga für Hunde. Das Wort wird aus »dog« für »Hund« und eben Yoga gebildet. Wobei man genauer sagen muss: Doga ist Yoga für Hund und Frauchen bzw. Herrchen. Es zielt darauf, so wird auf www.stadthunde.com erläutert, »die Verfassung von Herrchen und Hund zu verbessern und sie dabei noch näher zusammenzubringen«. Das geschieht in erster Linie mit gemeinsamen Übungen, um den Atem zu synchronisieren etc. Aber es kann noch besser werden: »In späteren Schritten ist es nicht ausgeschlossen, dass Ihr Hund (und Sie) zu Beginn einer Doga-Sitzung auch das Singen erlernen. Hunde sind von Natur aus Sänger und lieben es, die Om-Klänge mitzujaulen, die eine Sitzung einleiten ... Wenn ihr Hund in Zukunft zu den Fortgeschrittenen Dogis gehört, kann er vielleicht bald auch den ›Baum‹ – den Balanceakt auf einem Bein.«[4]

Auch ein soziales Netzwerk für Tiere, denen ihre Präsenz bei Facebook nicht mehr ausreicht, gibt es bereits. In My Social Pet-

---

3 www.bernerzeitung.ch/leben/gesellschaft/Tiere-werden-zum-PartnerErsatz/ story/14907258
4 www.stadthunde.com/?id=1698, Zugriff 6. 1. 2012

work schreiben Herrchen und Frauchen im Namen ihrer Lieblinge, was diese gerade machen, was sie gefressen haben, wie sie sich fühlen, was sie gerade denken könnten – weil das die anderen Tiere im Netzwerk schließlich interessiert. Wenn Sie glauben, ich mache mich über Sie lustig: keineswegs! Das ist alles ganz real und wie im richtigen Leben. Die Hunde der beiden Gründerinnen sind übrigens die Administratoren des Netzwerks. »Sie übernehmen eine Art Moderationsfunktion. Wir helfen bei Problemen, küren das süßeste Tier der Woche oder schreiben die Top-News des Tages. Sie haben also auch redaktionelle Aufgaben.«[5] Hunde mit redaktionellen Aufgaben und Katzen, die Nachrichten posten – wenn Sie bisher glaubten, das Thema Heimtiere wäre harmlos, denken Sie vielleicht noch einmal darüber nach.

Exkurs: Tiere als Liebespartner (Zoophilie)

Ein Spezialfall – allerdings ein gar nicht so selten auftauchender – ist die »Liebe« zum Tier, die sich nicht nur in übertriebener, falsch verstandener Sorge äußert, sondern in mehr oder weniger handfesten sexuellen Aktionen. Dieses Kapitel enthält auch unappetitliche Aspekte, das möchte ich vorwegschicken. Ich halte es jedoch für notwendig, auch das zu thematisieren, denn es handelt sich um eine Instrumentalisierung von Tieren für menschliche Bedürfnisse, wie wir sie auch an anderen Stellen erkennen können. Und das Thema hat durchaus Relevanz, ich spreche nicht von seltenen Verirrungen, die alle paar Jahre mal irgendwo vorkommen.

---

5 Interview mit Sara Urbainczyk: »Ich schreibe, was mein Hund denkt«, in: Frankfurter Allgemeine Sonntagszeitung, 9. Oktober 2011; www.mysocialpet work.de

Ich bemühe mich um eine möglichst nüchterne Sprache und werde mich kurz fassen, um einige Begriffe kommt man aber nicht herum. Generell: Zoophilie (früher auch Sodomie genannt) ist ein schwierig zu erforschendes Gebiet, weil sexuelle Akte mit Tieren häufig im Geheimen vollzogen werden und das Spektrum der Praktiken sehr groß ist. Mein Kollege Gieri Bolliger, Geschäftsführer der Stiftung für das Tier im Recht, hat zu dem Thema verschiedentlich publiziert, ich beziehe mich in den folgenden Ausführungen im Wesentlichen auf seine Erkenntnisse.[6]

Zoophilie gehört zu den seit Menschengedenken tabuisierten sexuellen Praktiken – was im Umkehrschluss auch bedeutet, dass es sie schon immer gab. In den Medien wird das Thema relativ selten behandelt, und auch Tierschutzorganisationen halten sich zurück, deshalb mag mancher glauben, das Phänomen spiele im Grunde keine Rolle. Doch das ist ein Trugschluss. Heutzutage dient vor allem das Internet als enorm wirksamer Verbreiter von pornographischem Material, das sexuelle Handlungen an und mit Tieren zeigt. Sex mit Tieren beinhaltet dabei die Penetration des Tieres (mit dem eigenen Penis oder mit Gegenständen), das Penetriertwerden durch das Tier, oral-genitale Handlungen, Befriedigung durch Reiben der Genitalien am Tier und vieles mehr. Das Internet übernimmt dabei in zweierlei Hinsicht eine wichtige Funktion: Es dient zum einen der Verbreitung von Bildern und Nachrichten oder Terminen einschlägiger Partys etc. Zum anderen bewirkt das Netz auch eine Verstärkung. Denn hier finden sich Gleichgesinnte, die einander darin

6 Unter anderem: Gieri Bolliger: Sexualität mit Tieren (Zoophilie) in Psychologie und Recht, in: Psychologische Aspekte zum Tier im Recht, Hrsg. Gieri Bolliger, Antoine F. Goetschel, Manfred Rehbinder. Schriften zur Rechtspsychologie Band 11, Bern 2011; Gieri Bolliger, Antoine F. Goetschel: Sexualität mit Tieren (Zoophilie) – eine rechtliche Betrachtung, 2011

bestärken, dass ihre Neigung »natürlich« und »normal« sei. Seitenlange pseudowissenschaftliche Erläuterungen sollen klarmachen, dass jede Art von sexuellem Trieb natürlich sei, also auch der Verkehr mit Tieren. Wer das nicht akzeptiere, sei ein moralisch aufgeplusterter Spießer. So etwas beobachtet man genauso bei anderen gesellschaftlich sanktionierten Verhaltensweisen, etwa der Pädophilie, auch davon ist das Netz voll.

Konkrete, aktuelle Zahlen zur Zoophilie gibt es nicht, die umfassendste Erhebung ist der bekannte Kinsey-Report, der zwischen 1938 und 1947 aufgrund von 20 000 Interviews mit Nordamerikanern zu ihrem allgemeinen sexuellen Verhalten entstand. Das Material ist also über 60 Jahre alt und stammt aus den USA, ist für Europa also nur mit Einschränkungen aussagekräftig. Dennoch lassen sich Schlüsse daraus ziehen. 8 Prozent der Männer und 3,5 Prozent der Frauen gaben damals an, mindestens einmal in ihrem Leben sexuellen Kontakt mit Tieren gehabt zu haben. Man kann sicher davon ausgehen, dass in Wahrheit mehr Leute aktiv waren, denn Zoophilie stand unter Strafe, und deshalb hat bestimmt nicht jeder wahrheitsgemäß geantwortet und manches verschwiegen. Bei der männlichen Landbevölkerung gaben übrigens 17 Prozent an, geschlechtliche Erlebnisse mit Tieren gehabt zu haben. Daraus hat man oft gefolgert, dass mit zunehmender Verstädterung der Anteil der Menschen zurückgehe, die Sex mit Tieren haben, unter anderem deshalb, weil der Bildungsgrad steigt und der Kontakt mit Tieren in der Stadt seltener ist als auf dem Land. Das scheint allerdings ein Trugschluss zu sein, allein in der Schweiz lebt in jedem zweiten Haushalt ein Tier. Man kann wahrscheinlich sogar davon ausgehen, dass heutzutage bei den ständig steigenden Zahlen von allein lebenden und vereinsamenden Menschen auch die Fälle von Zoophilie zunehmen. Auch die unglaublich hohen Trefferquoten beim Googeln einschlägiger Begriffe sprechen dafür, dass Zoophilie mehr ist als nur eine unbedeutende Randerscheinung des modernen Lebens. An dieser Stelle sei ein Hinweis für Eltern gestattet: Unmengen an pornographischem Material dieser Art sind frei im Netz zugänglich, also auch für Kinder und Jugendliche, die einfach ein bisschen neugierig durchs Netz surfen. Es gehört nicht viel dazu, auf Seiten mit absolut eindeutigen Fotos oder Filmen zu stoßen, die sehr verstörend auf Kinder und Jugendliche wirken können.

Wer hat Sex mit Tieren? Früher hätte man wahrscheinlich mit leicht hochgezogenen Augenbrauen spekuliert: natürlich der Dorfdepp. Heute fällt die Antwort schwerer. Auf jeden Fall sollte man sich davon verabschieden, diese Neigung nur bei Angehörigen bestimmter sozialer Schichten oder bei Menschen mit sehr niedrigem intellektuellen Niveau zu vermuten. Man kann davon ausgehen, dass Zoophilie in allen Schichten der Gesellschaft vorkommt und dass die Mehrzahl der Betreffenden im sozialen Leben als unauffällig und gut integriert gilt, viele haben wahrscheinlich auch einen Lebenspartner. Gaben früher verhältnismäßig wenige Frauen an, sexuelle Kontakte zu Tieren zu haben, so kann man heute davon ausgehen, dass die Frauen zahlenmäßig aufgeholt haben, vielleicht haben sie mittlerweile sogar die Männer übertroffen, unter anderem als Folge der zunehmenden Haltung von Heimtieren. Die psychische Struktur von Zoophilen ist nicht auf einen Nenner zu bringen. Viele Motive können eine Rolle spielen, dazu gehören unter anderem die Unfähigkeit, eine emotionale Beziehung zu Menschen aufzubauen, die Angst, von einem menschlichen Partner verlassen zu werden, ein starker Kontrolldrang, Gewaltphantasien oder sadistische Neigungen. Ein einheitliches psychisches Profil, mit dem man alle Zoophilen beschreiben könnte, gibt es nicht.

Die Mehrheit der sexuellen Handlungen an und mit Tieren findet in Wohnunge, in Ställen etc. statt. Meist benutzen die Täter eigene Tiere, häufig aber auch Tiere von Menschen im engeren Umfeld. Die Tierhalter selbst wissen das in der Regel nicht. Wenn Zoophile in fremde Ställe oder Wohnungen eindringen, spricht man von Fence-hopping. Auch können Hundeausführ-Angebote oder Tätigkeiten in Tierheimen der Beschaffung von Gelegenheiten dienen. Aktionen dieser Art sind sozusagen privat oder zumindest individuelle Handlungen. Es gibt aber auch eine kommerzielle Szene. So finden beispielsweise in Sexclubs, in bestimmten Bordellen und an anderen Orten Partys oder sexuelle Kontakte statt, in denen Tiere für die geschlechtliche Erregung oder die Erzielung eines Orgasmus eingesetzt werden. Wenn es um die Befriedigung sadistischer Triebe geht, werden Tiere dabei auf grausame Art getötet, sei es absichtlich oder als Folge einer fetischistischen Behandlung.

Der Straftatbestand »Sex mit Tieren« wurde im Zuge der lockerer werdenden Sexualmoral in vielen europäischen Ländern abgeschafft. Im Rahmen des verstärkten Tierschutzes ist allerdings teilweise eine Trendwende zu konstatieren, beispielsweise in der Schweiz. Dort steht Geschlechtsverkehr mit Wirbeltieren wieder unter Strafe. In angloamerikanischen Ländern ist Zoophilie durchgängig strafbar geblieben, wobei die Gesetzeslage sehr unterschiedlich ist. In Deutschland wird Geschlechtsverkehr mit Tieren erst dann eine strafrechtlich zu verfolgende Tat, wenn gegen § 17 des Tierschutzgesetzes verstoßen wird, sich der Akt also unter das Verbot der Tierquälerei subsumieren lässt. Dabei ist die Pornographie mit Tieren strafbar wie auch der Hausfriedensbruch und die Verletzung oder Tötung des Tieres unter dem Aspekt der »Sachbeschädigung«. Der Akt selbst allerdings bleibt in der Regel straflos.

Der »normale« Zoophile wird bestreiten, dass es sich um Tierquälerei handelt (mit Ausnahme der oben genannten Tötungen bei sadistischen Akten). Ein Zoophiler geht häufig davon aus, dass Sex mit dem Tier sozusagen einvernehmlich stattfindet, dass die starke emotionale Beziehung zwischen ihm und dem Tier eben auch ihre Verwirklichung, vielleicht sogar die eigentliche Erfüllung in einer geschlechtlichen Form findet. Die Vermenschlichung des Tieres bzw. die Übertragung der Merkmale einer zwischenmenschlichen Beziehung auf das Tier führt dazu, dass Zoophile einfach eine unumstößliche Tatsache ausblenden: Tiere sind keine Menschen, und sie können sich zu dem für sie artwidrigem Sexualverhalten ihrer Besitzer oder Benutzer nicht äußern. Tiere sind unserem Schutz unterstellte Lebewesen, deren Vertrauen wir so wenig untergraben dürfen wie deren Anspruch auf Unverletzlichkeit.

Fälschlicherweise wird die leichte Erregbarkeit etwa von Rüden von Zoophilen gern als Zustimmung bzw. sogar Begehren interpretiert. Man kann jedoch davon ausgehen, dass generell kein Tier von sich aus den sexuellen Kontakt mit einem Menschen sucht, sondern entweder daraufhin konditioniert wurde oder punktuell durch vaginale Geruchsstoffe erregt ist. Auch wenn Zoophile es vehement bestreiten: Selbst wenn keine Gewalt angewendet wird, handelt es sich in jedem Fall um eine unzulässige Instrumentalisierung von Tieren.

Es kommt im Übrigen durchaus auch zu gewaltsamen Aktionen. Wenn man etwa in der Presse von Stuten liest, die auf der Weide aufgeschlitzt wurden, oder von Kühen, deren Zitzen abgeschnitten wurden, kann man immer von einer sexuell motivierten Handlung ausgehen, die sich in sadistischer Weise äußert. Auch kleinere Tiere werden Opfer von sexueller Gewalt, etwa wenn sie in die Vagina eingeführt werden und ersticken oder wenn sie selbst penetriert werden.

Ich will es bei diesen Ausführungen bewenden lassen, das Thema hat viele Facetten, und jede davon ist unangenehm. Dennoch war es mir wichtig, darauf aufmerksam zu machen, dass sich unter dem Etikett der Tierliebe etliche Verhaltensformen finden, die dem Tier schaden. Die Zoophilie gehört zweifellos zu den ekelerregendsten, doch auch die eingangs beschriebenen Arten von übersteigerter Tierliebe beeinträchtigen das Tier in seiner Würde.

Frage 5

Nicht jeder Zweck heiligt die Mittel: Wofür sind Tiere gut?

In Ihrer Jugend haben Sie vielleicht die ungemein erfolgreichen Spielfilme und die Serie »Flipper« gesehen, die in den sechziger Jahren gedreht wurden. Millionen von Kindern – und Erwachsenen – verfolgten die spannenden Abenteuer des Delphins Flipper und der beiden Brüder Bud und Sandy Ricks. An der Küste von Florida gerieten sie in die unglaublichsten Situationen, die dank Flippers Hilfe nach brenzligen Momenten immer ein glückliches Ende fanden. Selbst wenn Sie nicht zu den damaligen Zuschauern gehörten: Flipper ist Ihnen sicher ein Begriff, da er quasi zum Synonym für Delphin geworden ist – korrekt müsste man sagen für den Großen Tümmler. Flipper steht für die Freundschaft zwischen Mensch und Tier (sogar einem Wildtier), und er verkörpert in besonderer Weise die Übertragung menschlicher Eigenschaften, die wir Tieren nur zu gern überstülpen. Flipper weiß nämlich immer Bescheid und ist ein moralisch absolut integrer Typ. Er kann zwischen Gut und Böse unterscheiden – und erkennt dank seiner Instinktbegabung sogar noch früher als die Menschen, wer ein Schuft ist. Er spürt sofort, wenn jemand Übles im Schilde führt, und ergreift klug ausgetüftelte Maßnahmen, um Verbrechen zu verhindern.

Was Flipper Kindern und Erwachsenen bedeutete, fasste der Titelsong zusammen. In der deutschen Version lautete er:

> Flipper ist unser bester Freund,
> lustig wird's immer, wenn er erscheint.
> Spaß will er machen, tolle Tricks,
> er bringt uns Stunden des Glücks.
> Man ruft nur Flipper, Flipper, gleich wird er kommen,
> jeder kennt ihn   den klugen Delphin.
> Wir lieben Flipper, Flipper, den Freund aller Kinder,
> Große nicht minder lieben auch ihn.

Dass Delphine solche Sympathien auf sich ziehen, hängt unter anderem mit ihrer Physiognomie zusammen. Es sieht aus, als lächelten diese Tiere ständig. Selbst wenn man sich bewusst macht, dass weder Delphine noch andere Tiere in der Lage sind zu lächeln, können wir uns der Wirkung eines Delphingesichts kaum entziehen. Wir interpretieren die geschwungene Linie, die sich aus dem weit nach vorn stehenden Kiefer ergibt, als hochgezogene Mundwinkel, also als Lächeln. Der Effekt ergibt sich daraus, dass der Unterkiefer ein bisschen vorsteht und die Schnauze abgerundet ist. Bei den meisten Haiarten ist es genau andersherum: Der Oberkiefer steht über, was für uns ein aggressives und gefährliches Bild ergibt, für das der Hai natürlich nichts kann. Aus seiner Warte »macht« er genau dasselbe Gesicht wie ein Delphin.

Dr. Flipper: Kosten und Nutzen der Delphintherapie

Das freundliche, geradezu menschliche Gesicht des Delphins hat zweifellos dazu beigetragen, dass Tümmler in Delphinarien und Zoos eine besondere Attraktion sind. In manchen karibischen Ferienressorts kann man sich sogar für einige Dollar an die Rückenflosse eines Delphins hängen und durchs Wasser ziehen lassen. Deutlich mehr als einige Dollar müssen Eltern bezahlen, wenn sie ihren körperlich, geistig oder sozial-emotional behinderten Kindern eine sogenannte Delphintherapie zugutekommen lassen wollen.

Diese Form gehört zur Gruppe der tiergestützten Therapien, die zu den alternativmedizinischen Verfahren zählen. Diese Therapien werden bei verschiedenen Krankheiten oder Störungen eingesetzt: beispielsweise bei körperlichen Behinderungen durch spastische Lähmungen, bei Problemen der sozialen

Interaktion (inklusive Autismus), zur Unterstützung einer Veränderung von aggressivem Verhalten bei Kindern und Jugendlichen oder zur Hilfe in der Arbeit mit Demenzpatienten. Bekannt sind vor allem die Hippotherapie (Arbeit mit Pferden), der Einsatz von Hunden und eben die Delphintherapie; zunehmend werden auch Kleintiere zu Therapiezwecken eingesetzt, etwa in der Arbeit mit Krankenhauspatienten oder Pflegeheimbewohnern.

Die Delphintherapie ist besonders zu betrachten, weil Wildtiere verwendet werden, die therapeutischen Effekte nicht nachgewiesen sind und diese Therapieform in einer emotional stark aufgeladenen Atmosphäre diskutiert wird. Krankenkassen übernehmen die Kosten einer Delphintherapie nicht, weil sie deren Wirksamkeit nicht als gegeben ansehen. So wenden viele Eltern erhebliche Beträge aus ihren eigenen Mitteln auf oder werben Spenden ein, um ihrem behinderten Kind eine solche Therapie zukommen zu lassen. Die persönlichen Opfer sind enorm, denn eine Therapieeinheit von fünf bis zehn Tagen in Florida kann mit Flug, Unterkunft und Programm schnell auf 8 000 bis 10 000 Euro kommen. Mittlerweile gibt es auch Angebote in Europa, Israel und der Türkei, die teilweise preiswerter sind.

Als Vater habe ich volles Verständnis für Eltern, die ihren Kindern helfen wollen und dafür alles Mögliche unternehmen. Sie verdienen Respekt und Anerkennung für ihren unermüdlichen Einsatz. Gerade weil ich dieses Bemühen sehr ernst nehme, erlaube ich mir auch einige sehr offene Worte zu dieser Therapie. Entwickelt wurde sie in den achtziger Jahren von dem amerikanischen Psychologen David E. Nathanson, der sie als Verstärkung der bereits vorhandenen Behandlungsformen ansehen wollte. Sie basierte im Wesentlichen darauf, dass das Kind oder der Erwachsene als Belohnung für sein kooperatives Verhalten in direkten Kontakt mit dem Delphin kommen durfte. Seit Nathanson sind weitere Formen entwickelt worden, die darüber hinausgehen und den Kontakt mit dem Tier in den Vordergrund stellen.

Wenn man bei Befürwortern zu bedenken gibt, dass Delphine unter unnatürlichen, artwidrigen Bedingungen gehalten werden müssen, um solche Therapien durchzuführen, bekommt man häufig zur Antwort: Ja, aber die Tiere machen das gern, das sieht man ja. Damit ist gemeint, dass sie die Nähe der Kinder oder Erwachsenen im Wasser suchen und vermeintlich freundlich und schnell auf sie zuschwimmen. Leider ist dieser Eindruck falsch. Natürlich schwimmen die Tiere auf die Menschen zu, das liegt aber daran, dass sie darauf trainiert wurden und dass vor allem die Becken, selbst die Lagunen, in denen ebenfalls solche Programme stattfinden, viel zu klein für die Tiere sind.

Ein Delphin erreicht Geschwindigkeiten von bis zu 55 Kilometern pro Stunde, ein kleines Becken durchquert er mit ein oder zwei kräftigen Schwanzschlägen in wenigen Sekunden. Dem unerfahrenen Betrachter mag das wie Interesse oder gar Zuneigung erscheinen, das ist es aber mit Sicherheit nicht. Jede Art der Haltung bedeutet für einen Delphin eine erhebliche Belastung, das gilt für die Delphintherapie-Zentren ebenso wie für Delphinarien in Zoos oder anderswo.

Man muss kein Experte sein, um zu diesem Schluss zu kommen, sondern sich nur einmal vergegenwärtigen, wie ein Delphin in freier Natur lebt, dann erkennt man sofort, dass die Haltung im Pool einen groben Verstoß gegen seine Bedürfnisse darstellt. Delphine leben normalerweise in mehr oder weniger stabilen Schwärmen, sogenannten Schulen, die mehrere hundert Tiere umfassen können. Sie zeigen ein besonders ausgeprägtes Sozialverhalten, unterstützen andere Tiere aus dem Schwarm, die Hilfe brauchen, und gehen teilweise langfristige Bindungen mit einem Partner ein. Was man übrigens gern vergisst: Delphine sind Raubtiere. Auf der Suche nach Beute legen sie am Tag bis zu 100 Kilometer zurück und tauchen bis zu 500 Meter tief. Welches Becken, wie groß auch immer, sollte das ermöglichen? Das Echoortungssystem der Delphine spielt bei der Jagd eine große Rolle, sie spüren damit ihre Beute auch in größerer Entfernung auf. Ebenso verständigen sich Delphine untereinander mittels Sonarwellen. In Gefangenschaft wird diese Fähigkeit für sie unnötig und lästig, da durch die geringe räumliche Ausdehnung des Beckens permanent Echos entstehen, also quasi eine Dauerbeschallung auf sie einwirkt.

Was außerdem gern ausgeblendet wird: die Herkunft der Tiere. Woher stammen eigentlich die Tiere, die in Therapiezentren und Delphinarien leben? Die meisten Menschen gehen davon aus, dass in Gefangenschaft lebende Tiere auch dort geboren sind. Das ist aber bei Delphinen nur sehr selten der Fall. Als beispielsweise im Sommer 2011 im Duisburger Zoo drei Delphine zur Welt kamen, war das eine zoologische Sensation, mit der niemand gerechnet hatte und über die deshalb in den Medien ausführlich berichtet wurde. Die Delphine, die wir in Delphinarien sehen, werden normalerweise gejagt, und zwar auf grausame Art. Der Ort Taiji in Japan stellt das Zentrum der weltweiten Delphinfangindustrie dar. In jeder Fangsaison finden zwischen September und März Treibjagden statt, bei denen die Tiere in einer kleinen Bucht zusammengetrieben werden. Die stärksten und gesündesten Tümmler werden lebend aussortiert, die anderen regelrecht massakriert. Der preisgekrönte Film »The Cove« (Die Bucht) von Louie Psihoyos (unter Mitarbeit des ehemaligen

Flipper-Trainers Ric O'Barry) hat diese Katastrophe in erschütternden Bildern dokumentiert. Die lebenden Tiere werden an Delphinarien verkauft, für teilweise bis zu 100 000 Dollar pro Exemplar. Das Wal- und Delphinschutz-Forum berichtet, dass 2008 zehn Delphine aus der Treibjagd in Taiji zu einem Sonderpreis von 280 000 Dollar an das Alanya/Sealanya-Delphinarium in der Türkei für Show- und Therapiezwecke geliefert wurden. Im Jahr 2011 seien davon nur noch vier in der Anlage gesehen worden, die anderen möglicherweise verendet; die Sterblichkeit in Gefangenschaft ist relativ hoch.[1] Die Delphintherapiezentren heizen somit die Nachfrage an.

Selbst wenn man solche Vorkommnisse als Mutter oder Vater eines behandlungsbedürftigen Kinds schweren Herzens in Kauf nähme – was ich definitiv nicht täte und auch bei anderen nicht befürworte –, dann muss man sich doch fragen: Lohnt sich das alles, diese enorme Verursachung von Leiden? Wäre das ein Fall für die Güterabwägung, indem man sagte: Es ist schrecklich für die Tiere, aber dafür gewinnen behinderte Kinder etwas mehr Lebensqualität, vielleicht werden sie sogar geheilt? Die ehrliche Antwort muss lauten: Nein, es lohnt sich nicht. Es gibt keine verlässliche, objektive Studie, die die Überlegenheit der Delphintherapie gegenüber anderen Formen nachweist. Auch wenn, selbst von Medizinern, Studien angeführt werden, die angeblich eine physische oder psychische Besserung bei kranken oder behinderten Kindern ergeben hätten: Es stimmt nicht, es gibt keine Studien, die wissenschaftlichen Kriterien genügen und zu überzeugenden Ergebnissen geführt hätten.

1 www.wdsf.eu/delphintherapie, Zugriff 10. 1. 2012

Die Gesellschaft für Neuropädiatrie und die Deutsche Gesellschaft für Sozialpädiatrie und Jugendmedizin haben die Literatur geprüft und kamen zu einem deutlichen Urteil, das ich ausführlich zitiere, um die Feinheiten zugänglich zu machen: »In einer ausgedehnten Literaturrecherche konnte – mit Ausnahme des Nachweises eines Effektes bei psychiatrisch kranken Erwachsenen – keine Arbeit gefunden werden, die objektiv einen positiven, der Delphin-Therapie im engeren Sinne zuzuordnenden Effekt bei behinderten Kindern beschreibt. Ein spezifischer Effekt des Delphins an sich konnte in der bisher veröffentlichten Literatur nicht bewiesen werden. Die Feststellung bezieht sich sowohl auf Kinder mit Bewegungsstörungen als auch mit psychiatrischen Erkrankungen. Am plausibelsten erscheint es immer noch, die ›Delphin-Therapie‹ als tiergestützte Erziehung/tiergestützte Pädagogik zu klassifizieren, wie sie Breitenbach et al. definierten.

Auch die beiden letzten Studien, die ›Nürnberger-Studie‹ und die von Frau Kohn/München, konnten diesen Beweis nicht antreten. Auch sie – wie zahlreiche andere Publikationen – konnten für das Kindesalter ›nur‹ feststellen, dass die Eltern ihre Kinder nach der Delphin-Therapie besser bewerteten. Der objektive Nachweis von auch längerfristig andauernden Zugewinnen wurde bisher nicht erbracht, auch wenn die Fremdbeurteilungen durch eine heterogene Gruppe von Therapeuten einen Zugewinn von Fertigkeiten dokumentierten.

Die Delphin-Therapie kann daher nicht als eine neue wirksame Therapie angesehen werden. Es ist viel wahrscheinlicher, dass speziell von den Eltern beobachtete und erlebt wahrgenommene Effekte dem Setting von spezifischen und unspezifischen Förderungsmaßnahmen (Urlaubssituation, starker und neuer Stimulus für das behinderte Kind und die Eltern, begleitende, allerdings intensivierte konventionelle ›Rehabilitationstherapie‹, Elterntreff im Sinne einer Selbsthilfegruppe, Angebot zur Hilfe bei der Bewältigung der Grundkrankheit des Kindes) zuzuordnen sind.«[2]

Zusammengefasst: Es gibt keine Hinweise darauf, dass eine Delphintherapie irgendeinen Effekt hätte, der nicht auch mit anderen Methoden oder mit dem Einsatz anderer Mittel zu erzielen wäre. Sie verursacht – abgesehen von den enormen Kosten für die Eltern – großes Leid der Tiere und vielfachen Tod. Die Betreiber der Therapiezentren sind die Einzigen, die von einer Delphintherapie profitieren. Insofern ist diese sogenannte Therapie rundheraus abzulehnen.

Reiten als Medizin? Der Boom der Hippotherapie

Wie steht es nun mit den anderen tiergestützten Therapien? Vorweg: Ein großer Unterschied zwischen der Delphintherapie und anderen Methoden wie der Hippotherapie oder der Arbeit mit Hunden besteht zunächst einmal darin, dass es sich bei Delphinen um Wildtiere handelt, bei den anderen aber um Haustiere, also domestizierte Tiere, die seit langer Zeit in Gemeinschaft mit den Menschen leben. Wir gehen daher von ganz anderen Voraussetzungen aus. Gleichwohl verdienen auch diese Ansätze einen kritischen Blick. In den letzten Jahren hat die Zahl der tiergestützten Therapieangebote oder der tiergestützten Aktivitäten – wenn es eher um die Verbesserung des Befindens

2 Tiergestützte Therapien. Stellungnahme der Gesellschaft für Neuropädiatrie und der Deutschen Gesellschaft für Sozialpädiatrie und Jugendmedizin, verfasst von Dieter Karch, Dietz Rating, Harald Bode, Eugen Boltshauser, Barbara Plecko, Andreas Sprinz. September 2008. www.neuropaediatrie.com/info_fuer_aerzte/stellungnahmen.html, Zugriff 10. 1. 2012

und der Lebensqualität geht – in Krankenhäusern, psychiatrischen Kliniken, Pflege- und Altenheimen sowie sonstigen Einrichtungen des Gesundheitswesens deutlich zugenommen. Laut einer Studie von Mitarbeitern der Universität Leipzig setzen beispielsweise in Deutschland 40 Prozent aller Kliniken für Kinder- und Jugendpsychiatrie Tiere in der therapeutischen Arbeit mit Kindern und Jugendlichen ein.[3]

Für motorisch eingeschränkte Kinder und Jugendliche wird vor allem die Hippotherapie, eine krankengymnastische Behandlung auf bzw. mit dem Pferd, empfohlen. Das Deutsche Kuratorium für Therapeutisches Reiten e. V. beschreibt es so: »Hippotherapie ist der rein medizinische Einsatz des Pferdes im Sinne einer Ergänzung der Physiotherapie auf neurophysiologischer Grundlage. Es handelt sich dabei um eine krankengymnastische Einzelbehandlungsmaßnahme, die in ein physiotherapeutisches Gesamtbehandlungskonzept eingebunden sein sollte.«[4] Die dreidimensionale Bewegung des Pferdes soll dem auf ihm sitzenden Patienten stimulierende Impulse für das Zusammenspiel von Muskelketten, Gleichgewichtskontrolle und taktilen Fähigkeiten vermitteln. So sollen ein gezieltes Training der Haltung und eine Regulierung der Muskelspannung ermöglicht werden. Auch psychische Faktoren wie Selbstvertrauen sollen gestärkt werden. Die Durchführenden sind in der Regel Physiotherapeuten mit einer speziellen Zusatzausbildung.

---

3 Anke Prothmann, Michael Bienert, Christine Ettrich: Einfluss tiergestützter Therapie auf die Befindlichkeit von Kindern und Jugendlichen in stationärer Psychotherapie. Poster für das 4th Research Festival of Life Sciences, Universität Leipzig, 2005. www.tiere-als-therapie.de/pageID_10640759.html, Zugriff 10. 1. 2012

4 www.dkthr.de/downloads/was_ist_hippotherapie.pdf, Zugriff 10. 1. 2012

Von der Hippotherapie unterscheidet man das heilpädagogische Reiten und Voltigieren, das vor allem zur Förderung von Verhaltensänderungen bei Kindern und Jugendlichen eingesetzt wird. Werden Pferde in Therapien oder pädagogischen Maßnahmen eingesetzt, müssen sie bestimmte körperliche und charakterliche Kriterien erfüllen. Sie sollten ein Stockmaß von ca. 140 bis maximal 160 Zentimeter aufweisen, nervenstark und geduldig sein.

So viel zur Theorie. Praktisch ist es so, dass es viele Anbieter gibt, die sich an den Kriterien des Deutschen Kuratoriums für Therapeutisches Reiten oder der Schweizer Gruppe Therapeutisches Reiten orientieren und sich zur Einhaltung von Qualitätsstandards verpflichtet haben. Diese umfassen die Ausstattung des Geländes, die Ausbildung der Helfer, die mit den Therapeuten zusammenarbeiten, die Pferde etc. Doch es tummeln sich auch viele Betriebe bzw. Einzelpersonen unter den Anbietern, bei denen längst nicht alles so streng gesehen wird bzw. die Fachkenntnisse nicht gerade überragend sind. Man muss sich nur einmal im Internet in ein paar Foren umsehen wie etwa auf www.spiegelbild-pferd.de. Dort werden Fragen gestellt wie »Wie viele Kilo Patient mutet Ihr Euren Pferden zu?«[5] und ausführlich debattiert. Das lässt einen doch an manchem zweifeln, wenn nicht gar verzweifeln. Positiv könnte man es wenden und sich freuen, dass immerhin die Belange der Pferde ins Auge gefasst werden. Das ist nämlich das große Problem: Die Ansprüche der Pferde stehen, wenn überhaupt, an letzter Stelle der Betrachtung des therapeutischen Reitens. Schaut man sich die Leitlinien, »Philosophien« und Ähnliches der verschiedenen Verbände an,

5 www.spiegelbild-pferd.de/forum/allgemeiner-erfahrungsaustausch-reitthera pie-f1/wie-viel-kg-patient-mutet-ihr-euren-pferden-zu-t763.html, Zugriff 20. 10. 2011)

so fällt auf, dass zwar der Nutzen der Therapie ausführlich erklärt und die Qualifikationen der Therapeuten dargelegt werden. Von den Bedürfnissen der Pferde, die ja der angebliche Schlüssel zur Besserung oder Heilung sind, ist aber kaum oder gar nicht die Rede.

Man mag das nachvollziehen können, weil sich vor allem bei den Angehörigen der tatsächliche oder vermeintliche Nutzen für kranke oder behinderte Menschen in den Vordergrund schiebt. Gleichwohl muss man feststellen, dass es von der individuellen Tierliebe und der Vernunft der Halter abhängt, wie viel und unter welchen Bedingungen die Pferde arbeiten müssen, ob überhaupt und welche Rückzugsmöglichkeiten sie haben, ob es genügend Gelegenheit zum freien Laufen gibt und ob ausreichend Kontakt zu Artgenossen vorhanden ist. Die Grenzen zwischen Gebrauch und Überstrapazieren bzw. Missbrauch sind fließend. Gesetzliche Regelungen zum Schutz der Tiere, die in Therapien oder pädagogische Maßnahmen eingebunden werden, fehlen bisher in den meisten Ländern. Auch in Deutschland, Österreich und der Schweiz fällt dieser Einsatz von Tieren unter die allgemeinen Tierschutzbestimmungen, die für solcherart arbeitende Tiere aber nicht spezifisch genug sind. In der Schweiz gibt es immerhin zusätzlich seit 2008 im Tierschutzgesetz auch den Begriff der Würde des Tieres, die geachtet und geschützt werden muss. Es wäre aber nötig, Regelungen zu treffen, die wirklich klare Vorgaben machen, was den Tieren zugemutet werden darf und was nicht. Das gesetzliche Verbot der Überanstrengung genügt nicht, wonach es verboten ist, einem Tier Leistungen abzuverlangen, denen es wegen seines Zustands offensichtlich nicht gewachsen ist oder die offensichtlich seine Kräfte übersteigen (§ 3 des deutschen Tierschutzgesetzes).

In Deutschland wird die Reittherapie von den Krankenkassen nicht anerkannt, also auch nicht bezahlt. Die Angehörigen von Kranken und Behinderten müssen die Kosten daher selbst tragen, das heißt, dass viele von ihnen wahrscheinlich auch ein Interesse haben, einen günstigen Anbieter zu finden. Ein Grundsatz in der Wirtschaft lautet: Wer besonders günstig eine Leistung anbietet, muss versuchen, durch Menge auf seine Kosten zu kommen. Sie merken, dass ich vorsichtig und allgemein formuliere, denn einen statistisch belegten Nachweis, dass die günstigen Anbieter auch die schlechteren sind, kann ich nicht erbringen. Es sind also lediglich Überlegungen, die Sie zu weiteren animieren sollen.

Um nicht missverstanden zu werden: Auch wenn die Nichtübernahme von Kosten durch die Krankenkassen in Deutschland vielleicht Auswirkungen auf das Angebot von Therapien und pädagogischen Aktivitäten und vor allem auf die eingesetzten Tiere hat, plädiere ich keineswegs dafür, dass die Kassen die Kosten in Zukunft übernehmen sollten. Der Gemeinsame Bundesausschuss – das ist das Gremium von Ärzten und Krankenkassen, das unter anderem über die Anerkennung und damit die Kostenübernahme von Heilmitteln und Therapien entscheidet – hat im Jahr 2006 in einem ausführlichen Gutachten dargelegt, dass die Wirksamkeit der Hippotherapie nicht erwiesen ist. Das bedeutet nicht, dass es nicht im Einzelfall positive Effekte geben kann, vielleicht sogar längerfristige. Doch genügte keine der geprüften 14 Studien und keiner der beiden Berichte wissenschaftlichen Ansprüchen. »Die methodische Qualität der ausgewerteten Studien bzw. Informationssynthesen ist als mangelhaft einzustufen. Alle Studien sind anfällig für systematische Verzerrungen, die durchgängig auf einer unzureichenden Studienplanung, -durchführung und -dokumentation beruhen, so dass die Validität der Ergebnisse – auch von Studien auf höherem Evidenzniveau – gering ist.«[6]

Falls sich Ihnen die Prosa dieser Verlautbarung nicht sofort erschließt: Die Studien sind häufig interessengeleitet, nicht repräsentativ und kaum nachvollziehbar – also all das, was Studien nicht sein dürfen. Der Ausschuss sagt nicht: Diese Therapien sind Humbug oder sie schaden den Patienten. Sondern er sagt: Es gibt keinen Hinweis darauf, dass diese Therapien etwas leisten, das nicht auch auf anderem Wege, der von den Kassen bezahlt wird, erreicht werden kann. Nun mögen manche einwenden, dass die Krankenkassen alternative Verfahren besonders streng beurteilen und Neuem gegenüber sowieso nicht besonders aufgeschlossen sind. Das mag sein, ich kann das nicht genau beurteilen. Zumindest muss man ihnen aber zugestehen, dass sie das Geld aller Versicherten verwalten und einsetzen und sich deshalb genau damit beschäftigen müssen, ob eine Therapie nützlich ist oder nicht. Und das haben sie eben auch bei der Hippotherapie getan.

Warum plage ich Sie mit Studien und Ausschüssen? Damit will man doch eigentlich so wenig wie möglich zu tun haben. Das verstehe ich, deshalb präsentiere ich ja auch nur die Essenz. Mir liegt aber daran, dieses Thema aus der emotionalen Ecke herauszuholen, auch damit klarer wird, dass wir die Tiere nicht aus dem Blick verlieren dürfen und sie Anspruch auf unseren Schutz haben. Wenn im Fernsehen Reportagen gezeigt werden, in denen spastisch gelähmte Kinder auf Pferderücken sitzen und die Therapeuten von den »nachweislich« erzielten Erfolgen schwärmen, dann ist man natürlich berührt und vergisst, dass wissen-

6 Gemeinsamer Bundesausschuss. Zusammenfassende Dokumentation über die Bewertung der Hippotherapie als Heilmittel des Unterausschusses »Heil- und Hilfsmittel«. Beschluss vom 20. Juni 2006, S. 18, www.g-ba.de/informationen/beschluesse/274/, Zugriff 10. 1. 2012

schaftlich nichts bewiesen ist. Und über alldem geraten die Interessen des »vierbeinigen Mitarbeiters« schnell unter die Räder. Was sicher guttut – uns allen, ob krank oder nicht –, ist die Begegnung mit Tieren, der Aufenthalt in der Natur, der Austausch mit anderen Menschen und Meinungen. Das heißt aber nicht notwendigerweise, dass solche Erlebnisse in kommerziellen Einrichtungen stattfinden müssen, in denen die Tiere rein zu unserem Nutzen arbeiten.

Gesellschafteraufgaben: tiergestützte Aktivitäten in Krankenhäusern und Altenheimen

Wenn weder Delphine noch Pferde in »therapeutischen« Institutionen arbeiten sollen, wie steht es dann um Besuchsdienste von Hunden oder Kleintieren? Wie oben schon erwähnt, setzen in Deutschland 40 Prozent aller Kliniken für Kinder- und Jugendpsychiatrie Tiere in der therapeutischen Arbeit mit Kindern und Jugendlichen ein. Bei einer Stichprobe mit 100 Kindern und Jugendlichen im Alter von 11 bis 19 Jahren wurden von Mitarbeitern der Universität Leipzig die unterschiedlichen Auswirkungen von Therapiesitzungen mit und ohne Hund auf der sogenannten Basler Befindlichkeitsskala festgehalten. Demnach verbesserte sich die Befindlichkeit der Patienten beim Einsatz von Hunden deutlich. Die »beste« Befindlichkeit erzielten Patienten mit Verhaltensstörungen. Die niedrigsten Ausgangswerte und die höchste Steigerung waren bei Patienten mit Psychosen festzustellen.[7]

---

7 Anke Prothmann, Michael Bienert, Christine Ettrich: »Einfluss tiergestützter Therapie auf die Befindlichkeit von Kindern und Jugendlichen in stationärer Psychotherapie«. Poster auf dem 4th Research Festival of Life Sciences, Universität Leipzig, 2005. www.tiere-als-therapie.de/pageID_10640759.html, Zugriff 10. 1. 2012

Andere Studien weisen ähnliche Ergebnisse auf, der Anstieg von therapeutischen oder zumindest unterstützenden Angeboten mit Hunden wächst auch aus diesem Grund.

Warum wirkt sich der Kontakt mit Hunden auf Kinder und Erwachsene mit physischen Handicaps oder psychischen Problemen positiv aus? Als Grund dafür werden vor allem die kommunikativen Fähigkeiten von Hunden angegeben. In der langen Zeit seines Zusammenlebens mit den Menschen hat der Hund gelernt, dessen Mimik und Gestik zumindest teilweise zu verstehen und darauf zu reagieren. Er zeigt in bestimmten Situationen selbst ähnliche emotionale Verhaltensweisen wie ein Mensch, beispielsweise reagiert ein Hund auf die Trennung von seiner Bezugsperson ähnlich wie ein Kleinkind auf die Trennung von der Mutter.[8] Insofern besteht offenbar eine grundsätzliche Vertrautheit zwischen Mensch und Hund, von der gerade psychisch Kranke oder im sozialen Verhalten eingeschränkte Personen profitieren. Der Kontakt mit dem Hund ermutigt sie, befreit, flößt ihnen Vertrauen ein, befriedigt den Wunsch nach körperlichen Kontakten.

Auch bei Demenzkranken werden zunehmend Hunde eingesetzt. Ein Beispiel: In die Gedächtnisambulanz der Universitätsklinikums Leipzig kommt drei- bis viermal im Quartal ein Golden Retriever mit Frauchen im Rahmen eines ehrenamtlichen Einsatzes, spielt mit den Kranken und lässt sich von ihnen streicheln. Die Effekte auf die Patienten seien gravierend, meint

---

8 Josef Topal, Adam Miklosi, Vilmos Csanyi V, Antal Doka: Attachment behaviour in dogs: A new application of Ainsworth's Strange Situation Test. Journal of Comparative Psychology 1998, 112, S. 219–229, zitiert nach Anke Prothmann: Tiergestützte Kinderpsychotherapie, Frankfurt/Berlin 2007

die betreuende Ärztin, da der Kontakt mit dem Hund den sonst teils schwierigen Zugang zu Demenzkranken erleichtere und ihre positiven Gefühle wecke. Diejenigen, die früher selbst einen Hund besaßen, können sich leichter an die schöne Zeit damals erinnern, und auch die, die nie ein Haustier hatten, werden von der Anwesenheit des Hundes stimuliert, aktiv zu werden, ihn also anzusprechen oder ihm beispielsweise einen Ball zuzuwerfen.[9]

Ob Hunde oder Kleintiere wie Meerschweinchen und Kaninchen, die in Schulen, Justizvollzugsanstalten, Altenheimen oder anderen Einrichtungen zu Besuch kommen: Allerorts werden positive Effekte auf Bewohner oder Patienten sowie häufig auch auf das (Pflege-) Personal konstatiert. Die Tiere entspannen die Situation, sie ermöglichen Freiräume im Verhalten, was sich besonders günstig auf Menschen auswirkt, die sich ihrer Einschränkungen bewusst sind und unter ihnen leiden. Ob die Verbesserungen im Befinden und in der Aufmerksamkeit langfristig anhalten, ist umstritten bzw. konnte nicht nachgewiesen werden. Aber immerhin, regelmäßig ein paar Stunden Frohsinn ist ja auch schon etwas. Es gibt die unterschiedlichsten Formen: Mal werden Besuchsdienste organisiert, mal gibt es Gehege auf dem Freigelände, mal gehört das Tier einem Mitarbeiter und ist sogar den ganzen Tag in der Einrichtung. Wie schon oben im Zusammenhang mit der Reittherapie ausgeführt: Es ist grundsätzlich nichts dagegen einzuwenden, dass Tiere und Menschen zusammenkommen, seien die Menschen dement oder nicht. Wichtig ist nur, dass die Tiere nicht vollständig instrumenta-

9 Franziska Henkel: Giulio hilft beim Erinnern. In: »Gesundheit und mehr ... Das Patientenmagazin des Universitätsklinikums Leipzig«. Ausgabe 4, 18. Februar 2011, www.uniklinikum-leipzig.de/files/lvzpat/pdf/0004/00.pdf

lisiert und als reine Mittel zum Zweck ohne Rücksicht auf ihre eigenen Bedürfnisse eingesetzt werden. Fraglich ist, ob man das allein der Feinfühligkeit von Therapeuten und Tierbesitzern überlassen soll.

Bisher existiert, soweit ich weiß, kein einheitlicher und verbindlicher Katalog an Bedingungen und Pflichten, die erfüllt werden müssen, wenn Tiere für therapeutische Zwecke eingesetzt werden. Oft werden die Tiere nicht ausreichend auf ihren Einsatz vorbereitet oder von fachlich unqualifizierten Menschen mehr oder weniger freihändig trainiert. Für Hunde, die beispielsweise in Schulklassen – gern in »schwierigen« – eingesetzt werden, sind der Geräuschpegel und das manchmal ungeschickte Verhalten der Kinder oft eine große Belastung. Solche Stresssituationen lösen gelegentlich auch aggressive Reaktionen des Tieres aus, was wiederum zur Bestrafung führt. Im Deutschen Tierärzteblatt, dem Organ der Bundestierärztekammer, wurde darauf hingewiesen, dass im Sinne der Tiere dringend interdisziplinäre Arbeitsgruppen gebildet werden müssen, um die Belastungen gering zu halten und Schaden zu vermeiden. Das Thema ist in der Veterinärmedizin aber längst noch nicht flächendeckend präsent oder gar systematisch bearbeitet.[10] Das heißt, alle Beteiligten hätten großen Bedarf an Austausch, Bündelung von Erkenntnissen, Entwicklung von Qualitätsstandards, die den Menschen nützen und die Tiere schützen. Denn dass dieser Dienst die Tiere beansprucht, beschreiben auch die Befürworter: »Als würde er einen Teil der Sorgen der Patienten mit nach Hause nehmen, wirkt er [der Hund] danach

10 Ursula Bonengel: Tiergestützte Therapie in Deutschland. Notwendigkeit einer interdisziplinären Zusammenarbeit mit verhaltenstherapeutisch geschulten Tierärzten, in: Deutsches Tierärzteblatt 9/2008. www.bundestieraerztekammer. de/datei.htm?filename=dtb_0908_bonengel.pdf&themen_id=4855, Zugriff 10. 1. 2012

völlig erschöpft und sinkt für mehrere Stunden in einen tiefen Schlaf.«[11]

Wir haben für so viele Situationen des öffentlichen Lebens Runde Tische ins Leben gerufen, insbesondere für den Ausgleich von gegensätzlichen Interessen: Wäre es nicht an der Zeit, dass wir auch für den Einsatz von Tieren als Therapeuten und Gesellschafter einen solchen Runden Tisch installieren, an dem Themen besprochen werden müssten wie ein würdevoller Umgang mit den Tieren, genügend Ruhephasen, verbesserte Qualifikation der Halter und verbindliche rechtliche Regelungen? Wäre das nicht nötig, damit wir auch die Bedürfnisse der Tiere gebührend berücksichtigen und unser Nutzen nicht ihr Schaden wird?

11 Helga Dobrowolski: Erfahrungen und Gedanken zum Klinikbesuchsdienst mit meinem Hund. Referat zum Thema »Tiergestützte Therapie« anlässlich des zehnjährigen Bestehens des Vereins Tiere helfen Menschen e. V. in Würzburg 1997, www.tiergestuetzte-therapie.de/pages/texte/wissenschaft/dobrowolski/dobrowolski.htm, Zugriff 10. 1. 2012

Frage 6

Keine Frage der Notwendigkeit:
Was versuchen wir mit Tieren?

»Eigentlich sind alle Menschen gegen Tierversuche. Aber ebenso möchten alle Menschen, wenn sie krank sind, die besten und sichersten Medikamente und Therapien erhalten. Ohne Tierversuche geht das nicht. Wie gehen Sie mit diesem Dilemma um?«[1] So elegant und scheinbar deutlich formuliert der Verband der forschenden pharmazeutischen Firmen der Schweiz ein gravierendes Problem der Mensch-Tier-Beziehung. Der Verband schiebt uns den Schwarzen Peter zu: Wir wollen doch »alle«, wenn wir krank sind, heilsame und lindernde Medikamente und Therapien erhalten, also müssen wir auch in Tierversuche einwilligen. Wollen wir das? Müssen wir das? Wir könnten doch den Tierschutz einmal ganz ernst nehmen und sagen: Nein, ich will, auch wenn ich sehr schwer krank bin, von nichts profitieren, was mit dem Leid vieler Tiere erkauft ist. Oder wir könnten wenigstens abstufen und sagen: Nur wenn ich eine lebensbedrohende Krankheit habe und wenn es wirklich keine Alternativen zu den Mitteln gibt, die mit Tierversuchen entwickelt wurden, willige ich in ihre Verwendung ein. Oder wir könnten sogar fragen: Wieso soll es nicht ohne Tierversuche gehen?

Versuche, Verfahren, Vernichtung

Was in dem zitierten Text daherkommt wie die Formulierung eines Naturgesetzes, ist zunächst einmal nichts anderes als eine Behauptung – und zwar von einem Verband, der bestimmte Interessen vertritt. Wahr ist: Es gibt Alternativen. Wahr ist aber auch: Es wird weltweit so viel an und mit Tieren geforscht wie noch nie.

---

1 interpharma – Verband der forschenden pharmazeutischen Firmen der Schweiz, www.interpharma.ch/biotechlerncenter/de/Tierversuche.asp, Zugriff 31. 10. 2011

Doch zunächst zu der Frage, was alles unter dem allgemeinen Begriff der Verwendung von Wirbeltieren zu wissenschaftlichen Zwecken zusammengefasst wird. Nach der deutschen Versuchstiermeldeverordnung handelt es sich um Tiere,
– die im Tierversuch eingesetzt werden,
– denen Gewebe oder Organe entnommen werden,
– die zur Aus-, Fort- und Weiterbildung genutzt werden,
– die zur Herstellung, Aufbewahrung oder Vermehrung von Stoffen, Produkten und Organismen genutzt werden,
– die zu wissenschaftlichen Zwecken getötet werden, ohne dass zuvor ein Eingriff an ihnen vorgenommen wurde.[2]

Ein paar Beispiele für Testverfahren an Tieren, die häufig durchgeführt werden, wenn es um die Zulassung von Chemikalien geht:

• Draize-Test
Dabei handelt es sich um einen Verträglichkeitstest für chemische Stoffe, die möglicherweise Schleimhautreizungen auslösen. Hierfür wird Tieren, üblicherweise Kaninchen, eine Probe der betreffenden Substanz ins Auge geträufelt, um Reizungen und Schädigungen festzustellen. Da Kaninchen kaum Tränenflüssigkeit bilden, bleiben die Stoffe für lange Zeit unverdünnt im Auge, was für die Tiere eine Qual ist.

• LD50-Test:
Im Lexikon der Website bioSicherheit wird der Test so beschrieben: »Der LD50-Wert gibt die Menge eines Stoffs oder einer Strahlung an, bei der 50 Prozent einer Population bestimmter

2 www.gesetze-im-internet.de/bundesrecht/verstiermeldv_2000/gesamt.pdf, Zugriff 10. 1. 2012

Lebewesen sterben. Die Werte werden durch Tierversuche ermittelt. Den Tieren wird eine bestimmte Menge des Stoffes einmalig verabreicht. ... Wird der Wert für eine Strahlung angegeben, so wird außerdem die Zeit bis zur tödlichen Wirkung angegeben ... Die letale Konzentration (LC50) gibt entsprechend die Menge eines Stoffes in der Umgebung eines Lebewesens an, bei der die Hälfte der Tiere in einer gewissen Zeiteinheit sterben.«[3] 2010 wurden in Deutschland über 32 000 Tiere diesem Test unterworfen[4].

• Fischtest

Über Jahrzehnte wurden die Abwasserbelastung bzw. die sich daraus ergebenden Gebühren für Unternehmen, die Abwässer ins öffentliche Netz einleiten, mit dem Fischtest ermittelt. Dafür wurden Goldorfen, ein Karpfenfisch, in unterschiedliche Verdünnungen des Abwassers gesetzt, um zu ermitteln, in welcher Verdünnung die Fische auch 48 Stunden nach Beginn des Versuchs noch am Leben waren. Nach Protesten von Tierversuchsgegnern wurde der Test mit den Goldorfen 2005 durch einen Fischeitest ersetzt. Für Toxizitätsprüfungen werden aber weiterhin Fische eingesetzt, unter anderem vom schweizerischen Oekotoxzentrum, das Zebrabärblinge verwendet, um die Auswirkungen von Chemikalien zu testen.[5]

3 Lexikon der Website bioSicherheit.de, die im Rahmen des Projektverbunds Kommunikationsmanagement in der Biologischen Sicherheitsforschung im Auftrag des Bundesministeriums für Bildung und Forschung (BMBF) erstellt wird: www.biosicherheit.de/lexikon.html, Zugriff 10. 1. 2012
4 Bundesministerium für Landwirtschaft, Ernährung und Verbraucherschutz: Tierversuchszahlen 2010, Tabelle 7, www.bmelv.de/SharedDocs/Downloads/Landwirtschaft/Tier/Tierschutz/2010-TierversuchszahlenGesamt.pdf?__blob=publicationFile, Zugriff 10. 1. 2012
5 Fish Early Life Stage Test mit dem Zebrabärbling – Erweiterung um molekulare und Verhaltens-Endpunkte, www.oekotoxzentrum.ch/projekte/zebrafisch/index, Zugriff 8. 11. 2011

Eine Menge Tests und Versuchsreihen findet außerdem in Hochschulstudiengängen der Lebens- und Naturwissenschaften statt, um an ihnen biologische Vorgänge oder operative Verfahren zu demonstrieren. Der deutsche Bundesverband für Tierrechte hat im Rahmen seines Projekts SATIS ein Ethik-Hochschulranking aufgestellt. Es wird darin aufgeführt, welcher Studiengang an welcher Uni zu absolvieren ist, ohne dass man sich an Tierversuchen beteiligen muss bzw. wo überhaupt Studiengänge ohne Tierversuchspraxis zu finden sind – eine wirklich aufschlussreiche Lektüre, auch wenn man kein Studium mehr plant.[6]

Dabei setzen sich ja alle für die gute Sache ein: Seit Jahren wird von Industrie, Behörden und Forschung eine Leitlinie beschworen, wenn es um Tierversuche geht, das sogenannte 3R-Prinzip. Es ist die Kurzformel für Replace, Refine, Reduce – ersetzen, verbessern, verringern. Wenn irgendwie machbar, soll der geplante Versuch durch eine Methode ersetzt werden, in der keine Tiere verwendet werden. Versuchsanordnungen sollen so verbessert werden, dass die Tiere möglichst gering belastet werden und so wenig wie möglich Schmerzen erleiden. Die Zahl der eingesetzten Tiere soll so niedrig sein, dass sie gerade noch statistisch relevante Ergebnisse erbringt. Wann immer Sie sich über Tierversuche informieren, begegnet Ihnen das 3R-Prinzip, dem sich offenbar ein Großteil der Akteure verpflichtet fühlt. Dazu muss man sagen: Es existiert seit 1959, als die beiden Wissenschaftler William Russell und Rex Burch es formuliert haben, um ein humanes Verhältnis von Mensch und Tier zu definieren. Seit über 50 Jahren also ist dieses Prinzip bekannt, seit den 70er-Jahren auch weiträumig akzeptiert, in der Schweiz ist es im

6 www.satis-tierrechte.de/uni-ranking/, Zugriff 10. 1. 2012

Tierschutzgesetz enthalten. Und dennoch werden täglich Tausende von Tieren für einen irgendwie postulierten Fortschritt geopfert.

Haben Sie eine Vorstellung davon, wie viele Tiere in unserer unmittelbaren Nachbarschaft traktiert und/oder getötet werden – für den »guten« wissenschaftlichen Zweck? In der EU sind es jährlich rund 12 Millionen[7], in Deutschland 2 856 316[8]. Laut Tierschutzbericht 2011 der deutschen Bundesregierung stieg im Jahr 2010 die Zahl der für Versuche benutzten Tiere um 2,5 Prozent gegenüber dem Vorjahr an. Das heißt, in Laboren von deutschen Industrieunternehmen, Universitäten, Instituten und Forschungszentren werden über 2,8 Millionen Wirbeltiere »verbraucht«, wie es so schön heißt. Die Mehrzahl sind Nager, vor allem Mäuse, gefolgt von Fischen, Vögeln, Kaninchen, Schweinen und anderen. Trotz vieler Proteste werden auch weiterhin Affen als Versuchstiere benutzt, 2010 waren es rund 2 800.

In der Schweiz sieht es nicht besser aus. Auch dort steigt die Zahl der verwendeten Tiere für Versuchszwecke: 2010 waren es 761 675, das ist ein Anstieg von 7,9 Prozent gegenüber dem Vorjahr.[9] Interessanterweise finden sich in beiden Ländern die großen Steigerungsraten bei der Grundlagenforschung, bei der angewandten Forschung sind die Zahlen leicht rück-

7 Richtlinie 2010/63/EU des Europäischen Parlaments und des Rates vom 22. September 2010 zum Schutz der für wissenschaftliche Zwecke verwendeten Tiere. europa.eu/legislation_summaries/internal_market/single_market_for_goods/pharmaceutical_and_cosmetic_products/sa 0027_de.htm, Zugriff 10. 1. 2012
8 Bundesministerium für Landwirtschaft, Ernährung und Verbraucherschutz: Tierversuchszahlen 2010, Überblick, www.bmelv.de/SharedDocs/Standard artikel/Landwirtschaft/Tier/Tierschutz/Versuchstierzahlen2010.html, Zugriff 10. 1. 2012
9 Bundesamt für Veterinärwesen, www.bvet.admin.ch/themen/tierschutz/00777/03586/index.html?lang=de, Zugriff 10. 1. 2012

läufig. Im deutschen Tierschutzbericht wird als Erklärung für diese Entwicklung angegeben: »Gründe für den Anstieg sind u. a. der Ausbau des Forschungsstandorts Deutschland sowie der verstärkte Einsatz von transgenen Tieren in der Forschung ... Die Anzahl der zu wissenschaftlichen Zwecken eingesetzten transgenen Tiere erhöhte sich im Zeitraum [2005 bis 2009] um 246555 auf 607816 Tiere (+68%).«[10] Das, worauf wir so stolz sind, weil es ein Zeichen von gelungenem Strukturwandel und Fortschritt ist – Ausbau des Forschungsstandorts –, beschert uns also auf der anderen Seite einen großen Rückschritt beim Schutz der Tiere. Besonders betroffen sind transgene Tiere.

Im Kern verändert: transgene Tiere

Transgene Tiere sind das Ergebnis einer speziellen Art des Eingriffs, besser gesagt Übergriffs. Es handelt sich dabei um Tiere, denen absichtlich ein genetischer Defekt beigebracht wird. Bei der »klassischen« Methode wird ein fremdes Gen in ihr Erbgut eingefügt, das vom Organismus in ein entsprechendes Eiweiß (Protein) umgewandelt wird und dann als körperliches Erscheinungsmerkmal offensichtlich wird oder sich auf die biologischen Funktionen des Tieres auswirkt. Bei der anderen Methode (Knock-out-Variante) werden bestimmte Gene »unleserlich« gemacht, um ihre biologische Funktion auszuschalten. Beide Methoden sollen dazu dienen, die Entstehung von Krankheiten bzw. ihre Vermeidung zu erforschen und gezielt beeinflussen

---

10 Bundesministerium für Landwirtschaft, Ernährung und Verbraucherschutz: Tierschutzbericht 2011, S. 27

zu können.[11] Ob das funktioniert, steht auf einem anderen Blatt – ob das sein muss, auf einem ganz anderen. Dazu später in diesem Kapitel noch mehr. Fest steht jedenfalls, dass für den angeblich guten Zweck jährlich immer mehr Tiere nicht nur untersucht, behandelt und beeinträchtigt werden, sondern dass ein massiver Eingriff in ihre Geschöpflichkeit und in ihre Würde stattfindet. Sie werden in ihrem Kern manipuliert, im wahrsten Sinne des Wortes in ihrem Wesen zerstört. Und dazu kommt noch: Um ein transgenes Tier »herzustellen«, werden etliche andere »verbraucht«. Längst nicht jedes genetisch manipulierte Tier erzeugt lebensfähige Nachkommen, die dann für die Forschungszwecke auch »zur Verfügung« stehen.

Wie schon öfter bemerkt, ist die Sprache immer verräterisch – so auch hier, wenn die Verwender über transgene Tiere sprechen. Es wird zum Beispiel gern der Begriff »transgene Tiermodelle« benutzt, so dass man meinen könnte, es handelte sich um Computersimulationen oder dreidimensionale Konstruktionen, die irgendeinen Vorgang verdeutlichen. Keineswegs: Transgene Tiermodelle sind Lebewesen, und zwar solche, die tiefgreifend geschädigt wurden. Der Begriff »Modell« zeigt, dass ihnen schon gar kein kreatürliches Leben mehr zugebilligt wird. Wie alles andere, entwickelt auch dieser »Bedarf« seinen Markt. Man muss nur ein paar passende Begriffe in eine Suchmaschine eingeben, schon gibt es jede Menge Angebote. Lassen wir der Verdeutlichung halber einen der Anbieter transgener Tiere ausführlich zu Wort kommen: »AGROBIOGEN verfügt über ein Team von hochqualifizierten Spezialisten, die jederzeit Klonierungspro-

---

11 Informationspapier des Bundesministeriums für Ernährung, Landwirtschaft und Forsten (BML) vom 15. April 1996, www.medizin.uni-tuebingen.de/tierschutz/Transgene-Tiere-BML.pdf, Zugriff 10. 1. 2012

gramme mit verschiedenen weiblichen und männlichen Zellen durchführen können. Für Gentransfer und Klonierung beim Rind stehen insgesamt 200 Stallplätze in Bayern und Österreich zur Verfügung ... AGROBIOGEN verfügt damit über die erste kommerzielle Anlage (S1) zur Erstellung transgener Nutztiere in den deutschsprachigen Ländern ... Transgene Tiere bieten für zahlreiche Anwendungen Nutzen. Die Produktion hochwertiger rekombinanter Proteine im lebenden Organismus (Gene Farming) ist besonders wirtschaftlich und erfolgreich. Gentechnisch veränderte Schweine können als potentielle Organspender dienen (Xenotransplantation). Die Generierung von transgenen landwirtschaftlichen Nutztieren als Produzenten von ›Nutraceuticals‹ oder ›Functional Food‹ sind weitere wichtige Beispiele der praktischen Verwendung dieser innovativen Technik.«[12] Wie gesagt, nur ein Beispiel für die degenerierte Art – ich erlaube mir diesen Ausdruck, weil es hier ja dauernd um genetische Kategorien geht –, in der über Lebewesen, über unsere Mitgeschöpfe gesprochen und an denen in dieser Weise gehandelt wird.

Transgene Tiere sind nur ein Teil der Tierversuchsmaschinerie. Auf die »normale« Weise werden allein in Deutschland rund 2 Millionen Tiere benutzt. Insgesamt also über 2,8 Millionen Wirbeltiere, die in Käfigen hocken, in Versuchsställen stehen, in Wasserbecken herumdümpeln und an denen etwas gemacht wird, damit es uns bessergeht oder wir sicherer sein sollen vor Schädigungen durch irgendwelche Produkte. Brauchen wir das? Industrie, Wissenschaft und Forschung sagen: Natürlich benötigen wir Tierversuche, damit wir neue medizinische Wirkstoffe und Verfahren testen können, die Krankheiten heilen oder ihre Entstehung verhindern. Wir brauchen Tierversuche, damit wir

12 www.agrobiogen.de/hauptmenue/transgene-tiere/, Zugriff 3. 11. 2011

erkennen, ob sich neue Chemikalien negativ auf den menschlichen Organismus auswirken. Mit Tierversuchen schützen wir uns vor Haftpflichtansprüchen von geschädigten Menschen, und wir tun alles, damit den Tieren so wenig Leid wie möglich zugefügt wird. Schön wär's! Allein knapp 780 000 Tiere werden sofort getötet, damit man ihre Organe oder ihr Gewebe für Forschung oder Tests verwenden kann. Ist das so wenig Leid wie möglich? Aber auch die Tiere, die nicht sofort getötet werden, leben ein Leben, das nicht artgerecht ist. Sie sind isoliert, sie können sich nicht frei bewegen, sie sehen die Umgebung, in der sie natürlicherweise aufwachsen würden, kaum oder nie. Und dann natürlich die Versuche selbst. Doch lassen Sie uns zuerst die Rahmenbedingungen betrachten, innerhalb deren das Ganze stattfindet, ehe wir uns an die Debatte über Notwendigkeit und Nutzen dieser Methoden begeben.

Wie Tierversuche geregelt sind – und was daraus folgt

Grundsätzlich ist jeder Tierversuch anzumelden, in Deutschland sind je nach Bundesland unterschiedliche Behörden zuständig, mal die Regierungspräsidien, mal die Ministerien für Gesundheit etc. Der Antragsteller muss sein Vorhaben genau erläutern und die voraussichtlichen Belastungen für die Tiere in ihrer Dauer und in ihrem Schweregrad darstellen. Außerdem muss er nachweisen, dass es keine andere Möglichkeit gibt, seine wissenschaftliche Frage zu beantworten oder sein Projekt durchzuführen als eben mit Tierversuchen. Das verlangt das Tierschutzgesetz (§ 7 Abs. 2, Satz 2). Er muss zudem darstellen, dass es in der bisher verfügbaren Literatur keine Informationen gibt, die diesen Tierversuch überflüssig machen würden. In der Praxis werden nur wenige Anträge abgelehnt, denn die Mitarbeiter der

Genehmigungsbehörden sind in der Regel nicht in der Lage, genau zu kontrollieren, ob die Ausführungen des Antragstellers stimmen oder nicht, im Grunde liefert der Antragsteller dem Prüfer das Material für die Entscheidung. Über die Relevanz des Projekts entscheidet die Behörde sowieso nicht. Zudem kann zwar der Antragsteller gegen einen ablehnenden Bescheid vor Gericht ziehen. Die Tiere hingegen, vertreten durch die Tierschutzvertreter in der Tierversuchskommission, haben keine Möglichkeit, den Entscheid gerichtlich anzufechten und überprüfen zu lassen, ob der geplante Tierversuch dem Gesetz entspricht oder nicht. Dies ist im Kanton Zürich anders, indem die Tierversuchskommission und drei ihrer Mitglieder einen behördlich bewilligten Tierversuch vor Gericht ziehen können. So konnten zwei genehmigte Versuche an Primaten durch das höchste Gericht gestoppt werden.[13]

In § 7 Abs. 2, Satz 3 des deutschen Tierschutzgesetzes heißt es: »Versuche an Wirbeltieren dürfen nur durchgeführt werden, wenn die zu erwartenden Schmerzen, Leiden oder Schäden der Versuchstiere im Hinblick auf den Versuchszweck ethisch vertretbar sind.« Das heißt also, dass es einen Ermessensspielraum gibt. Was als vertretbar im Hinblick auf den Erkenntnisgewinn gilt, muss in jedem Einzelfall entschieden werden. Aus der Formulierung lässt sich auch schlussfolgern, dass die Wichtigkeit des Zwecks den Grad des Leidens bestimmt. Hilfestellung bei der Bewertung sollen sogenannte Belastungskataloge liefern, die die Schmerzen und Beeinträchtigungen des Tieres zu quantifizieren versuchen. Diese Belastungskataloge gibt es in einigen europäischen Ländern. Sie sind häufig nicht detailliert ausge-

13 www.tierimrecht.org/de/news/2009/10/BGE_Affenversuche.php, Zugriff
    10. 1. 2012

arbeitet, nicht verbindlich und oft auch schwer zugänglich. Nur in der Schweiz gibt es einen vom Bundesamt für Veterinärwesen entwickelten verbindlichen Belastungskatalog, der in vielen Ländern zumindest als Richtschnur genutzt wird. Danach werden drei bzw. vier Schweregrade unterschieden[14]:

Keine Belastung: Schweregrad 0

Eingriffe und Handlungen an Tieren zu Versuchszwecken, durch die den Tieren keine Schmerzen, Leiden oder Schäden oder schwere Angst zugefügt werden und die ihr Allgemeinbefinden nicht erheblich beeinträchtigen. Beispiele aus der tierärztlichen Praxis: Blutentnahme für diagnostische Zwecke; subkutane Injektion eines Arzneimittels.

Leichte Belastung: Schweregrad 1

Eingriffe und Handlungen an Tieren zu Versuchszwecken, die eine leichte, kurzfristige Belastung (Schmerzen oder Schäden) bewirken. Beispiele aus der tierärztlichen Praxis: Injizieren eines Arzneimittels unter Anwendung von Zwangsmaßnahmen; Kastration von männlichen Tieren in Narkose.

Mittlere Belastung: Schweregrad 2

Eingriffe und Handlungen an Tieren zu Versuchszwecken, die eine mittelgradige, kurzfristige oder eine leichte, mittel- bis langfristige Belastung (Schmerzen, Leiden oder Schäden, schwere Angst oder erhebliche Beeinträchtigung des Allgemeinbefindens) bewirken. Beispiele aus der tierärztlichen Praxis: operatives Behandeln eines Knochenbruchs an einem Bein; Kastration von weiblichen Tieren.

---

14 Tierversuchsordnung vom 12. April 2010 (Stand 1. Mai 2010), www.admin.ch/ch/d/sr/c455_163.html

Schwere Belastung: Schweregrad 3

Eingriffe und Handlungen an Tieren zu Versuchszwecken, die eine schwere bis sehr schwere oder eine mittelgradige, mittel- bis langfristige Belastung (schwere Schmerzen, andauerndes Leiden oder schwere Schäden, schwere und andauernde Angst oder erhebliche und andauernde Beeinträchtigung des Allgemeinbefindens) bewirken. Beispiele aus der tierärztlichen Praxis: tödlich verlaufende Infektions- und Krebskrankheiten ohne vorzeitige Euthanasie.

Belastungskataloge sind ein Versuch, Vorstellungen über das Leiden von Tieren in allgemein anwendbare Kategorien zu fassen. Sie sollen Forschern und Genehmigungsbehörden ermöglichen, in derselben Sprache oder zumindest mit einem einheitlichen Vokabular miteinander zu sprechen. Insofern sind solche Kataloge wie der Schweizer nützlich. Doch lassen diese Kriterien natürlich viele Fragen offen. Ist das Halten von Tieren in sehr engen Käfigen eine geringe Belastung? Beurteilt man die Behinderung der sozialen Bedürfnisse von Tieren, wie sie in Forschungslaboratorien an der Tagesordnung sind, als irrelevant? Ist die genetische Veränderung eines Tieres eine dauerhafte Belastung, schwer oder mittelschwer? Die Beantwortung solcher Fragen hängt von den ethischen Vorstellungen ab – und die differieren schon allein in Europa sehr stark, weltweit erst recht.

Einen Versuch, sehr unterschiedliche nationale Gesetzgebungen zu harmonisieren, stellt die neue EU-Richtlinie zum Schutz der für wissenschaftliche Zwecke verwendeten Tiere[15] dar, die

---

15 Richtlinie 2010/63/EU des Europäischen Parlaments und des Rates vom 22. September 2010 zum Schutz der für wissenschaftliche Zwecke verwendeten Tiere, eur-lex.europa.eu/LexUriServ/LexUriServ.do?uri=OJ:L:2010:276: 0 033:0079:de:PDF, Zugriff 10.1.2012

über Jahre debattiert und entwickelt wurde und bis Ende 2012 in nationales Recht der Mitgliedsstaaten umgesetzt werden muss. Die Richtlinie soll einen EU-weit geltenden Belastungskatalog (der differenzierter als der Schweizer ist) einführen und für alle EU-Staaten einen verbindlichen Kanon an Regelungen herstellen. Für einige Staaten bedeutet die Umsetzung der Richtlinie einen erheblichen Fortschritt in der nationalen Tierschutzgesetzgebung, für andere einen Rückschritt. Das Gute zuerst: Vorteilhaft ist zum Beispiel, dass in allen EU-Ländern Tierschutzgremien von Züchtern, Lieferanten und Forschern – nicht etwa unter Einbezug von Tierschutz-Vertretern – eingerichtet werden müssen, die die einzelnen Versuche beratend begleiten sollen (Art. 26 f.). Ebenso ist von Vorteil, dass die Mitgliedsstaaten zusammenfassende Beschreibungen der einzelnen Projekte veröffentlichen, so dass die Gefahr von mehrfachen Durchführungen verringert wird (Art. 43 ff.). Auch ist zu begrüßen, dass ein geregeltes Genehmigungsverfahren wie in Deutschland eingeführt wird; das gab es bisher nur in wenigen EU-Ländern, etwa Schweden und Dänemark.

Nun zu den Nachteilen: Zu bedauern ist, dass aus Gründen des Wettbewerbs nationale Regelungen unter Druck geraten, die strenger sind, als die EU-Richtlinie vorgibt. Für Deutschland beispielsweise bedeutet das, dass mühsam errungene Standards wieder aufgegeben werden müssten. Deutschland etwa erlaubt Tierversuche nicht für die Entwicklung von Waffen, Waschmitteln und Tabakerzeugnissen – in der EU-Richtlinie sind keine derartigen Beschränkungen enthalten. Es gibt noch mehr Punkte, die ins Gewicht fallen, beispielsweise ist das Genehmigungsverfahren in Deutschland bisher deutlich aufwendiger, als es in der EU-Richtlinie vorgesehen ist. Aber, das soll nicht verschwiegen werden: Deutschland hatte im Zuge der Debatte sogar vorgeschlagen, das Genehmigungsverfahren für einige Versuche zu erleichtern, etwa für die Produktion von Impfstoffen. Dazu ist es dann glücklicherweise nicht gekommen. Im Einzelnen will ich diese Punkte hier nicht erörtern, da die vergleichende Lektüre von juristischen Texten den Leser schnell ermüdet, sondern stattdessen auf andere gravierende Aspekte hinweisen.

Heftig kritisiert wird von Tierschützern die Unterscheidung, die in der EU-Richtlinie zwischen den Tieren getroffen wird. So werden nichtmenschliche Primaten, Hunde und Katzen anders eingeordnet als alle anderen Tiere. Für sie müssen besondere Dokumentationen erstellt werden (Art. 31), sie sind also mehr »wert« als andere Versuchstiere, etwa Mäuse und Fische. Das war im deutschen Recht im Ansatz nicht so. Vor allem für Primaten wird konstatiert, dass es aufgrund ihrer genetischen Ähnlichkeit mit dem Menschen und eines hochentwickelten sozialen Verhaltens ethisch besonders umstritten ist, sie als Versuchstiere zu benutzen (Erläuterung der Gründe, Nr. 17). So weit, so gut. Gleichzeitig jedoch gibt es keine ernstzunehmende Beschränkung der Verwendung von Primaten für Versuche – ein eklatanter Widerspruch. Der entsprechende Artikel (Art. 8) beginnt zwar damit, dass nichtmenschliche Primaten nicht in Versuchen verwendet werden sollen, dann folgt jedoch eine Menge von Ausnahmen, die diese Beschränkung praktisch unterlaufen. Und sogar die Verwendung von Menschenaffen wird zugelassen (Art. 55, Abs. 2), wenn ein Mitgliedsstaat »berechtigte Gründe zu der Annahme [hat], dass Maßnahmen für die Erhaltung einer Art oder im Zusammenhang mit dem unerwarteten Auftreten eines für Menschen lebensbedrohlichen oder zur Entkräftung führenden klinischen Zustands« es zwingend erfordern, Menschenaffen zu benutzen. In Deutschland beispielsweise wurden Menschenaffen seit 1991 nicht mehr verwendet.[16]

Fundamentale Bedeutung hätte auch eine strengere Pflicht zum Einsatz von tierversuchsfreien Forschungsmethoden gehabt. Dazu konnte man aber keinen Konsens erzielen, und deshalb läuft es jetzt darauf hinaus, dass die »Kommission und die Mitgliedsstaaten zur Entwicklung und Validierung alternativer Ansätze«[17] beitragen, also zu tierversuchsfreien Methoden (und auch solchen mit weniger Tieren oder mit Tieren, die geringer belastet werden). Wer die Mühlen der EU kennt, weiß, wie lange sich das hinziehen kann. Und ob dann etwas Strengeres als das Bisherige verabschiedet wird, ist vollkommen ungewiss.

Auch für Kosmetika werden Tierversuche durchgeführt, obwohl sie in der EU seit 2004 für gebrauchsfertige Kosmetika und seit 2009 auch für einzelne Wirkstoffe verboten sind. Doch es bestehen Ausnahmen, nämlich wenn Untersuchungen auf Toxizität bei wiederholter Verabreichung, hinsichtlich der Schädigung des Erbguts oder der Toxikokinetik, das heißt der veränderten Konzentration eines Gifts im Organismus über einen bestimmten Zeitraum, angeraten sind. Nach der sogenannten Kosmetikrichtlinie sollen bis 2013 auch für diese Fälle alternative Test- und Validierungsmethoden eingesetzt werden. Dazu wird es jedoch nicht kommen. In der Pressemitteilung zur Vorstellung des jährlichen Berichts der EU-Kommission zu Alternativmethoden gab man selbst zu: »Allerdings bestehen gerade bei den

16 Tierschutzbericht der Bundesregierung 2011, S. 27
17 Richtlinie 2010/63/EU des Europäischen Parlaments und des Rates vom 22. September 2010 zum Schutz der für wissenschaftliche Zwecke verwendeten Tiere, Art. 47 eur-lex.europa.eu/LexUriServ/LexUriServ.do?uri=OJ:L: 2010:276:0 033:0079:de:PDF, Zugriff 10. 1. 2012

besonders komplexen Auswirkungen auf die Gesundheit – für die ab März 2013 keine Tierversuche mehr gestattet sein sollen – noch Lücken im Dispositiv der Alternativmethoden. Es wird daran gearbeitet, diese Lücken zu schließen.

In dem Bericht wird betont, dass die Entwicklung von Alternativmethoden sowohl in Europa als auch weltweit nach wie vor hohe Priorität hat. Dennoch – und trotz der Fortschritte bei der Forschung – wird es dem Bericht zufolge wohl nicht möglich sein, bis zum vorgesehenen Termin 2013 Alternativmethoden für Tests dieser komplexen Endpunkte zu finden.«[18]

Ist es wirklich so schwer, Alternativmethoden zu finden? Ich will die Herausforderung nicht kleinreden, es ist in jedem Fall schwierig, aussagefähige Methoden zu entwickeln und sie gegen etablierte Tierversuche durchzusetzen. Dennoch: Seit Jahrzehnten wird darüber debattiert, was Tierversuche überhaupt bringen, und daran geforscht, wie sie zu ersetzen wären. Viele Tierschützer sind sich einig: In Tierversuchen leiden und sterben Tiere nicht nur, ihre Qualen sind häufig auch sinnlos. Denn die Erkenntnisse, die aus Tierversuchen gewonnen werden, sind oft wenig aussagekräftig, manchmal sind sie sogar gefährlich, weil sie Hersteller und Konsumenten in falscher Sicherheit wiegen. Beispiel Medikamentenprüfung: Für die Zulassung als Endprodukt sind bei neuen Medikamenten Tierversuche vorgeschrieben. Doch die Übertragbarkeit von Wirkmechanismen etwa im Organismus der Maus auf die eines Menschen ist sehr unsicher. Schon bei Menschen wirken Arzneimittel in sehr unterschiedlicher Weise, je nach Geschlecht, Alter und körperlichem Zustand kommt es zu individuellen Symptomen. Wie viel weniger aus-

18 europa.eu/rapid/pressReleasesAction.do?reference=IP/11/1028&format= HTML&aged=0&language=DE&guiLanguage=fr, Zugriff 10. 1. 2012

sagekräftig ist dann die Reaktion eines tierischen Organismus in Bezug auf den Menschen? Wenn Tierversuche so sicher wären wie behauptet, dann würden wir nicht immer wieder spektakuläre Katastrophen bei Medikamenten erleben, die wegen ihrer dann am Menschen erwiesenen Gefährlichkeit vom Markt genommen werden müssen.

Lipobay etwa sollte hohe Cholesterinwerte senken, musste aber 2001 wegen Todesfällen vom Markt genommen werden. Das Rheumamittel Vioxx löste Herzinfarkte und Schlaganfälle aus und wurde 2004 aus dem Verkehr gezogen. Für Clobutinol, einen Wirkstoff, der in vielen nicht verschreibungspflichtigen Mitteln gegen Reizhusten enthalten war, widerrief 2008 das deutsche Bundesinstitut für Arzneimittel und Medizinprodukte die Zulassung, weil es möglicherweise Herzrhythmusstörungen verursacht.[19] Die Liste wäre problemlos zu verlängern, diese Beispiele mögen hier aber genügen. Interessant ist vielleicht noch der Hinweis darauf, dass es auch den umgekehrten Fall gibt: Manches, was für Menschen gut verträglich und nützlich ist, schadet Tieren. Paracetamol beispielsweise, ein schmerz- und fiebersenkendes Standardmedikament, ist für Katzen giftig, ebenso Aspirin. Saccharin kann bei Ratten Blasenkrebs erzeugen. Man darf sich also auch fragen, was uns an guten Arzneimitteln bereits entgangen ist, weil sie den Tierversuch nicht überstanden haben.

Die Rote Liste, das Arzneimittelverzeichnis für Deutschland, enthält in der Ausgabe 2011 über 8 000 Präparateeinträge und über 10 000 Darreichungsformen, über 6 000 davon sind rezept-

19 Die Zulassung wurde bereits 2007 für ruhend erklärt, am 6. Juni 2008 wurde die Zulassung widerrufen, www.bfarm.de/SharedDocs/1_Downloads/DE/ Pharmakovigilanz/stufenplverf/globutinol_bescheid_080613.pdf?__blob= publicationFile, Zugriff 10. 1. 2012

pflichtig.[20] Nach Auswertungen der gesetzlichen Krankenkassen beziehen sich 90 Prozent der ärztlichen Verordnungen auf nur 2000 Arzneimittel. Auch wenn man dann noch Verschreibungen für seltene Krankheiten berücksichtigt, muss man doch staunen darüber, wie viele Arzneimittel sich auf dem Markt befinden, die offenbar nicht gebraucht werden oder die sich nur so geringfügig von dem bereits vorhandenen Angebot unterscheiden, dass sie nicht wahrgenommen werden. Trotzdem werden immer neue Produkte auf den Markt gebracht, auch auf Kosten der Tiere, an denen »geforscht« wurde und anhand deren die Unbedenklichkeit nachgewiesen werden musste.

Nervengift für Medizin und Ästhetik

Besonders arg sind Versuche für Produkte, deren Verwendung überhaupt keinen vernünftigen Bedarf stillt, sondern bei denen es wirklich nur ums Geschäft und um die Erfüllung fragwürdiger persönlicher Wünsche geht. Sie erinnern sich an den oben beschriebenen LD50-Test, bei dem die Menge eines Stoffs ermittelt wird, an der 50 Prozent der Population eines Lebewesens stirbt? Er wird vor allem in der Arzneimittelprüfung eingesetzt und hier speziell für Arzneimittel, die Botulinumtoxin enthalten. Es handelt sich um ein hochwirksames Bakteriengift, das durch das Bakterium Clostridium botulinum – das natürlicherweise im Boden und in Gewässern vorkommt – gebildet wird.

20 www.rote-liste.de; in vielen Publikationen, vor allem von Tierschützern, liest man auch Zahlen wie 60000 oder sogar mehr Arzneimittel, die auf dem deutschen Markt verkauft werden. Diese Zählweise beinhaltet sämtliche Darreichungsformen und Wirkstärken aller Produkte. Das führt jedoch zu Verzerrungen, insbesondere bei Vergleichen. Vgl. a.Verband Forschender Arzneimittelhersteller, www.vfa.de/embed/vfastat-36-de-fa-mt-anzahl-der-arzneimittel-in-deutschland.pdf, Zugriff 10. 1. 2012

Jährlich sterben in Deutschland rund 20 Menschen an einer Botulinumvergiftung. Durch hygienische und sachgerechte Behandlung und Haltbarmachung von Lebensmitteln lässt sich die Gefahr relativ gut eindämmen. Botulinumtoxin unterbricht die Übertragung der Signale vom Nerv zum Muskel, der Muskel wird gelähmt, was zu Stillstand der Augenmuskulatur und zu Atemstillstand führt. Botulinumtoxin gehört zu den extrem wirksamen Giften, die als biologische Waffen benutzt werden können.[21]

Den Effekt der Signalunterbrechung von Nerv zu Muskel macht man sich in der Medizin zunutze für die Behandlung zahlreicher neurologischer Leiden, zum Beispiel chronischer Migräne. Das Gift wird in kontrollierter, stark verdünnter Form eingesetzt. Botulinumtoxin hat aber auch eine beeindruckende Karriere als Mittel der ästhetischen Medizin gemacht, und ein Ende dieser Entwicklung ist nicht abzusehen. Als Botox (andere Handelsnamen sind Vistabel, Bocouture, Azzalure) wird es unter Falten im Gesicht gespritzt. Da der Muskel, der die Falte verursacht, gelähmt wird (die Werbung nennt es gern »beruhigt« oder »entspannt«), erscheint die Stelle glatter, voller. Die Wirkung des Gifts hält rund sechs bis acht Monate an, dann muss erneut gespritzt werden, wenn man den Effekt aufrechterhalten will. In den meisten Ländern ist die kosmetische Anwendung von Botox nur für die Glabellafalte, die Zornesfalte zwischen den Augenbrauen, zugelassen. Nach Aufklärung durch den Arzt und Zustimmung des »Patienten« kann aber auch ein sogenannter Off-label-Use erfolgen, es können also Falten behandelt werden, für die Botulinumtoxin nicht explizit zugelassen ist.

---

21 Bichat-Leitlinien zur klinischen Behandlung von Botulismus und mit Bioterrorismus zusammenhängendem Botulismus: Eurosurveillance 2004, Vol. 9, Issue 12 http://ec.europa.eu/health/ph_threats/Bioterrorisme/clin_gui_botu lism_de.pdf, Zugriff 8. 11. 2011.

Ob es vernünftig ist, sich eins der stärksten überhaupt existierenden Gifte zur Erfüllung eines Schönheitsideals, das die natürlichen Zeichen des Alters ausschalten will, spritzen zu lassen – das muss jeder Nutzer bzw. jede Nutzerin mit sich selbst klären. Dazu will ich mich hier nicht äußern. Wozu ich aber deutlich Stellung nehme, sind die »Kollateralschäden«, die diese Praxis verursacht. Denn die medizinische und kosmetische Anwendung von Botulinumtoxinpräparaten kostet jährlich Hunderttausenden von Mäusen das Leben. Wegen der Gefährlichkeit des Gifts und der auftretenden Schwankungen in der Produktion muss für jede produzierte Charge ein Test durchgeführt werden; meistens wird der LD50-Test angewendet. Den Mäusen wird der Stoff in die Bauchhöhle injiziert, woraufhin viele von ihnen nach drei bis vier Tagen qualvoll sterben.[22] Bei einigen großen Herstellern scheinen Zeichen für ein Umdenken erkennbar zu sein. Wenn das Schule machte, wäre das ein großer Schritt.

Nur sicherheitshalber: Es handelt sich keineswegs nur um eine vielleicht zu vernachlässigende Randerscheinung des medizinischen Betriebs oder des gesellschaftlichen Lebens der höheren Klassen. Das Geschäft mit Botox hat enorme Dimensionen angenommen und ist extrem lukrativ. Eine ästhetische Behandlung kostet ab ca. 300 Euro aufwärts und die Nachfrage übertrifft selbst die Erwartungen der optimistisch gestimmten Hersteller. Allein das amerikanische Unternehmen Allergan beispielsweise erzielte im Jahr 2010 einen Umsatz von über 1,4 Milliarden Dollar mit Botox (für medizinische Anwendungen) und Botox Cosmetic (für kosmetische Anwendungen).

22 vgl. Ärzte gegen Tierversuche, www.aerzte-gegen-tierversuche.de/infos/kosmetik-chemikalien/117-botox-tierqual-fuer-eine-fragwuerdige-schoenheit, Zugriff 10.1.2012

51 Prozent des Umsatzes mit Botulinumtoxinpräparaten entfielen auf die medizinischen Einsatzgebiete, 49 auf die ästhetischen.[23] In Wahrheit dürfte der Anteil der kosmetischen Anwendungen noch höher sein, denn manches, was als medizinisch angegeben wird, ist in Wahrheit eine kosmetische Anwendung. Und das sind nur die Zahlen eines Unternehmens; auch Merz, Ipsen, Galderma sowie weitere Firmen im asiatischen Raum stellen Botulinumtoxinpräparate her. Tiere sterben lassen für faltenfreie Gesichter? Dafür kann es meiner Ansicht nach keine Entschuldigung geben.

Alternativen? Ja!

Noch einmal zurück zur EU-Richtlinie und dem eher schwachen Einsatz für Alternativen zu Tierversuchen und zu der Frage: Gibt es überhaupt welche? Forschung und Industrie suggerieren uns die scheinbar unbezweifelbare Tatsache, dass Tierversuche letztlich für die Erhaltung der Gesundheit der Menschen unabdingbar sind. Für Medikamente, Impfstoffe, auch für operative und therapeutische Verfahren, für Pflanzenschutzmittel, für Tierarzneimittel, den Einsatz von Chemikalien und in bestimmten Fällen auch für Kosmetika sind vor Zulassung vielfach Erprobungen an Tieren erforderlich. Häufig werden aber auch Tierversuche durchgeführt, ohne dass eine Vorschrift es zwingend vorschriebe und selbst wenn es bereits Alternativen gibt. Tierschützer, Industrie und Regierungen arbeiten seit Jahren daran, tierversuchsfreie Methoden für Tests und Versuche zu entwickeln. Die deutsche Regierung hat 1989 eigens ein Institut dafür eingerichtet, die Zentralstelle zur Erfassung und Bewertung

23 Allergan, Annual Report 2010, S. 5 und F 49 (Anhang)

von Ersatz- und Ergänzungsmethoden zum Tierversuch, ZEBET; sie ist in das Bundesinstitut für Risikobewertung eingegliedert, das wiederum dem Bundesministerium für Ernährung, Landwirtschaft und Verbraucherschutz untersteht. Auch das Bundesforschungsministerium fördert Projekte, die tierversuchsfreie Testmethoden entwickeln. Zu den Möglichkeiten zählen In-vitro-Verfahren (Zellkulturen), In-silico-Verfahren (Computersimulation) oder bildgebende Verfahren (die zumindest die Zahl der Tiere deutlich reduzieren). Und es gibt Erfolge: Beispielsweise war ein Pyrogentest an Kaninchen für Blutprodukte und einige immunologische Arzneimittel vorgeschrieben; Pyrogene sind fieberauslösende Substanzen. Gefördert vom Bundesforschungsministerium und unter Beteiligung des Paul-Ehrlich-Instituts konnten Wissenschaftler eine Alternative entwickeln, die im Zellkulturlabor durchgeführt werden kann, also keine Kaninchen mehr für den Test »verbraucht«.

Wie mühsam das Ganze aber durchzusetzen ist, zeigt die Tatsache, dass die Forscher bereits im Jahr 2000 einen Preis für ihre Arbeit erhielten.[24] Um die Zustimmung der Europäischen Arzneibuchkommission zu erhalten, die die nationalen Rechtsvorschriften über die Herstellung, den Verkehr und den Vertrieb von Arzneimitteln in Europa harmonisieren soll, ist der überzeugende Nachweis erforderlich, dass ein neues, tierversuchsfreies Testverfahren genauso zuverlässig ist wie das alte. Das dauert, wie man sich vorstellen kann, zumal eben bei jeder Entscheidung Interessen von nationalen Unternehmen betroffen sein können. Erst im März 2009 wurde der alternative Test in die amtliche deutsche Ausgabe des Arzneibuchs aufgenom-

24 »Fieber im Reagenzglas statt im Versuchskaninchen« www.pei.de/cln_236/nn_154580/DE/infos/presse/pm/archiv/2000/13.html?__nnn=true, Zugriff 10. 1. 2012

men und erst seit April 2011 ist er in Deutschland verbindlich vorgeschrieben.[25] Zehn bis fünfzehn Jahre braucht es, bis der Alternativtest es schafft, einen traditionellen Tierversuch zu ersetzen …

Auch an vielen anderen Orten wird geforscht, um tierversuchsfreie Entwicklung von Medikamenten zu ermöglichen. So unterhält beispielsweise die deutsche Akademie für Tierschutz ein eigenes Zellkulturlabor. Die Akademie hat es sich zur Aufgabe gemacht, die aussichtsreichen Methoden und Verfahren, die entwickelt wurden, aber ihren Weg in die Praxis noch nicht gefunden haben, marktreif zu machen. Derzeit gehört zu den Projekten der Ersatz des Draize-Tests, der oben schon erwähnt wurde. Anstatt Kaninchen die zu prüfenden Substanzen ins Auge zu träufeln, verfolgt die Akademie zusammen mit der Universität Bremen den Ansatz, aus unsterblichen, menschlichen Augenzellen künstliche Augenhornhaut herzustellen und daran die Verträglichkeit von Substanzen zu prüfen.[26] Das Fraunhofer-Institut arbeitet an der Weiterentwicklung eines dreidimensionalen Organoids (künstliches Organ mit lebenden Zellen).[27] So gibt es in zahlreichen Laboren, Instituten und Unternehmen vielversprechende Ansätze, oft auch bereits fertige Testverfahren, die einen ansehnlichen Anteil der Tierversuche überflüssig machen könnten.

25 Tierschutzbericht der Bundesregierung 2011, S. 20
26 www.tierschutzakademie.de/790.html
27 Fraunhofer-Institut für Grenzflächen- und Bioverfahrenstechnik, www.igb. fraunhofer.de/content/dam/igb/de/documents/broschueren/3_D-Testsys teme_d.pdf, Zugriff 10. 1. 2012

Großverbraucher Grundlagenforschung

Dennoch steigt, wie zu Beginn des Kapitels ausgeführt, die Zahl der Tierversuche kontinuierlich an. Wie kommt das? Ein Grund liegt eben darin, dass es sehr lange dauert, bis tierversuchsfreie Methoden validiert (das heißt, im Vergleich mit den hergebrachten Methoden bewertet) und bestätigt sind. Gerade die Verpflichtung zur EU-weiten Anerkennung und Einführung neuer Verfahren zieht sich über Jahre hin (siehe oben zum Ersatz des Pyrogentests). Aber nicht nur die Dauer der Anerkennungsverfahren ist ein Grund für die gesteigerte Verwendung von Tieren in der Forschung, sondern auch das Gebiet, für das immer mehr Tiere verbraucht werden: die Grundlagenforschung. Gibt es ausgerechnet dort keine Alternativen? Man bedenke: Bei Veränderungsprozessen spielt das Beharrungsvermögen der menschlichen Psyche immer eine große Rolle, Wissenschaftler sind davon nicht ausgenommen. Auch bei ihnen besteht eine Tendenz dazu zu sagen: Das haben wir aber immer schon so gemacht, sprich an Mäusen oder Kaninchen getestet. Und was sich in ihren Augen für die Grundlagen etabliert hat, geben sie halt nicht gern auf.

Grundlagenforschung hört sich sehr edel an und ist sicher in vielerlei Hinsicht auch wertvoll. Gleichwohl muss man zu bedenken geben, dass diese Art der Forschung nicht immer nur auf das Wohl der Menschheit ausgerichtet ist, sondern auch die professionelle Neugier der Wissenschaftler befriedigen und ihrer Reputation in Form von veröffentlichten Studien dienen soll. Die Vereinigung der Ärzte gegen Tierversuche listet in ihrer Datenbank[28] haarsträubende Projekte auf. So findet sich dort die Beschreibung eines Versuchs, bei dem künstliche Herzinfarkte

28 www.datenbank-tierversuche.de/

an Hunden ausgelöst wurden, indem man die Arterie mit Schlingen abband. Wieweit das aussagekräftige Ergebnisse für den Menschen und die Vermeidung von Herzinfarkt bringen kann, leuchtet nicht unmittelbar ein; die Ursachen für menschliche Herzinfarkte sind sehr vielfältig. Ein Beispiel für Arbeiten aus der psychiatrischen Forschung ist ein Versuch mit Ratten, deren Unfähigkeit, Freude zu empfinden, anhand ihrer Reaktion auf Elektroschocks gemessen wird. Die Lektüre dieser Datenbank setzt starke Nerven voraus. Man muss sich immer wieder fragen: Was soll das? Abgesehen von allen anderen Einwänden: Glaubt wirklich jemand, dass nützliche Erkenntnisse über die äußerst komplexe menschliche Psyche entstehen, wenn Ratten, die über 60 Generationen auf depressive Eigenschaften hin gezüchtet wurden, keine Abwehrreflexe gegen Elektroschocks mehr zeigen?

Vertreter der Grundlagenforschung verweisen gern darauf, dass es eben charakteristisch für diese Art der Forschung ist, sich auch den nicht auf der Hand liegenden Fragestellungen zu widmen, und dass sich vieles halt erst nach einer gehörigen Weile in der Praxis anwenden lässt. Mag sein – nur sind die Ergebnisse auch in dieser Hinsicht oft mager. In einer 2005 veröffentlichten Studie hat der Biologe Toni Lindl mit einigen Kollegen 16 biomedizinische Forschungsanträge von drei bayerischen Universitäten geprüft, die wegen der enthaltenen Tierversuche behördlich genehmigt werden mussten. Lindl und seine Kollegen wollten wissen, was sich aus den Versuchen ergeben hat, speziell hinsichtlich der Entwicklung von Verfahren für die Praxis. Die Anträge waren zwischen 1991 und 1993 gestellt worden, explizit mit Hinweisen auf die Möglichkeit neuer Therapien oder klinisch relevanter Erkenntnisse. Und was wurde daraus? »Das Ergebnis war enttäuschend: Es konnten zwar 97 klinisch orientierte Veröffentlichungen ermittelt werden, ... aber nur bei 4 Studien (0,3 %) wurde ein direkter Zusammenhang zwischen den tierexperimentellen Befunden der Antragsteller und den gefundenen Ergebnissen am Menschen hergestellt. Doch selbst hier konnte die im Tierversuch bestätigte Hypothese klinisch nicht in eine neue Therapie am Menschen umgesetzt werden. Entweder war kein therapeutischer Effekt nachweisbar, oder die Befunde am Menschen widersprachen sogar den Ergebnissen am Tier.«[29]

Zusammengefasst: 16 Projekte mit Tierversuchen, von denen auch nach zehn Jahren kein einziger etwas für die Humanmedizin erbracht hat. Selbst wenn diese Projektauswahl nicht repräsentativ ist oder wäre: Auf eine solche Forschung sollte verzichtet werden, und zuerst auf eine solche, die sich anderer Lebewesen im Namen irgendeines undefinierten Fortschritts für die Menschheit bedient und ihnen dabei erhebliche Schmerzen, Leiden und Schäden zufügt. Tiere sind keine Prüfinstrumente oder Messgeräte, die beliebig konstruiert und nach Gebrauch weggeworfen werden könnten. Tiere sind Lebewesen, denen wir mit Respekt begegnen müssen, deren Würde wir achten und die wir nicht zu unserem – vermeintlichen – Nutzen missbrauchen sollten.

Was können Sie tun?

Müssen Sie auf Gesundheit verzichten, wenn Sie sich nach Möglichkeit weigern, Arzneimittel und Kosmetika zu verwenden, bei deren Entwicklung Tierversuche unternommen wurden? Nein, das müssen Sie nicht. Für Kosmetika ist die Frage relativ leicht

---

29 Toni Lindl, Manfred Völkel, Roman Kolar: »Tierversuche in der biomedizinischen Forschung. Eine Bestandsaufnahme der klinischen Relevanz von genehmigten Tierversuchsvorhaben«, in: ALTEX 3/2005, zitiert aus der Zusammenfassung unter www.altex.ch/en/index.html?id=50&iid=76&aid=5, Zugriff 10.1.2012

zu beantworten. Verschiedene Verbände haben Positivlisten von Firmen erstellt, die Kosmetika produzieren, die ohne Tierversuche entwickelt und hergestellt wurden. Unter anderem auf den Internetseiten der Tierschutzverbände in Deutschland, Österreich und der Schweiz finden sich solche Listen oder die Bestellmöglichkeiten dafür.[30]

Wenn wir Tierversuche ablehnen, müssen wir dann auf Arzneimittel verzichten und gibt es überhaupt Alternativen zu Klinikaufenthalten und den zahlreichen am Tier erprobten Behandlungsmethoden? Die gibt es, und zwar allein schon dadurch, dass wir uns wesentlich mehr um die Stärkung unserer Gesundheit kümmern als um das Bekämpfen von Krankheiten. Grundlegend neu ist für viele die Auffassung, wonach gesunde, naturnah und tiergerecht hergestellte Lebensmittel eigentlich als unsere »Medikamente« betrachtet werden können. Gesundes Essen mit viel frischem Obst und Gemüse, wir wissen es, versorgt uns praktisch mit allem, wonach sich der Körper sehnt. Fastenkuren und Meditation verstärken die Wirkung, und regelmäßige Bewegung setzt die Krankheitsanfälligkeit deutlich herab.

Falls Hausmittel und schonende Alternativen und Aufbaupräparate wirklich nicht mehr weiterhelfen und die Einnahme von Medikamenten unabwendbar erscheint, so bieten sich homöopathische Produkte an. Zwar gibt es auch unter ihnen solche tierischen Ursprungs, etwa von Schweinen, Kröten, Tintenfischen oder Bienen. Der Großteil der homöopathischen Wirkstoffe jedoch entstammt dem Pflanzen- und Mineralreich.

30 www.tierschutzbund.de; www.tierschutzverein.at; www.tierschutz.com

Traditionelle Methoden der Naturwissenschaften und der Schulmedizin werden nicht mehr so akzeptiert wie noch vor wenigen Jahrzehnten. In der abendländischen Schulmedizin werden Krankheiten vor allem als physikalisch, chemisch oder biochemisch erklärbare Veränderungen im Körper betrachtet, die in »Tiermodellen« analysiert und chemisch-medikamentös behandelt werden. Aufgrund einer kontinuierlich zunehmenden Zahl von Menschen, die diesen Verfahren kritisch gegenüberstehen, werden alternative, tierversuchsfreie Heilmethoden mehr beachtet, auch wenn sie in der Regel von der Wissenschaft nicht durchgängig akzeptiert werden. Während die meisten herkömmlichen Medikamente darauf ausgerichtet sind, Krankheitssymptome zu beseitigen (eine Ausnahme bilden präventive Arzneimittel gegen Infektionskrankheiten), erforschen andere Denkrichtungen, wie beispielsweise die Ganzheitsmedizin, die Naturheilkunde oder die traditionelle Medizin Indiens, Chinas oder Tibets, eher die Ursachen von Krankheiten (Suchtverhalten, Stress, Bewegungsarmut, falsche Ernährung etc.).

Allerdings ist die Traditionelle Chinesische Medizin (TCM) unter tierschützerischen Gesichtspunkten kein Vorbild, auch wenn sie den klassischen Tierversuch nicht kennt. Verschiedene Tierarten wurden in den letzten Jahrzehnten für ostasiatische Heilmethoden nahezu ausgerottet (wie etwa der Tiger und das Nashorn) oder werden für fragwürdige medizinische Anwendungen missbraucht. Zu denken ist beispielsweise an die über 10 000 Braunbären, die in staatlichen chinesischen Farmen unter schrecklichen Bedingungen als Gallensaftlieferanten dahinvegetieren.

Alles in allem kann jeder Einzelne seinen kleinen, aber wichtigen Beitrag zu einer Abkehr von Tierversuchen leisten. In seinem Handeln dadurch, dass er sich mehr der Stärkung seiner

Gesundheit als der Bekämpfung der Krankheit widmet. An erster Stelle stehen dabei gesunde Ernährung, Bewegung und Lebensführung – was auch wissenschaftlich anerkannt ist. Medikamente sollten erst eingenommen werden, wenn bei aufkommenden Krankheitssymptomen schonendere Haus- und pflanzliche oder mineralische Mittel versagt haben. Bei der Wahl der Medikamente sind solche pflanzlichen und mineralischen Ursprungs gegenüber solchen tierischer oder rein chemischer Herkunft vorzuziehen. Auch bedeutet es schon einen großen Schritt der Selbsterkenntnis, nicht stets »Ja zum Produkt« und »Nein zur Produktion« zu sagen. Und bei einem Klinikaufenthalt, einer Schönheitsoperation oder einem chirurgischen Eingriff sollte man solche Methoden, weil höchstwahrscheinlich am Tier getestet, nach Möglichkeit meiden.

Persönlich habe ich einen solchen Perspektivenwechsel hin zu mehr Achtung vor der tierlichen Würde selbst erlebt und nach Möglichkeit umgesetzt. Ich fühle mich pudelwohl dabei.

Frage 7

Was Tieren guttut:
Muss man Sadist sein,
um Tiere zu quälen?

Nahezu alle Menschen empfinden eine natürliche, aus ihnen selbst heraus entwickelte Empathie für Tiere. Wir fühlen uns zu ihnen hingezogen – mehr oder weniger jedenfalls, die Unterschiede unserer Zuneigung haben wir schon in Kapitel 2 behandelt. Grundsätzlich wenden sich die meisten Menschen Tieren zu, sie suchen ihre Nähe, wollen sie in ihr Leben einschließen. Je mehr wir uns von einem »natürlichen« Dasein entfernen, also in zugepflasterten Städten und Hochhäusern aus Beton und Zement leben, desto mehr scheint uns danach zu verlangen, die Verbindung zur Natur aufrechtzuerhalten. Und für viele Menschen reicht es nicht aus, gelegentlich einen Spaziergang im Park zu unternehmen. Sie wollen mehr: ein Lebewesen, das sich auf sie einlässt und mit ihnen in irgendeiner Form kommuniziert. In Deutschland, Österreich und in der Schweiz kommt auf fast jeden dritten Einwohner ein Tier.[1] In Deutschland lebt in 30 Prozent der Haushalte mit über sechzigjährigen Personen ein Tier. Absolute Spitzenreiter sind Katzen mit 8,2 Millionen, danach folgen mit jeweils 5,3 Millionen Hunde und Kleintiere.

Goldener Käfig:
artwidrige Haltungsbedingungen in Privathaushalten

Wer mit Tieren aus professionellem Gründen (zum Beispiel als Tierpfleger) umgeht oder wer mit der Haltung von Tieren einen wirtschaftlichen Zweck verfolgt, muss bestimmte Vorschriften

---

1 Laut Zentralverband zoologischer Fachbetriebe Deutschlands lebten 2010 22,3 Millionen Heimtiere in deutschen Haushalten; dazu kamen 2 Millionen Zierfische, 2,2 Millionen Fische in Gartenteichen und 0,4 Millionen in Terrarien. In Österreich sind es 2,9 Millionen und in der Schweiz 2,8 Millionen Heimtiere. www.zzf.de/dateiarchiv/Der_deutsche_Heimtiermarkt_2010_final.pdf, Zugriff 10. 1. 2012

einhalten, er unterliegt besonderen gesetzlichen Bestimmungen. Wie wir schon gesehen haben, funktionieren diese Bestimmungen nicht immer optimal bzw. lässt ihre Durchsetzung zu wünschen übrig. Aber immerhin gibt es den Versuch, diese Art der Mensch-Tier-Beziehung zu regeln und die Tiere zumindest in gewissem Umfang zu schützen. Für die Haltung von Heimtieren gibt es einige Vorschriften im Europäischen Übereinkommen zum Schutz von Heimtieren und im Rahmen der nationalen Tierschutzgesetze Deutschlands, Österreichs und der Schweiz. Das ist allerdings nicht viel. In Deutschland beispielsweise verlangt der Paragraph 2 zwar, dass jeder Tierhalter das Tier seinen Bedürfnissen entsprechend ernähren und pflegen soll, die artgemäße Bewegung darf nicht so eingeschränkt werden, dass dem Tier Schmerzen oder vermeidbare Leiden zugefügt werden. Außerdem sollte der Halter über die erforderlichen Kenntnisse verfügen. Aber, und das ist ein ganz großes Aber: Faktisch ist es so, dass sich quasi jeder, der über das erforderliche Geld verfügt, einen Hund oder eine Katze oder sonst ein Tier kaufen kann, um es als Heimtier bei sich zu halten. Er benötigt weder den Nachweis einer Schulung noch sonst wie erworbener Kenntnisse über Wesensart der Rasse oder Bedürfnisse des Tieres, das er sich anschaffen will. Beschränkungen gibt es höchstens aus anderen Rechtsbereichen, etwa durch einen Mietvertrag, der die Haltung von Tieren verbietet. Die Vorschriften des Tierschutzgesetzes kommen im Grunde erst dann zum Zuge, wenn etwas passiert ist, wenn jemand wegen Misshandlungen auffällig geworden ist oder einen überforderten Eindruck erweckt (wie wir beim Animal Hoarding gesehen haben). In der Schweiz wird seit 2008 immerhin ein sogenannter Sachkundenachweis für die Hundehaltung verlangt, der die Kenntnis von Basiswissen erfordert. Dieser setzt den Besuch einer Hundeschule für Ersthalter grundsätzlich voraus und auch theoretische Kenntnis zum Tier im Recht.

Wenn man einmal genau hinschaute und wenn man das deutsche Tierschutzgesetz streng auslegte, dann dürfte es beispielsweise so gut wie keine Aquarien in Privathaushalten geben. Paragraph 2, Abs. 1 etwa verlangt, das Tier verhaltensgerecht unterzubringen. Das wird mit einem Becken von 60 × 30 × 30 cm (das ist sozusagen die Anfängerklasse) kaum je zu erreichen sein. Und auch nicht mit ein paar Kubikzentimeter mehr. Aber ebenso wenig dürften 5,3 Millionen Kleintiere in den Haushalten leben. Und es dürfte keine Hundebesitzer geben, die mit ihrem Weimaraner bis zur nächsten Straßenecke gehen und umkehren, sobald er sein Geschäft erledigt hat. Oder Katzen, die ständig über viele Stunden ohne Gesellschaft sind. Oder oder oder ... Heißt das nun, dass ich gegen Heimtiere bin, dass ich Menschen den Kontakt mit Tieren verbieten will? Keineswegs. Aber es heißt Folgendes: Tiere sind Lebewesen, die einen eigenen Daseinszweck und eine ihnen innewohnende Würde haben. Und ihr Daseinszweck besteht nicht darin, uns als Gesellschafter, als ästhetisches Objekt, als pädagogische Hilfsmaßnahme oder als Unterstützung bei unserer Selbstdarstellung zu dienen. Das muss man sich noch einmal klarmachen, ehe man in das Leben eines Tieres massiv eingreift – und das tun wir, wenn wir ein Tier etwa von seinen Artgenossen trennen und es in unser Wohnzimmer holen.

Wie ich an anderer Stelle schon ausgeführt habe: Unsere intuitive Zuneigung zu einem Tier ist wertvoll, sie ist ein Teil unseres Menschseins. Aber sie ist kein Garant dafür, dass wir seine Bedürfnisse wirklich erkennen und es entsprechend behandeln. Und darum muss es uns gehen, wenn wir ein Tier in unseren Haushalt nehmen wollen (worin ich auch Erweiterungen wie Pferdeställe und Ähnliches einschließe). Ein Beispiel: Meerschweinchen sind sehr beliebt in Haushalten mit

Kindern. Die Tiere sind klein, sie sind knuddelig, man kann sie in Urlaubszeiten gut versorgen lassen, die Kinder können mit ihnen spielen und lernen dabei, was Verantwortung heißt, weil sie sie regelmäßig füttern und den Käfig säubern müssen. Stimmt's? Nein. Die Wahrheit ist: Meerschweinchen gehören zu den am meisten missverstandenen Heimtieren. Sie sehen süß und plüschig aus, sind aber ursprünglich Wildtiere, und zwar Fluchttiere. Das bedeutet, dass sie ein ausgeprägtes Schutzbedürfnis haben und Bewegung brauchen. In einem Käfig, der in einer Ecke des Kinderzimmers steht, ist es mit der Bewegung jedoch nicht weit her. Die natürlichen Feinde von Meerschweinchen sind Greifvögel – und Meerschweinchen fürchten diese Attacken von oben auch in Gefangenschaft. Jedes freundliche Beugen über das Tier, um es zum Spielen aus dem Käfig zu holen, bedeutet erheblichen Stress. Und dass es sich beim Streicheln lang und flach hinlegt, ist kein Ausdruck von Genuss, sondern der Versuch, den vermeintlichen Angreifer zu täuschen, indem es sich totstellt. Gut für diese Tiere wäre also, wenn man sie möglichst selten streichelte, wenn sie ein großes Außengehege mit zahlreichen Tarn- und Versteckmöglichkeiten hätten und vor allem mindestens einen Partner, denn Meerschweinchen sind gesellig lebende Tiere. Doch wenn man das alles berücksichtigen will, wird es gleich viel schwieriger, sich so ein Tier zu halten – welcher Stadthaushalt kann das schon bieten, und welches Kind freut sich an einem puscheligen Tier, das es knutschen will, aber möglichst nicht anfassen soll?

Ich will hier keine verhaltensbiologische Lektion abliefern, und ich will auch nicht alle Halter von Meerschweinchen verurteilen. Doch bereits diese wenigen aufgeführten Punkte zeigen, dass sich Meerschweinchen nicht als lebendes Spielzeug für Kinder eignen. Vorausgesetzt, man will die Tiere würdig und artgerecht, also ihrem Wesen entsprechend, halten und versorgen. Und das ist meiner Ansicht nach der Maßstab, an dem sich jede Art der Tierhaltung orientieren müsste.

Lebender Schmuck und niedliche Accessoires:
Tiere als Mittel der modischen Selbstinszenierung

In der Realität ist es jedoch häufig so, dass nicht gefragt wird: Was braucht das Tier? Sondern: Was möchte ich? Wozu brauche ich das Tier? In vielen Fällen dient es der Erweiterung und Verstärkung der eigenen Persönlichkeit. Diese unterliegt Einflüssen von außen und modischen Trends, weshalb es zum Beispiel ein Auf und Ab bei der Beliebtheit von Hunderassen gibt. Wer in sein wollte, erwarb in den achtziger Jahren einen Bobtail und in den neunzigern einen Golden Retriever. Paris Hilton löste vor einiger Zeit eine Nachfrage nach Chihuahuas aus, da man sie bei allen möglichen öffentlichen Auftritten mit ihrem Hündchen Tinkerbell sah. Anscheinend dachten viele Menschen, dass ein bisschen von Hiltons Glamour auf sie überginge, wenn sie ebenfalls einen Hund dieser Rasse besäßen. Und natürlich machten sie sich keine Vorstellungen davon, dass man diese Hunde nicht einfach in eine Handtasche packen und mit sich herumtragen kann, sondern dass sie anspruchsvoll in der Haltung sind, häufig erkranken und eine Menge Kosten verursachen. Als Paris Hilton sich von Tinkerbell trennte, kam eine Welle von »überflüssigen« Chihuahuas auf die Tierheime zu, vor allem in Kalifornien.

Im Zeitalter der Globalisierung überspringt jeder Trend Ländergrenzen und breitet sich weiträumig aus – mit allen unangenehmen Folgen, die man sich vorstellen kann. Steigt die Nachfrage nach Modetieren, müssen schnell mehr von ihnen »produziert« werden, was zu Lasten ihrer Gesundheit geht. Verantwortungsvolle Züchter lassen ihren Tieren Zeit, das heißt, weibliche Tiere müssen nicht ständig werfen, und die Welpen bleiben lange genug bei der Mutter, um sich in Ruhe zu entwickeln. Die Züchter geben viel Geld aus, um ihre Tiere optimal zu versorgen, auch medizinisch, und sie schauen sich die Interessenten für ihre Tiere genau an, um zu erfahren, ob sie dort gut aufgehoben wären. Wer jedoch auf schnelles Geld aus ist, spart sich von diesen Anstrengungen das meiste, gibt die Welpen schon früh und unsozialisiert ab und macht mit unerfahrenen Käufern seinen Gewinn. Auf die Tiere wird überhaupt keine Rücksicht genommen. Mit absurden, besser gesagt erschreckenden Begleiterscheinungen: So kann man Chihuahuas angeblich sogar übers Internet direkt zu sich nach Hause bestellen.[2]

Wer einen Hund erworben hat, kann ihn – damit man noch besser zueinander passt – nach allen Regeln der (menschlichen) Kunst ausstatten. Das Angebot übersteigt jede nur durchschnittlich ausgeprägte Phantasie: Haarspangen mit Seidenschleifchen, Halsbänder mit Swarovski-Steinen, Bekleidung »trendy und modisch«, Hundeschlips oder -kragen zum Smoking für festliche Anlässe, Hunde-Bademäntel wie Sweet Spa in Pink oder Blau und was man sonst so braucht. Damit nichts den guten Eindruck stört, werden auch Tränenfleckentferner angeboten, die die oft unschönen Verfärbungen vor allem auf hellem Fell rund ums Auge tilgen. Für appetitlich frischen Atem sorgt unter anderem das Pflegeset »KissAble«, bestehend aus Zahnbürste und Zahncreme, ausschließlich aus natürlichen Substanzen her-

2 oe3.orf.at/aktuell/stories/216065, Zugriff 16. 11. 2011

gestellt und mit angenehmem Vanillearoma.[3] Für die tiefergehende Entspannung kann man auf Angebote der Doggy-Wellness zurückgreifen wie Pfotenreflexzonen-Massage[4], energetische Ganzkörpermassage[5] und Ähnliches, damit der Hund auch mal mit der Seele baumeln kann. Beim Studium der Programme und Schnupper(!)-Pakete ist Konzentration erforderlich, da man sonst kaum noch durchschaut, welches Angebot für Zwei- und welches für Vierbeiner gedacht ist: »Sie wollen Ihrem treuen Freund ein paar herrliche Urlaubstage bereiten und ihn mit der Hundewellness ... überraschen? Nutzen Sie die unverbindliche Anfrage für ein besonderes Geschenk an Ihren treuen Freund ...«[6] Ich will es dabei bewenden lassen, aber glauben Sie mir, man könnte Seiten damit füllen, das Gebiet ist unerschöpflich. Wenn man einmal mit der Recherche angefangen hat, verliert man sich im Uferlosen. Sicher ist alles gut gemeint, auf jeden Fall von den Hundehaltern, doch was bedeutet das für das Tier? Für den Mops, dem zum Dinner ein Schlips umgebunden wird? Für den Pinscher, der täglich in Magnolienessenz gebadet wird?

Meine Kollegen und ich haben uns stets für die Anwendung des Grundsatzes »Tiere sind keine Sachen« engagiert, um das Tier in der Gesetzgebung und Rechtsprechung besserzustellen. Es scheint aber doch auch nötig zu sein, immer wieder klarzumachen: »Tiere sind keine Menschen.« Sie haben eine Seele, aber keine, mit der man im Sinne Tucholskys oder gar der Wellness mal baumeln müsste. Tiere müssen gut behandelt werden, dafür

3 www.canidimondo.de/beauty-und-wellness/extrabeauty-und-co./665/zahn pflege-set-kiss-able, Zugriff 16. 11. 2011
4 www.villa-mv.de/index.php?sp=de&tid=63, Zugriff 16. 11. 2011
5 www.hunde-urlaub.net/wellness-mit-hund/, Zugriff 16. 11. 2011
6 pension-gruber.com/hundewellness-gastein.de.htm, Zugriff 16. 11. 2011

braucht es aber keine Zahnpasta mit Vanillearoma, sondern es erfordert eine artgerechte Haltung, die den Hund Hund sein lässt. Das zu akzeptieren und auch in der Realität zu tun, scheint nicht bei jedem Hundehalter an erster Stelle zu stehen. Näher liegt es offenbar zu glauben, dass der Hund rosa Bademäntel genauso süß findet wie man selbst – unschwer zu erkennen, wessen Bedürfnisse hier im Vordergrund stehen. Die dürfen aber nicht der Maßstab sein.

Krankmachende Zuchtideale

Eine andere Art der Instrumentalisierung aus Imagegründen begegnet uns im Rahmen der Rassehundezucht. Hundezucht, das heißt die geplante Vermehrung von Hunden mit bestimmten Merkmalen, gibt es schon lange Zeit. Im Mittelalter beispielsweise wurden Hunde gezüchtet, die sich gut für die Jagd verwenden ließen. Seit dem 19. Jahrhundert kennt man Hundeschauen, auf denen die Schönheit eines Tieres im Sinne bestimmter Rassemerkmale – Körperbau, Fell, Charaktereigenschaften etc. – bewertet und prämiert wird. Champions sind als Zuchthündin bzw. Deckrüde begehrt, weil bei ihnen die erwünschten Rassemerkmale am deutlichsten ausgeprägt sind und man deren Weitergabe von ihnen am sichersten erwarten kann. Welche Eigenschaften das jeweils sind, legen bestimmte Verbände fest. Sie führen Zuchtbücher, in denen Stammbäume, Beschreibungen der Würfe, Datumsangaben, Siegertitel und vieles mehr verzeichnet wird. Züchter, die von den Verbänden anerkannte und damit preislich höherwertige Tiere ausstellen und anbieten wollen, müssen in den Zuchtbüchern registriert sein. Natürlich darf auch jeder andere Mensch Hunde züchten, er kann aber dann nicht damit werben, dass seine Tiere vom Verband anerkannt sind, und gilt als Hobbyzüchter. Ähnlich ist die Zucht von Edelkatzen organisiert.

Was bringt das Ganze? Sicher ist von Vorteil, dass es verbindliche Regeln gibt, an die sich Züchter halten müssen, um anerkannt zu sein, also beispielsweise an den einzuhaltenden zeitlichen Abstand zwischen zwei Würfen oder generelle Bedingungen der Tierhaltung. Dem gegenüber stehen die Nachteile, die sich aus einem weitverbreiteten, organisierten Ehrgeiz und der Kommerzialisierung ergeben. Das betrifft sicher nicht alle Mitglieder eines Verbands bzw. nicht jeden verbandlich organisierten Tierhalter, aber doch etliche und vor allem das System insgesamt. Denn Ziel dieser Rassereinheitsregeln ist, besondere Merkmale, die einigermaßen willkürlich bestimmt werden, zu betonen, und nicht in erster Linie die Gesundheit der Tiere und ihre Sozialverträglichkeit. Das hat Folgen. So werden männliche Tiere, die wegen bestimmter Merkmale zu Champions gekürt wurden, besonders häufig zur Zucht eingesetzt, der Genpool innerhalb der Rasse wird dadurch also kleiner, genetische Defekte verbreiten sich rascher. Die genetische Bandbreite innerhalb der Rasse nimmt ab, was zu einer höheren Anfälligkeit gegenüber Krankheiten und Schäden aller Art führt. Darüber hinaus werden den Tieren manchmal Eigenschaften angezüchtet, die physiologisch unsinnig sind und den Tieren ernsthafte Beschwerden, ja sogar Behinderungen eintragen. Betroffen sind vor allem die Modetiere. Der Rhodesian Ridgeback zum Beispiel: Das auffälligste Merkmal dieser aus Südafrika stammenden Hunderasse ist der Kamm (»ridge«) aus gegenläufig wachsenden Haaren am Rücken. Es handelt sich dabei um eine milde Form des offenen Rückens, einem Spalt in der Wirbelsäule (Spina bifida). Durch züchterische Konzentration auf dieses Merkmal verstärkt sich dieser Defekt, was unter anderem zu Dermoidzysten führen kann, das sind Hauteinstülpungen, die bis in den Wirbelkanal reichen. Sie können Lähmungen der Hinterbeine oder auch Entzündungskrankheiten wie Meningitis verursachen.[7] Man fragt sich: Wie kann ein offener Rücken samt krankhafter Begleiterscheinungen zum Schönheitsideal werden? Wieso muten Hundefreunde ihren Tieren das zu? Natürlich ist das nicht, tierfreundlich schon gar nicht.

Auch andere Rassen haben durch die Zucht auf bestimmte Schönheitsideale große Probleme, etwa die brachyzephalen Hunderassen. Dabei handelt es sich um die kurzschädeligen wie beispielsweise Mops, Englische Bulldogge oder Pekinese. In den letzten Jahrzehnten sind sie auf eine weitere Verkürzung des Schädels, insbesondere der Nase gezüchtet worden, weil das angeblich das Charakteristische sei. Der Effekt: Oft haben sie extreme Atemschwierigkeiten. Es gibt kaum Möpse, die nicht spätestens ab dem fünften Lebensjahr unter ständiger Atemnot leiden. Häufig müssen sie dann operiert werden, was aber immer mit Risiken verbunden ist. Und natürlich keine Lösung des eigentlichen Problems darstellt, nämlich dass das falsche Zuchtideal verfolgt wird. Noch vor rund hundert Jahren war der Mops mopsfidel – unter anderem wegen seiner noch vorhandenen Nase.[8]

---

7 Bundesministerium für Ernährung, Landwirtschaft und Verbraucherschutz: Gutachten zur Auslegung von § 11b des Tierschutzgesetzes (Verbot von Qualzüchtungen), 26. Mai 2005, S. 20, www.bmelv.de/SharedDocs/Downloads/ Landwirtschaft/Tier/Tierschutz/GutachtenLeitlinien/Qualzucht.pdf;jsessio nid=5CFFB0E30D46F7767FA52921C1E98CB8.2_cid229?__blob=publication File, Zugriff 16. 11. 2011

8 www.kleintierpraxis-journal.de/newsletter/2011/newsletter-20110614.htm, Zugriff 16. 11. 2011

Ein anderes Beispiel für die züchterische Betonung von Defekten, die zu gesundheitlichen Beeinträchtigungen der Tiere führen, sind Englische Bulldoggen. Auch sie haben massive Atemprobleme, das heißt, sie geraten selbst bei geringen Anstrengungen schon außer Puste, manche Exemplare können nicht einmal normal stehen, ohne zu hecheln. Dazu kommt, dass sie nicht nur zu kurze Nasen haben, auch ihre Läufe sind häufig sehr kurz und die Becken sehr eng. Das führt zu massiven Problemen beim Geschlechtsakt. Die Rüden schaffen es nicht, die Hündinnen zu bespringen, sondern müssen »abgesamt« werden, meist vom Tierarzt. Mit diesem Samen wird eine Hündin bzw. werden mehrere weibliche Tiere befruchtet. Die Hündinnen sind häufig zu einer normalen Geburt nicht mehr in der Lage, weil die Schädel der Embryos im Verhältnis zum mütterlichen Becken zu groß sind – also wird per Kaiserschnitt entbunden.[9] Kann man das als normal bezeichnen? Zuchtkriterien, die ja dem Zweck der Vermehrung bestimmter Eigenschaften dienen sollen, verursachen die Unfähigkeit der Tiere, sich selbst und auf natürlichem Wege zu vermehren! Der Fachbegriff für solche defekterzeugenden Strategien lautet »Qualzucht«, und genau darum handelt es sich auch. Zucht, die für die Tiere eine Qual bedeutet. Ich glaube, ein solches System entlarvt sich selbst. Sehr zu bedauern ist, dass sich auch Tierärzte an diesen Entwicklungen beteiligen.

Das Tierschutzgesetz enthält zwar einen Abschnitt, der solche Entwicklungen untersagt: »Es ist verboten, Wirbeltiere zu züchten oder durch bio- oder gentechnische Maßnahmen zu verändern, wenn damit gerechnet werden muss, dass bei der Nachzucht, den bio- oder gentechnisch veränderten Tieren selbst oder

9 www.wdr.de/tv/diestory/sendungsbeitraege/2011/0822/hunde.jsp, Zugriff 16. 11. 2011

deren Nachkommen erblich bedingt Körperteile oder Organe für den artgemäßen Gebrauch fehlen oder untauglich oder umgestaltet sind und hierdurch Schmerzen, Leiden oder Schäden auftreten.«[10] Eigentlich relativ klar, doch die Umsetzung ist mangelhaft bzw. die Ahndung von Verstößen unzureichend. Auch fehlen Tieranwälte, die in Strafverfahren gegen die Züchter deren Tiere als Opfer mit Nachdruck und Biss vertreten können. Die Sachverständigengruppe Tierschutz und Heimtierzucht im Bundesministerium für Ernährung, Landwirtschaft und Verbraucherschutz hat 2005 ein Gutachten zur Auslegung dieses Paragraphen veröffentlicht.[11] Es ist eine niederschmetternde Lektüre, da deutlich wird, wie sehr selbsternannte Genetikexperten in den Verbänden und unter den Züchtern den einzelnen Tieren und der Rasse insgesamt schaden. Denn Genetik ist eine komplizierte Angelegenheit. Bestimmte Eigenschaften liegen zusammen mit anderen physiologischen Eigenschaften auf einem Gen (das ist sehr laienhaft ausgedrückt, soll aber hier für die Verdeutlichung des Folgenden genügen); wird ein bestimmtes Merkmal weggezüchtet, können auch andere notwendige Eigenschaften dabei verlorengehen.

Das Gutachten führt eine lange Liste von Heimtieren auf, denen durch irregeleiteten Züchterehrgeiz schwer geschadet wird. Zum Beispiel die Manxkatze, die durch Mutation stummelschwänzig ist. Durch Zucht wird dieses Merkmal betont und bis zur Schwanzlosigkeit gesteigert. Das für sich genommen ist schon eine Barbarei, denn der Schwanz dient jeder Katze als Balancierhilfe beim Laufen und Springen, er ist außerdem ein wichtiges Kommunikationsmittel für sie. Manxkatzen haben darüber hin-

---

10 www.gesetze-im-internet.de/tierschg/__11b.html, Zugriff 16. 11. 2011
11 www.bmelv.de/SharedDocs/Downloads/Landwirtschaft/Tier/Tierschutz/ GutachtenLeitlinien/Qualzucht.html, Zugriff 17. 11. 2011

aus oft Wirbelmissbildungen, die Probleme in der Hinterhand verursachen und damit das Laufen erschweren. Das Ausmaß der Defekte hängt von der Länge bzw. Kürze des Schwanzes ab. Neurologische Ausfälle und Deformationen der hinteren Beine gibt es ebenfalls, Defekte an der Wirbelsäule und an der Rückenmarksumhüllung führen zu einem hoppelnden Gang wie bei einem Kaninchen.[12] Nach dem Tierschutzgesetz müsste die Züchtung von schwanzlosen Manxkatzen als verboten gelten. Dennoch wird es getan, und sie werden auch im Internet zum Kauf angeboten.

Ein anderes Beispiel stammt aus der Welt der gezüchteten Ziervögel: Das Erscheinungsbild der sogenannten frisierten (im Gegensatz zu den glatten) Positurkanarien entsteht durch zahlreiche Wirbel im Kleingefieder. Bei dieser Rasse treten häufig Anomalien bei den Krallen auf, sie sind verkrümmt (Korkenzieherkrallen) oder wachsen in die falsche Richtung. Dadurch werden sie nicht richtig abgenutzt, entwickeln also Überlängen, mit denen die Vögel im Geäst hängenbleiben. Bei anderen Positurkanarien, etwa dem Yorkshire-Kanarienvogel, wird das Gefieder oft besonders lang gezüchtet. Genetisch ist das mit einer ausgeprägten Neigung zu Augenkrankheiten wie grauem Star oder Erblindung verknüpft.[13] Es sollten daher immer nur Paare gebildet werden, bei denen nicht beide die dominanten Gene für langes Gefieder besitzen.

Das Gutachten ist voll von solchen Beispielen. Es verlangt in der Schlussfolgerung die Festlegung von Zuchtzielen, die keine Schäden oder Leiden verursachen. Nicht die sogenannten

12 ebd., S. 37, Zugriff 17. 11. 2011
13 ebd., S. 104, Zugriff 17. 11. 2011

schönsten oder ausgeprägtesten Einzelexemplare einer Rasse sollen prämiert und zur Zucht verwendet werden, sondern die gesündesten. Die Rasse insgesamt soll im Fokus stehen, nicht das einzelne Tier. Die klare Leitlinie lautet: »Die Artgemäßheit ist das oberste Bewertungskriterium.«[14] Überdies sollten Tiere in ihrem würdevollen Aussehen eher unterstützt als lächerlich gemacht werden. Gewiss, Tierschützer würden das sofort unterschreiben. Aber Tierzüchter und Tierhalter, die ihre Tiere ja auch lieben (irgendwie jedenfalls), sehen das oftmals nicht ganz so streng. Da steht dann doch etwas anderes im Vordergrund: der Wunsch nach Prestigegewinn, die Idee, etwas »Außergewöhnliches« zu tun oder haben zu wollen. Was auch immer es ist – diese absichtliche Vernachlässigung des Anspruchs auf Unversehrtheit kann für das Tier fatale Folgen haben. Zu einer verantwortungsvollen Zucht gehört, dass nur gesunde Tiere gehalten und gezüchtet werden, dass sich die Züchter durch Ausbildungen, Fachliteratur und Kontakte das notwendige Wissen aneignen und sich – auch selbstkritisch – mit den Problemen rund um die Zucht befassen. Ebenso müssen sie ein optimales Umfeld für eine richtige Haltung und gute Umgebungsbedingungen schaffen, und viel Geduld ist erforderlich.

Exotik: Tiere am falschen Ort

Eine besondere Herausforderung stellt die Haltung von »exotischen« Tieren dar. »Exotisch« ist keine Kategorie der Zoologie, sondern ein häufig benutzter Ausdruck, unter dem Tiere zusammengefasst werden, die nicht als Heimtiere gesehen werden. Es sind auf jeden Fall nicht domestizierte Arten, häufig solche, die

14 ebd., S. 112, Zugriff 17. 11. 2011

aus weit entfernten Ländern mit speziellen Klimabedingungen stammen. Zu den Exoten gehören Reptilien, Amphibien, Fische, Vögel wie Papageien und auch Säugetiere wie Chinchillas oder Wildkatzen. Sie stammen entweder aus hiesigen Nachzuchten oder häufig auch aus Fängen in ihren Ursprungsländern. Die Motive der Halter solcher Tiere sind sicher sehr unterschiedlich. Mancher mag sich an der Farbenpracht von Bewohnern tropischer Urwälder erfreuen, die ihn an Urlaub erinnern, ein anderer das Fremdartige einer asiatischen Schildkröte bewundern und viele Menschen verspüren vielleicht einfach nur den Wunsch, etwas ganz Besonderes, Seltenes zu besitzen. Was auch immer der ausschlaggebende Grund sein mag: Die Haltung von Exoten ist für Privatpersonen meiner Ansicht nach in der Regel nicht so möglich, dass man von einer artgerechten Behandlung sprechen kann.

Exoten stellen – häufig enorme – Ansprüche hinsichtlich klimatischer Umstände, Beschaffenheit der Umgebung, Ernährung und sozialer Bedingungen. Man benötigt fundierte naturwissenschaftliche Kenntnisse, um diese Ansprüche überhaupt zu erfassen, und man braucht eine Menge Zeit und Geld, um dann eine Umgebung zu schaffen, die diese Bedingungen auch nur annähernd nachahmt. Beispiel Terrarien: Einige Arten, wie etwa wechselwarme Reptilien, benötigen sowohl ausgedehnte Sonnenbäder als auch schattige Plätze; manche Arten, wie Geckos, sind Revierverteidiger und daher unter Dauerstress, wenn zu viele Tiere zusammenleben müssen; wiederum andere leben normalerweise in einem Sozialverband, wie Meerschweinchen und die meisten gängigen Ziervögel, also nicht nur mit einem gegengeschlechtlichen Partner zusammen, sondern in einer altersmäßig gemischten, stark hierarchisierten Gruppe; viele sind sogenannte Futterspezialisten, das heißt, sie weisen einen speziellen Ernährungsbedarf auf, den man hierzulande mit Ersatzfutter nur schwer erfüllen kann. Manche Schlangen sind auf Lebendfutter angewiesen. Sicherlich unternehmen viele Halter erhebliche Anstrengungen, um ihren Tieren die richtige Umgebung zu bieten. Doch selbst bei größtmöglichem Einsatz kann man davon ausgehen, dass keine Anlage in einem Privathaushalt dem Leben im Ursprungsraum nahekommt. Ein natürliches Biotop entsteht aufgrund unendlich vieler Faktoren, die auf keinen Fall hundertprozentig nachgeahmt werden können. Und es ist außerdem ein »atmendes System«. Das heißt, es verändert sich ständig. Darüber hinaus ist es anderen Naturereignissen ausgesetzt (ungewöhnlich heftigen Stürmen, unüblichen Trocken- oder Regenzeiten etc.) und passt sich permanent an die dadurch neu geschaffenen Bedingungen an.

Viele Tiere kommen hier auf den Markt, obwohl das nicht sein dürfte, weil sie entweder unter Artenschutz im Sinne des Washingtoner Artenschutzabkommens (CITES) stehen oder anderen Schutz genießen. Beispiel Schnappschildkröte: Nach Paragraph 3 der deutschen Bundesartenschutzverordnung[15] besteht ein Besitz- und Vermarktungsverbot. Trotzdem kann man sie übers Internet oder auf Börsen erwerben. Dass manche Besitzer dieser Tiere überdrüssig werden, wenn sie vom Jungtier zu einem 30 Kilogramm schweren, extrem aggressiven Tier ausgewachsen sind, belegen immer wieder Meldungen in der Presse. Sie handeln dann meist von heiklen Situationen, in denen Spaziergänger oder Angler überraschend auf ein solches Exemplar trafen. Meist geht es glimpflich aus, aber so eine Schnappschildkröte kann einem durchaus den Finger abbeißen, bei Kindern noch gravierendere Verletzungen verursachen. Nun kann man

15 www.gesetze-im-internet.de/bundesrecht/bartschv_2005/gesamt.pdf, Zugriff 21.11.2011

dem Tier keinen Vorwurf machen, es verhält sich halt so, wie es seine Natur ist. Aber dem Besitzer kann man Vorhaltungen machen, denn entweder ist die Schildkröte aus einem nicht genügend gesicherten Gehege entwischt oder sie ist – wahrscheinlich ist das der häufigere Fall – ausgesetzt worden, weil der Tierhalter keine Lust oder keine Möglichkeiten mehr hatte, sich weiter darum zu kümmern.

Ausgesetzte Exoten stellen ein großes Problem dar. Entweder werden sie zu einer Gefahr für andere Tiere oder für Menschen, oder sie kommen in Tierheime bzw. Auffangstationen, oder sie gehen jämmerlich ein. Ich erinnere mich an einen Fall aus meiner Zeit als Tieranwalt des Kantons Zürich, bei dem es um eine entflohene Boa constrictor ging. Die Umstände waren bemerkenswert, man kann auch sagen merkwürdig. Eines Tages entwischte die über einen Meter lange Boa aus ihrem engen Terrarium, nicht ohne sich von der Besitzerin, Steffi Z., zu verabschieden. So berichtete es diese jedenfalls selbst; anscheinend war sie der Ansicht, die Schlangensprache zu verstehen, so wie es auch Harry Potter und andere Parselmünder könnten.

Die Boa hielt sich mehr schlecht als recht in den belebten Vierteln Zürichs auf, suchte wahrscheinlich Unterschlupf in Kellern und Schächten, entfernte sich aber anscheinend nicht allzu weit von ihrem alten Zuhause – und tauchte nach ungefähr sechs Monaten wieder bei Steffi Z. auf. Die war entsetzt und rief die Polizei, die die Boa einsammelte und sich erkundigte, warum Steffi Z. weder den Verlust der Schlange gemeldet hatte noch sich bei der kantonalen Meldestelle für entlaufene und gefundene Tiere nach der Schlange erkundigt habe. Die erstaunliche Antwort lautete, dass die Schlange ihr gesagt habe, »es sei schon o. k. so«. 300 Franken musste Steffi Z. dafür bezahlen, dass sie das Tier nicht als entlaufen gemeldet hatte – die relativ geringe

Strafe für eine Ordnungswidrigkeit. Alle anderen Aspekte konnten in dem Fall leider nicht behandelt werden, etwa die für die Boa vollkommen unzureichenden Verhältnisse im Haushalt von Steffi Z., die eklatante Unwissenheit der Besitzerin sowieso nicht.

Ob bei Steffi Z. oder anderen: Der Fehler liegt bereits im Ansatz. Exotische Tiere gehören weder in ein Schweizer Wohnzimmer noch in einen deutschen Vorgarten oder in eine österreichische Voliere. Es gibt einige zaghafte Ansätze der Profis, solche Misskäufe zu verhindern. So hat der Zentralverband zoologischer Fachbetriebe Deutschlands e. V. sich mit seinen Heidelberger Beschlüssen zum Tierschutz im Zoofachhandel[16] gewisse Selbstbeschränkungen auferlegt. Beispielsweise sollen keine Tiere, die auf der sogenannten Roten Liste A stehen, in den Geschäften präsentiert werden, weil sie für die Heimtierhaltung als ungeeignet eingestuft werden. Ein genereller Verkaufsverzicht ist damit aber nicht verbunden. Abgesehen davon sind auch längst nicht alle Händler in diesem Verband organisiert.

Der Deutsche Tierschutzbund fordert eine stärkere Reglementierung des Handels mit exotischen Tieren und außerdem ein Verbot der Haltung von Exoten, wenn diese in Privathaushalten nicht artgerecht gehalten werden können.[17] Verbände und Vereine von Tierhaltern protestieren gegen dieses Vorhaben und berufen sich etwa darauf, dass Terraristik zum kulturellen Erbe[18]

16 www.zzf.de/tiernatur/roterpunkt.html, Stand Mai 2011, Zugriff 21. 11. 2011
17 www.tierschutzbund.de/fileadmin/mediendatenbank_free/Positions papiere/Heimtiere/Exoten_im_Privathaushalt_2011.pdf, Stand Mai 2011, Zugriff 21. 11. 2011
18 Leitbild des Verbands deutscher Vereine für Aquarien- und Terrarienkunde e. V., www.vda-aktuell.de/index.php?option=com_content&view=article&id=54&Itemid=61, Zugriff 21. 11. 2011

gehört oder dass sie das nötige Wissen vermitteln, das jeden Halter in die Lage versetzt, seine Tiere richtig zu behandeln. Ich zweifle kaum am Willen solcher Verbände, ihre Kunden bzw. Mitglieder bestmöglich zu informieren und auszustatten. Ich möchte auch glauben, dass die meisten Besitzer von Exoten den Tieren nichts Schlechtes wollen. Nur: Besser wäre, sie wollten ihnen etwas Gutes tun. Und das würde bedeuten, dass sie die Tiere dort lassen, wo sie hingehören, nämlich in ihren Ursprungsländern.

Frage 8

Zähmungszwang:
Warum lassen wir wilde Tiere nicht dort, wo sie sind?

Tiere in Privathäusern zu halten ist eine Art der »Tierliebe«, im größeren Maßstab und unter anderem zu kommerziellen Zwecken findet die Haltung von Tieren in Zoos statt. Der Zoo Hannover beispielsweise hält auf 22 Hektar über 3 400 Tiere in 237 Arten.[1] In allen Debatten um Sinn und Zweck von Zoos wird immer wieder angeführt, dass sie letztlich aus Liebe zum Tier errichtet seien, denn durch den Kontakt mit exotischen oder auch »hässlichen« Tieren würde die Solidarität mit ihnen gefördert, ihr Schutzbedürfnis anerkannt, und manche Arten könne man damit sogar vor dem Aussterben bewahren. Im Zirkus werden in einer Dressur vor allem die körperlichen und geistigen Fähigkeiten eines (Wild-)Tieres vorgeführt, der Respekt des Zuschauers dem Tier gegenüber soll dadurch steigen. Zum einen bezweifle ich diese Effekte, zum anderen muss man sich auch die Frage stellen: Um welchen Preis geschähe das alles? Rechtlich ist Wildtierhaltung in Zoos und in vielen Ländern bisher auch noch in Zirkussen erlaubt, aber ist es das auch unter ethischen und Tierschutzaspekten? Darf man Tiere ihr Leben lang einsperren, sie in eine künstliche Umgebung verfrachten oder in einer Manege zur Darbietung von Dressurnummern zwingen, damit Menschen sich informiert oder unterhalten fühlen?

Gutgemeinte Zivilisation: im Zoo

Zoo, Tierpark, Wildgehege, Mini-Zoo, Tiergarten, Streichelzoo, Aquazoo, Vogelpark, Naturzoo, zoologischer Garten – das sind nur einige der Namen für Einrichtungen, in denen die Wildtiere gehalten werden. In der Alltagssprache vermutet man unter

---

1 www.zoo-hannover.de/unternehmen-zoo/daten-fakten.html, Zugriff 29. 11. 2011

einem Zoo eine größere Anlage, unter einem Tiergarten eher etwas Kleineres, was aber täuscht: Die großen Zoos in Deutschland heißen Tierpark Berlin (in Berlin-Friedrichsfelde) oder Tiergarten Nürnberg. Seit der EU-Zoo-Richtlinie von 1999 gelten als Zoo »dauerhafte Einrichtungen, in denen lebende Exemplare von Wildtieren zwecks Zurschaustellung während eines Zeitraums von mindestens sieben Tagen im Jahr gehalten werden«[2]. Demnach sind also die meisten der oben genannten Einrichtungen im gesetzlichen Sinne Zoos.

In Deutschland gibt es mehr als 200 Zoos, Tier- und Wildparks, die in den drei Hauptverbänden (Verband Deutscher Zoodirektoren, Deutsche Tierpark-Gesellschaft, Deutscher Wildgehege-Verband) organisiert sind. Darüber hinaus existieren noch rund 500 weitere Wildtierhaltungen, Schauaquarien etc. In der Schweiz gibt es rund 60 öffentlich zugängliche Wildtierhaltungen und zahlreiche weitere Wildtierhaltungen,[3] in Österreich sind es mindestens 80.[4] Zoos sind beliebt. Der Verband Deutscher Zoodirektoren (VDZ) schätzt die Anzahl der Besucher von Zoos, Tier- und Wildparks sowie aller übrigen Einrichtungen in Deutschland auf ca. 60 Millionen (2009).[5] Wobei man diese Zahl mit Vorsicht genießen muss. Das sind Hochrechnungen, denen der sogenannte VDZ-Schlüssel zugrunde liegt. Nach diesem wird die Besucherzahl wie folgt ermittelt: verkaufte Tageskar-

---

2 Richtlinie 1999/22/EG des Rates vom 29. März 1999 über die Haltung von Wildtieren in Zoos, Art. 2
3 Bundesamt für Veterinärwesen: »Regelung der Wildtierhaltung in der Schweiz«, Stand 17. 1. 2005, S. 7, www.bvet.admin.ch/tsp/03085/03086/index.html, Zugriff 29. 11. 2011
4 Verband Deutscher Zoodirektoren, www.zoodirektoren.de/staticsite/static site.php?menuid=24&topmenu=20&keepmenu=inactive, Zugriff 30. 11. 2011
5 ebd.

ten + 5 Prozent Freikarten + Anzahl der Jahreskarten × 20.[6] Der Zoo in Hannover ist einer der wenigen Zoos, die ihre Besucher elektronisch erfassen und somit die tatsächliche Besucherzahl ganz genau wissen. Wie weit exakte Zahlen und Hochrechnungen auseinanderliegen, gibt Hannover selbst an: 2010 zählten sie rund 1,6 Millionen Besucher, nach VDZ-Schlüssel hätten sie 3,4 Millionen angeben können, also mehr als doppelt so viele.[7] Das nur zur Einschätzung der Zahlen, die der Verband Deutscher Zoodirektoren nennt. Zum Vergleich die Zahlen anderer Kulturnutzer: Die öffentlichen Theater verzeichneten 26 Millionen Besuche (2008/2009)[8], zu den Spielen der Bundesligasaison 2009/2010 pilgerten 12 Millionen Fans[9], ins Museum gingen sogar 106 Millionen Menschen (2009)[10]. Im Vergleich stehen also Besuche in Zoos und Tierparks bei den Freizeitbeschäftigungen auf jeden Fall oben.

Je mehr Geld die Unternehmen in die Gestaltung der Zoos stecken, umso mehr Besucher sind zu verzeichnen. Innerhalb von vier Monaten nach der Eröffnung der Tropenerlebniswelt Gondwanaland im Leipziger Zoo kam sage und schreibe eine Million Besucher, um sich die Attraktion anzuschauen.[11] Hannover punktete im Mai 2010 in ähnlicher Weise mit der Eröffnung seiner jüngsten Themenwelt Yukon Bay, die Kanadalandschaft mit Unterwasserwelt, Eisbären, Wölfen, Robben – eingebettet in ein

6 www.zoo-hannover.de/unternehmen-zoo/aktuellespresse/aktuelle-nach richt/news/rekordjahr-fuer-erlebnis-zoo.html, Zugriff 29.11.2011
7 ebd.
8 Statistisches Bundesamt, www.destatis.de/jetspeed/portal/cms/Sites/destatis/ Internet/DE/Content/Statistiken/BildungForschungKultur/Kultur/Tabellen/ Content50/BesucheOeffentlicheTheater,templateId=renderPrint.psml
9 DFL Deutsche Fußball Liga GmbH: Report 2011, S. 55
10 Statistisches Bundesamt, www.destatis.de/jetspeed/portal/cms/Sites/destatis/ Internet/DE/Content/Statistiken/BildungForschungKultur/Kultur/Tabellen/ Content50/MuseenBesuche,templateId=renderPrint.psml, Zugriff 29.11.2011
11 www.zoo-leipzig.de/index.php?strg=8_11&baseID=11, Zugriff 29.11.2011

Ambiente, das der Goldgräberstadt Dawson City nachempfunden ist. Die neue Attraktion steigerte die Besucherzahlen um 47 Prozent im Vergleich zum Vorjahreszeitraum.[12] Kein Wunder, denn es wird dem Besucher auch ein umfangreiches Programm geboten: drei Shows und Fütterungen, Henry's Underwater World, Yukon Bay by night und die Erlebnisgastronomie mit Show-Cooking. Und das ist ja nur Yukon Bay. Es gibt sechs weitere Themenwelten im Erlebnis-Zoo Hannover, jede mit Showtimes aller Art. Dazu kommen Angebote wie Führungen für Kindergeburtstage, 2010 waren es 855. Im selben Jahr wurden rund 1 000 Schulklassen durch den Zoo geschleust, insgesamt 1,6 Millionen Menschen, bei After-Work-Führungen oder ganz einfach als Einzelbesucher. Der erfolgreiche Zoodirektor erntete die Früchte seines Konzepts, »alle Kundenbedürfnisse ernst zu nehmen«.[13]

Das bringt die Sache meines Erachtens sehr schön auf den Punkt: Die Bedürfnisse der Besucher werden erfüllt, ihre Eventansprüche befriedigt. Diese bestehen in dem Wunsch, etwas Besonderes zu erleben, sich vielleicht unter kontrollierten Bedingungen ein bisschen zu gruseln, Tiere aus dem Biologiebuch »in echt« zu sehen. Jeder mag sich amüsieren, so gut er kann – aber nicht, indem er Wildtiere dafür benutzt. Ein Argument für die Existenz von Zoos lautet, dass der Besucher seine Kenntnisse über viele Tiere verbessert, weil er sie lebend sieht und er deshalb eine Beziehung zu ihnen aufbauen kann oder zumindest durch die unmittelbare Nähe ein ausgeprägteres Interesse entwickelt. Der Normalmensch kommt halt kaum in die Savanne, um das Leben der Zebras zu beobachten, noch seltener sind die

12 www.zoo-hannover.de/unternehmen-zoo/aktuellespresse/aktuelle-nach richt/news/rekordjahr-fuer-erlebnis-zoo.html, Zugriff 29. 11. 2011
13 ebd.

Möglichkeiten, in der Arktis Eisbären in ihrer Umgebung zu studieren. Oder die Entwicklung eines Eisbärbabys, wie wir sie monatelang bei Knut aus dem Berliner Zoo begleiten durften. Aber: Sieht man im Zoo, wie wilde Tiere leben? Weiß man nach einem Besuch, welches Sozialverhalten ein Gnu an den Tag legt? Hat man eine Vorstellung davon, wie eine Robbe lebt, nachdem man sich die Nase an der Scheibe des Unterwasserbeckens platt gedrückt hat?

Egal, wie großzügig die Gehege dimensioniert sind, wie aufwendig sie ausgestattet werden und wie genau die Landschaft der Herkunftsregion nachgeahmt wird: Es ist eine Kopie und noch dazu eine kleine. Wir sehen eine künstliche Welt, in der Arten zusammenleben, wie sie es im wahren Leben nicht tun, wir sehen keine Beutejagden und kein Gefressenwerden, kein Verdursten in der Steppe, weil der Regen ausgeblieben ist, und auch sonst nichts, was uns daran erinnert, dass die Natur ein komplexes System ist, das nicht von ästhetischen oder »moralischen« Kriterien geprägt ist. Dass Tiere anders ticken, als es uns der Anblick durch den Zaun glauben macht, zeigt sich immer dann, wenn es zu bösen Unfällen kommt, weil die Tiere sich ab und zu artgerecht verhalten, etwa wenn ein Tiger den Pfleger angreift und versucht, ihn mit einem Nackenbiss zur Strecke zu bringen. Solche Fälle sind der Einbruch der Wirklichkeit, das heißt der Natur, in die heile Welt des Zoos. Was wir täglich dort sehen, ist jedoch der inszenierte Ausnahmezustand, der je nach finanziellen Möglichkeiten und Ideenreichtum eines Zoos mal mehr oder weniger deutlich zutage tritt. Zweifellos hat sich in den letzten zehn, zwanzig Jahren viel getan. Nachdem Tierschützer etwa die Ödnis von Käfigen für Menschenaffen anprangerten, in denen es kaum Anregung für sie gab, haben viele Zoobetreiber umgedacht. Aus Einsicht in das Wesen der Tiere, aber auch aus Einsicht in das Wesen des Besuchers: Wenn die

Tiere im Zoo beim Besucher Mitleid hervorrufen, dann kommen die Menschen nicht mehr. Denn das will sich heutzutage keiner mehr antun: einem Affen oder Eisbären zuschauen, der seinen Körper unentwegt hin und her wiegt, weil er aufgrund seiner reizlosen Umgebung und seiner Einsamkeit psychisch gestört ist.

Auch wenn in den meisten Zoos der karge Käfig mit Gitterstäben einer Affenlandschaft oder einem Gorillaberg gewichen ist: Das »Paradies für Menschenaffen«[14], wie es der Zoo Hannover stolz bezeichnet, liegt in Wirklichkeit doch sicher nicht in Niedersachsen, sondern in den Bergwäldern Afrikas. Ich will die Anstrengungen, die die Zoos unternehmen, nicht kleinreden, und ich unterstelle ihnen nicht, dass ihnen das Wohl der Tiere gleichgültig ist. Doch bleibt unter anderem die Frage, ob selbst in sehr üppig nachgebildeten Biotopen überhaupt ein Erkenntnisgewinn möglich ist. Ich meine, dass man den nicht überschätzen sollte. Zum einen ist zweifelhaft, wie viele der Informationen von den Erläuterungstafeln beim Betrachter wirklich hängenbleiben und ob sie sich tiefer ins Gedächtnis eingraben, weil das Tier leibhaftig in einer geringen Entfernung vor ihm herumläuft. Zum anderen lernt man durch das Beobachten des Tieres selbst wenig oder nichts über das Verhalten der Art. Ein Tier im Zoo passt sein Verhalten so gut wie möglich der Situation an, Rückschlüsse auf sein Leben in freier Wildbahn lassen sich daraus kaum ziehen. Beispiel Eisbären: In ihrem natürlichen Lebensraum sind Eisbären extrem bewegungsaktiv. Sie sind Einzelgänger und haben kein festes Revier, sondern legen auf dem Eis täglich große Strecken zurück. Sie sind gute Schwimmer und können auch lange tauchen. Egal, wie groß ein Zoo sein Eisbärenareal anlegt: Auslauf über etliche Kilometer

14 www.zoo-hannover.de/themenwelten/gorillaberg.html, Zugriff 30. 11. 2011

oder ausgedehnte Tauchgänge wie »zu Hause« sind für kein Tier möglich.

Immer mehr Zoos verzichten daher auf die Haltung von Tieren, deren Lebensraum kaum nachgebildet werden und denen eine natürliche Lebensweise in Gefangenschaft nicht annähernd geboten werden kann. Dazu gehören wie gesagt Eisbären, aber auch Delphine. Dennoch geben Zoos wie Duisburg oder Nürnberg ihre Delphinarien nicht auf, sie sind Publikumsmagneten – besonders wenn Nachwuchs zu bewundern ist. Was uns zu der Frage bringt: Wo kommen die Tiere eigentlich her?

Ersatznatur: Zucht im Zoo

Rund 60 Prozent der Tiere in den Delphinarien der Welt stammen aus Nachzuchten.[15] Das ist bedeutend mehr als noch vor zehn Jahren, heißt aber immer noch, dass 40 Prozent gefangen werden. Die Zoos mit wissenschaftlich geführten Delphinarien distanzieren sich von grausamen Fangpraktiken, wie ich sie auch schon im Abschnitt über die Delphintherapie beschrieben habe (Seite 108 ff.), und verurteilen den Fang für kommerzielle Shows. Der Laie weiß jedoch nicht, woher die Tiere stammen, und auch die Zoos mit Nachzuchten fördern bei ihm den Eindruck, dass Delphine in Wasserbecken ganz in Ordnung seien, was wiederum die Nachfrage steigert.[16] Bei vielen Tieren ist die Nachzucht kompliziert, bei Delphinen ist sie besonders schwie-

---

15 www.zoo-duisburg.de/hoehepunkte-des-zoo-duisburg/rwe-delphinarium/
fortpflanzung.html, Zugriff 1. 12. 2011

16 Nebenbemerkung: Auch die Shows in den Zoos sind kommerziell, weil erstens Eintrittsgelder erhoben werden und zweitens Sponsoren die Unterstützung der Präsentationen als Teil ihres Marketings einsetzen. In Duisburg etwa sind die Namensrechte für das Delphinarium an den Energieversorger RWE vergeben worden, man geht daher ins RWE-Delphinarium.

rig. Das Immunsystem von neugeborenen Delphinen ist noch nicht entwickelt, sie sind besonders anfällig für Infektionen, das ist auch bei natürlich lebenden Delphinen so. In Gefangenschaft stellen bakterielle Infektionen eine besondere Gefahr dar, deshalb müssen die Delphinkälber und ihre Mütter monatelang unter strenger Quarantäne gehalten werden, damit nichts passiert, auch von den übrigen Delphinen müssen sie in der Regel isoliert werden. Die im Zoo Duisburg im Sommer 2011 geborenen Kälber etwa wurden streng überwacht, es wurden regelmäßig Blutproben entnommen und Gewichtskontrollen durchgeführt.[17] Auch wenn es für den guten Zweck ist: Sicher stellt das eine Belastung für die Tiere dar. Trotz aller Bemühungen sterben einige der Jungtiere in den Zoos und Freizeitparks, die Delphine halten. Und selbst wenn sie überleben, gibt es mit der weiteren Nachzucht Probleme: In Duisburg etwa lebt nur ein Männchen, das aber als Partner für die in einigen Jahren geschlechtsreifen Babys nicht in Frage kommt. Es ist nämlich ihr Vater.[18]

Für alle Tierarten muss man bei der Vermehrung im Zoo bestimmte Kriterien beachten, dazu gehören die Vermeidung von Inzucht, die Begrenzung der Bestandsgröße auf ein Maß, das innerhalb der Haltungsbedingungen als erträglich erscheint, die Geschlechterverteilung und anderes. Auch ein Laie kann unschwer erkennen, dass diese Kriterien kaum erfüllt werden können, indem man der Natur ihren Lauf lässt – soweit sie im Zoo überhaupt »laufen« kann. Vielmehr muss genau gesteuert werden, was wann wie geschieht. Der Fachbegriff lautet Populati-

---

17 Marita Jüngst: »Zoo-Sensation: Delfinbabys in Duisburg«, in: Rheinische Post, 18. 10. 2011
18 ebd.

onsmanagement. Da natürliche Regulation im Zoo nicht vorkommt, muss man fördernde oder einschränkende Maßnahmen ergreifen, um den Bestand stabil zu halten. Je kleiner ein Bestand, umso schwieriger ist es, die genetische Bandbreite zu erhalten. Daher müssen Tiere zwischen den Zoos getauscht werden, das bedeutet: Belastung durch Transporte und radikale Veränderung der Umgebung und des Sozialverbands. Je größer ein Bestand, desto mehr Nachkommen, die Platz benötigen – wobei Nachkommen immer wichtig sind, da Tierbabys zu den wichtigsten Besucherattraktionen gehören. Dennoch dürfen in der Regel die Bestände nicht zu stark ansteigen. Zu den einschränkenden Maßnahmen gehört daher beispielsweise Empfängnisverhütung durch pharmakologische Mittel. Sie werden selbst vom Weltverband der Zoos und Aquarien (WAZA) als nicht ideal angesehen, da sie bei einigen Arten gesundheitliche Probleme oder soziale im Gruppenverband hervorrufen.[19] Sollte die Kontrazeption nicht so recht gelingen und der Bestand anschwellen, dann dürfen überzählige Tiere auch getötet werden.[20] Bitte beachten: Das ist kein Zeichen von fehlerhaftem oder missglücktem Populationsmanagement, sondern gehört zum Konzept.

Das Thema Zoo bietet jede Menge Stoff für eine Debatte im Einzelnen, wobei ich einräumen will, dass in den meisten europäischen Zoos sicher intensiver über die möglichst artgerechte Haltung nachgedacht wird als etwa in Freizeitparks oder ähnlichen Anlagen. Generell bleibt aber das Problem, dass meiner Ansicht

19 WAZA: Die Welt-Zoo- und Aquarium-Naturschutzstrategie, S. 29, Bern 2005 www.izea.net/education/policy_protocol_WAZAgerman.pdf, Zugriff 1. 12. 2011
20 ebd., Zugriff 1. 12. 2011; auch: Verband Deutscher Zoodirektoren, www.zoo direktoren.de/staticsite/staticsite.php?menuid=795&topmenu=755&keep menu=inactive, Zugriff 1. 12. 2011

nach wichtige Grundsätze, wie sie auch die Stiftung für das Tier im Recht[21] formuliert, missachtet werden. So hat niemand das Recht, Tiere ihren Ursprungsländern zu entreißen und sie hier bei uns für eigene Interessen bzw. zur Unterhaltung vieler Menschen einzusetzen. Selbst wenn es sich um Tiere handelt, die bereits in Gefangenschaft geboren wurden, darf man ihnen dieses Heimatrecht nicht vorenthalten. Dass Tiere ihr Leben lang eingesperrt bleiben, in ihren natürlichen Äußerungen eingeschränkt, Zuchtprogrammen unterworfen und in vielfältiger Weise zur Schau gestellt werden, ist eine schwere Verletzung ihrer Würde. Zoos und ähnliche Anlagen sind erlaubt, man kann die Haltung von Tieren also nicht verbieten, wenn die gesetzlich vorgeschriebenen Minimalstandards eingehalten werden. Dennoch fordere ich, dass insbesondere die Haltung von Tierarten wie Delphinen, Eisbären, Giraffen und Raubkatzen abgeschafft wird. Es wären extrem aufwendige und kostspielige Maßnahmen nötig, um eine auch nur annähernd artgerechte Haltung zu verwirklichen – praktisch ist sie ausgeschlossen. Ich meine, dass nur ein Verzicht auf die Haltung solcher Tiere diesen wirklich nützt. Alles andere sind vielleicht gut gemeinte, aber auch nur kosmetische Maßnahmen.

Ein häufig benutztes Argument der Zoos lautet, dass sie sich um die Arterhaltung verdient machen. Der Verband Deutscher Zoodirektoren führt an, dass rund 50 Tierarten und 20 wichtige Untertierarten in der Natur ganz ausgestorben sind oder waren und die Zoozüchtungen wieder angesiedelt werden konnten: 14 Schneckenarten, 1 Grille, 1 Krebs, 12 Fischarten, 1 Kröte, 3 Schildkrötenarten, 7 Vogelarten und 9 Säugetierarten.[22] Au-

---

21 Siehe dazu und für das Folgende Stiftung für das Tier im Recht: www.tier imrecht.org/de/argumentarium/zoo.php, Zugriff 1. 12. 2011
22 www.zoodirektoren.de/staticsite/staticsite.php?menuid=24&topmenu=20& keepmenu=inactive, Zugriff 2. 12. 2011

ßerdem wurden rund 200 Tierarten, die lokal oder regional ausgestorben waren, wieder angesiedelt. Dazu gehören in Europa
Tiere wie der Alpensteinbock oder der Laubfrosch.[23] Das ist
natürlich für sich genommen erfreulich. Allerdings muss man
sagen, dass es rund 47 400 Tierarten gibt, die vom Aussterben
bedroht sind. Wie soll man sich dazu verhalten? Weder können
alle gerettet werden, noch kann man einige auswählen, die man
nachzüchten möchte, denn in der Natur hängt das Leben vieler
verschiedener Arten unmittelbar miteinander zusammen. Die
eine kann nicht ohne die andere bzw. die anderen existieren.
Von daher dient die Nachzucht ausgerotteter Arten eher dem
Prestige des Zoos als dem Ziel der Arterhaltung.

Meines Erachtens wäre es wesentlich sinnvoller, seine Ener-
gien dafür einzusetzen, dass die Lebensbedingungen der Tiere in
ihren Ursprungsländern akzeptabel gestaltet werden, sie also
vor Jagd, Umweltverschmutzung, Zerstörung der Lebensgrundlagen durch expandierende menschliche Besiedlung etc. zu bewahren. Das wäre ein wirklich wichtiger und nützlicher Beitrag
zur Erhaltung der Arten und zum Tierschutz.

Verkleidet in der Manege: Tiere im Zirkus

Zoo und Zirkus verbindet hinsichtlich der Tierhaltung ihr
Zweck: Es ist die Zurschaustellung von lebenden Wesen, die
man in der Regel als durchschnittlicher Mensch sonst nicht
sieht. Im Zirkus werden vor allem bestimmte Eigenschaften der
Tiere in den Vordergrund gestellt; sie präsentieren Kunststücke,
die ihre Intelligenz, ihre Geschicklichkeit, ihre Körperkraft oder
ihre Gefährlichkeit augenfällig machen sollen. Wie viele Zir-

23 ebd.

kusse mit Tieren es gibt, ist nicht ganz präzise festzustellen, in Deutschland sind es wahrscheinlich rund 250. Dazu kommen Gastspiele von ausländischen Unternehmen. Art und Größe der Zirkusse sind ganz unterschiedlich, in der Regel handelt es sich um Wanderzirkusse. Einige wenige verfügen über stationäre Zelte oder Hallen, die allermeisten sind in den wärmeren Monaten unterwegs und bleiben als Weihnachtszirkus oder Ähnliches im Winter an einem Ort. Ein richtiges Winterquartier ohne Vorstellungen können sich immer weniger leisten. Dass es für viele kleine Unternehmen finanziell schwierig ist, den Winter zu überstehen, sieht man immer wieder an den Bettelaktionen in Fußgängerzonen: Ein kleiner Trupp Zirkusmitarbeiter mit frierenden Tieren an Leinen oder auf dem Arm bittet um Spenden, damit genügend Futter gekauft werden kann.

Beim Wort Zirkus denken die meisten Menschen an Clowns, Artistik und eben an Tiernummern. Es gibt aber – anscheinend immer mehr – Zirkusse, die ohne Tiere arbeiten oder zumindest auf Wildtiere verzichten. Vielen Menschen erscheint es fragwürdig, wenn sie in der Manege Elefanten sehen, die Kopfstand machen, Löwen, die auf Disco-Kugeln balancieren, oder ein Nashorn, das mit einem Artisten auf dem Rücken seine Runden trabt. Aber für die Mehrheit der Zirkusunternehmen gilt weiterhin: Menschen, Tiere, Sensationen. Für Tierschützer sind zwei Aspekte problematisch: zum einen die Zurschaustellung selbst, zum anderen die Bedingungen, unter denen die Tiere zwischen den Vorstellungen gehalten werden, vor allem die Transporte. Manchmal höre ich, dass die Einübung der Kunststücke dem natürlichen Spieltrieb der Tiere entgegenkommt, dass sie das »gern machen«. Ich wage nicht zu beurteilen, ob ein Flusspferd »gern« bei Trommelwirbel und unter dem Licht der Scheinwerfer auf irgendwelche bunt bemalten Podeste steigt. Aber ich weiß definitiv, dass diese Situation nicht im Repertoire seiner natürlichen Verhaltensweisen enthalten ist. Selbst wenn bei irgendeiner Nummer der – tatsächliche oder vermeintliche – Spieltrieb eines Tieres genutzt werden kann: Man sieht keine spielenden, das heißt sich nach Lust und Laune verhaltenden Tiere in der Manege, sondern dressierte Lebewesen, die auf Kommando etwas Einstudiertes und vom Menschen Vorgegebenes in einer bestimmten Reihenfolge tun.

Auch das Dasein eines Zirkustieres außerhalb der Vorstellungen entspricht nicht seinen natürlichen Bedürfnissen – selbst dann nicht, wenn sich die Zirkusbetreiber Mühe geben und Geld in die Hand nehmen, um Gehege groß und schön zu gestalten. Wobei man sagen muss, dass sich das sicher nicht die Mehrheit der Unternehmen leisten kann. Alle Unternehmen müssen bestimmte gesetzliche Vorschriften erfüllen, etwa die Anforderungen des Tierschutzgesetzes. Für bestimmte Arten muss auch das Artenschutzgesetz berücksichtigt werden. In Deutschland sind die Bundesländer für die Durchführung und Überprüfung der Einhaltung zuständig; sie setzen Veterinäre ein, um die Zirkusse zu überprüfen, auch wegen der Gefahr von Seuchenverbreitung etc. Wie die Tiere gehalten werden sollen, wird in den Leitlinien für die Haltung, Ausbildung und Nutzung von Tieren in Zirkusbetrieben oder ähnlichen Einrichtungen des Bundesministeriums für Ernährung, Landwirtschaft und Verbraucherschutz festgelegt.[24] Eine Sachverständigengruppe hat darin die Standards für die Haltung von Tieren im Zirkus festgelegt, die Größe und Ausstattung der Unterbringung, Belastungsgrenzen beim Ver-

---

24 www.bmelv.de/SharedDocs/Downloads/Landwirtschaft/Tier/Tierschutz/
GutachtenLeitlinien/HaltungZirkustiere.pdf?__blob=publicationFile, Stand
26. 10. 2005, Zugriff 2. 12. 2011

laden und Transport und vieles mehr, differenziert nach den einzelnen Tierarten. Es gibt auch klare Forderungen, dass weder Delphine noch Tümmler, Menschenaffen, Greifvögel, Flamingos, Pinguine, Nashörner oder Wölfe als Zirkustiere gehalten werden sollten.[25] Alles gut und schön: Das Ganze hat nur leider keine verbindliche Kraft, denn es ist kein Gesetz, sondern nur eine Leitlinie, die als Orientierungshilfe dient.

Eine angehende Veterinärmedizinerin hat 2007 für ihre Dissertation 25 Zirkusse in Deutschland untersucht und die Haltungsbedingungen bzw. ihre Übereinstimmung mit den gesetzlichen Vorschriften überprüft. Es handelte sich um Zirkusse sehr unterschiedlicher Größen, die Zahl der gehaltenen Tiere variierte ebenfalls stark. In der Arbeit wurden die Tierarten im Einzelnen betrachtet und ihre Haltungsbedingungen festgestellt. Ich fasse das Ergebnis hier zusammen: Nur 50 Prozent der Tiere wurden in Grundhaltungseinheiten untergebracht, die den jeweiligen Empfehlungen entsprachen.[26] Den Amtstierärzten war es außerdem häufig nicht möglich zu prüfen, ob auch andere Empfehlungen wie zur Beschäftigung der Tiere, zum regelmäßigen Auslauf etc. erfüllt wurden.[27] Es gibt keine Handhabe für die Veterinäre, die Aussagen der Betreiber tatsächlich zu überprüfen, es sei denn, sie nehmen offensichtliche Verwahrlosung oder Ähnliches wahr. Anders als die unverbindliche deutsche Leitlinie legt das Tierschutzgesetz in der Schweiz immerhin die Mindestgehegegrößen von Wildtieren eindeutig und durchsetzbar fest.[28]

25 ebd.
26 Daniela Theophil: Haltungsbedingungen von Zirkustieren in 25 Zirkussen in der Bundesrepublik Deutschland, Inauguraldissertation, vorgelegt an der Tierärztlichen Hochschule Hannover, 2008, S. 209, elib.tiho-hannover.de/dissertations/theophild_ws08.pdf, Zugriff 3. 12. 2011
27 ebd., S. 228
28 Tierschutzverordnung Art. 10 u. Anhang 2

Der deutsche Bundesrat hatte 2003 einem Entschließungsantrag zugestimmt, der die Einführung eines zentralen Registers sowie ein Haltungsverbot für Affen, Elefanten und Großbären forderte. Das Melderegister, mit dem man eine länderübergreifende Kontrolle der Einhaltung der Tierschutzvorschriften ermöglichen will, wurde danach installiert (Zirkusregisterverordnung) – das Haltungsverbot von Affen, Elefanten und Großbären nicht. Im November 2011 unternahm der Bundesrat auf Betreiben des Stadtstaats Hamburg einen neuen Versuch und einigte sich auf eine Entschließung, dass die Haltung bestimmter Wildtiere in Zirkussen von der Bundesregierung verboten werden soll.[29] Begründung: »... für bestimmte Tierarten ist eine artgerechte Haltung in diesen Betrieben systemimmanent nicht möglich. Auf der Vollzugsebene lässt sich dieses Problem nicht lösen.«[30] Klar und wahr, würde ich sagen. Es gibt an der Haltung dieser Wildtiere nichts zu verbessern, weil unter den Bedingungen der Dressur, der Reisen bzw. Transporte eine artgerechte Haltung generell einfach nicht möglich ist, egal wie viel Mühe sich die Besitzer oder Betreuer geben. Als Argument gegen ein solches Verbot wurde von den Zirkusbetreibern bisher häufig vorgebracht, dass viele der Wildtiere gar keine Wildtiere mehr seien, da sie schon in der x-ten Generation im Zirkus aufwüchsen. Und außerdem sei das eine Behinderung der im Grundgesetz garantierten Freiheit der Berufswahl.

Letzteres führte auch die Bundesministerin für Ernährung, Landwirtschaft und Verbraucherschutz noch im Dezember 2011

29 Bundesrat, 890. Sitzung am 25. 11. 2011, Drucksache 565/11(B), www.bundesrat.de/cln_117/nn_6898/DE/parlamentsmaterial/to-plenum/890-sitzung/to-node.html?__nnn=true
30 Entschließungsantrag, a. a. O., S. 1., www.bundesrat.de/cln_117/SharedDocs/Drucksachen/2011/0501-600/565-11_28B_29,templateId=raw,property=publicationFile.pdf/565-11(B).pdf, Zugriff 2. 12. 2011

auf ihrer Internetseite an,[31] doch ist zweifelhaft, ob diese Position durchzuhalten ist. Die Entschließung des Bundesrats wägt sorgfältig die verschiedenen Auslegungsmöglichkeiten ab, auch im Rahmen der Dienstleistungsfreiheit der EU. Insofern glaube ich, dass es dieses Mal für die deutsche Regierung nicht so einfach sein wird wie 2003, sich aus der Affäre zu ziehen. Zumal auch andere Länder in der Europäischen Union dieses Verbot durchsetzen konnten, etwa Österreich und Schweden.

In der Entschließung des Bundesrats wird übrigens auch ein Punkt erwähnt, der in der Debatte über Wildtiere im Zirkus gern vergessen wird: Was wird aus den alten und nicht mehr einsatzfähigen Tieren? In bemerkenswerter Deutlichkeit heißt es da: »Auch verfügt bislang kein einziger ständig reisender Zirkus über eine Unterbringungsmöglichkeit für seine alten und nicht mehr reisefähigen Tiere. Stattdessen bedient man sich zunehmend ehrenamtlich geführter Auffangstationen, um Tiere, wenn sie wirtschaftlich uninteressant geworden sind, unterzubringen.«[32] Das ist eine Entwicklung, die ebenfalls die Unmöglichkeit der Haltung von Wildtieren in Zirkussen unterstreicht. Und die Verantwortung von denen, die sich der Tiere über Jahre kommerziell bedient haben, hinschiebt zu denen, die aus tierschützerischen Aspekten arbeiten.

Die Reaktionen auf die Entschließung des deutschen Bundesrates waren bei den betroffenen Zirkusunternehmen erwartungsgemäß ablehnender Natur. Eine Äußerung lautete: Wenn die Wild-

31 www.bmelv.de/SharedDocs/Standardartikel/Landwirtschaft/Tier/Tierschutz/ Tierschutz_im_Zirkus.html, Zugriff 2. 12. 2011
32 Entschließungsantrag, a. a. O., S. 5., www.bundesrat.de/cln_117/SharedDocs/ Drucksachen/2011/0501-600/565-11_28B_29,templateId=raw,property= publicationFile.pdf/565-11(B).pdf, Zugriff 2. 12. 2011

tiere abgeschafft werden, dann müssten im Grunde alle Tiere im Zirkus verboten werden – und sogar die private Haltung von Tieren. Denn wer kann ein Tier schon hundertprozentig artgerecht halten?[33] Da ist etwas dran, würde ich sagen, wenngleich ich nicht für ein Verbot von Tieren in Privathaushalten plädiere. Doch wenn der Vorstoß zum Verbot von Wildtieren in Zirkussen als Nebeneffekt eine Debatte über Tierhaltung im Allgemeinen auslöste, wäre ich zufrieden. Im Zusammenhang dieses Kapitels steht jedoch an vorderer Stelle die Aufgabe, das Leid der Wildtiere in der Manege sobald wie möglich zu beenden. Und mir bleibt nur zu hoffen, dass die deutsche Bundesregierung sich aufrafft und der Initiative des Bundesrates Taten folgen lässt. Ob zu dieser Hoffnung wirklich begründeter Anlass besteht? Die Vernunft würde gebieten, skeptisch zu bleiben: Ein Antrag der SPD-Fraktion zum Verbot von Wildtieren in Zirkussen wurde im Bundestag von den Koalitionsfraktionen am 15. Dezember 2011 abgelehnt.[34]

Jagd: kein Beitrag zum Naturschutz

Ein Thema im Großbereich Wildtiere ist sicherlich auch die Jagd. Sie hat zwar weniger Reichweite als die Haltung von Tieren in Zoos oder Zirkussen, weil das »Publikum« bei der Jagd im Vergleich eher gering ist, ein kurzer Blick darauf lohnt sich aber trotzdem. In der Schweiz gibt es rund 32 000 Hobby-Jäger, in

33 u.a. Bettina Richter, Circus Voyage, im ZDF; Zugriff in der Mediathek am 5. 12. 2011, www.zdf.de/ZDFmediathek/beitrag/video/1502386/Bundesrat-fordert-Zirkustierverbot

34 www.bundestag.de/dokumente/textarchiv/2011/37044819_kw50_angenom men_abgelehnt/index.html, Zugriff 27. 12. 2011

Österreich sind es ca. 115 000[35], in Deutschland rund 350 000[36]. Die Zahl der Tiere allerdings, die diesem Hobby zum Opfer fallen, ist erheblich. In Österreich waren es in der Saison 2010/11 rund 800 000 Tiere, die abgeschossen wurden,[37] in Deutschland betrug 2009/10 die Jahresjagdstrecke – so nennt man das Ergebnis jagdlicher Betätigung – über 4,7 Millionen[38] toter Tiere. Trotz dieser erschreckenden Zahlen wird den Jägern immer wieder attestiert, dass sie sich um die Hege des Waldes und des Wildes verdient machten. Ich halte das für nicht ganz zutreffend: Soweit ich weiß, steht an oberster Stelle der Jäger die Freude am Tun, mithin am Töten, ergänzt durch die Freude an der Präsentation des Erfolgs in Form von Geweihen und Ähnlichem. Dass auch Geld in Waldprojekte oder in Initiativen gesteckt wird, die Kindern den Wald nahebringen sollen, ist schön, lenkt aber vom Eigentlichen ab. Und das ist: Das Töten von Tieren ohne existentielle Notwendigkeit für den Menschen ist rundheraus abzulehnen und sollte auch gesellschaftlich sanktioniert werden. Meiner Ansicht nach sollte eine Betätigung, die das Leid und den Tod so vieler Tiere verursacht, keineswegs als Sport bezeichnet werden. Dieser Sport ist Mord – wenn ich mir die Umdeutung eines Bonmots erlauben darf, das Winston Churchill zugeschrieben wird.

Die sogenannte Hege, also die planmäßige Förderung von Wildarten, dient nicht dem ökologischen Gleichgewicht, sondern eher dem Wunsch, leicht jagdbares Wild in hohen Beständen zu

---

35 www.weidwerk.at/html/jauwi.htm, Zugriff 5. 12. 2011
36 www.bmelv.de/SharedDocs/Standardartikel/Landwirtschaft/Wald-Jagd/ Jagd/Bundesjaegertag2011.html
37 www.statistik.at/web_de/statistiken/land_und_forstwirtschaft/viehbe stand_tierische_erzeugung/jagd/index.html
38 www.jagd-online.de/datenfakten/jahresstrecken/?meta_id=256, Zugriff 5. 12. 2011

erzielen. Das führt aber unter anderem zu Problemen im ökologischen Gleichgewicht. Hohe Bestände etwa von Rotwild und erhebliche Verbissschäden im Wald werden wiederum als Grund für eine Aufrechterhaltung der Jagd ins Feld geführt – nach dem Muster der sich selbst erfüllenden Prophezeiung. In Deutschland gibt es seit 30 Jahren den Ökologischen Jagdverband (ÖJV), der diese Praktiken kritisiert: »Der eilige Freizeitjäger braucht hohe Wilddichten leicht bejagbarer Bestände, um zum Schuss zu kommen, und nach wie vor ist die Erbeutung starker Trophäen Beweis für erfolgreiches Jagen«, so die ÖJV-Präsidentin Elisabeth Emmert in einem Interview[39]. »Leicht bejagbar« – das ist ein Stichwort, mit dem viele Beeinflussungstechniken für den Wald verknüpft sind, die weit entfernt von den postulierten natürlichen Verhältnissen sind. So werden zum Beispiel Gatter errichtet oder Fütterungen durchgeführt, obwohl das nur in Notzeiten geschehen sollte. Besonders absurd, um nicht zu sagen pervers, ist das Züchten und Aussetzen von jagdbarem Wild. Das heißt, Tiere werden gezüchtet und aufgezogen und kurz vor Beginn der Saison ausgesetzt, so dass die Jäger Aussicht auf größere Erfolgserlebnisse haben. Denn zum einen ist die Wilddichte höher, das heißt, die Wahrscheinlichkeit steigt, mit einem Schuss tatsächlich ein Tier zur treffen. Zum anderen ist das Verhalten der in Gehegen gezüchteten und ausgesetzten Tiere oft nicht so gut an ihre Umgebung angepasst, und deshalb sind sie einfacher zu erwischen.[40] In einigen Ländern sind solche Methoden verboten, in anderen wird es noch gemacht. »Richtige« Jäger lehnen das ab, dennoch scheint es zu geschehen. Es werden auch immer wieder Fälle bekannt, in denen gezüchtete Tiere

39 www.naturfotografen-fn.de/oejv.html, Zugriff 4. 12. 2011
40 Förderungsverein für Umweltstudien FUST Tirol, Positionspapier »Jagdgatter« und Aussetzung von Wildtieren zum Abschuss, 2008, www.fust.at/frameset.html, Zugriff 4. 12. 2011

ins Ausland gebracht werden, wo sie dann für Jagdtouristen und Trophäenjäger ausgesetzt werden.[41]

Selbst wenn die Züchtung und Auswilderung nicht speziell für den schnellen Erfolg in einer Jagdsaison geschieht, sondern um den Bestand aufrechtzuerhalten oder gar eine Art an einer Stelle wieder anzusiedeln, an der sie von selbst nicht mehr besteht: Die Folgen sind gravierend, denn es kommt zu genetischen Veränderungen der Populationen. Aus Jägersicht stellt es sich dann so dar, dass etwa der Fasan leider »durch großflächig vermischte Unterarten und deren nur noch inselartiges Vorkommen genetisch verzerrt [wird]. Somit verlieren die natürlichen Restbesätze durch schlechte Volierenfasane ihre guten, rassetypischen Eigenschaften. Ein Dilemma, das den Fasan immer mehr zum Jagdpapagei macht«.[42] Ja, die Eingriffe in die Natur sind stets folgenreich, das sehen wir allerorten. Trotzdem machen wir es permanent. Mal mit einer einigermaßen guten Begründung, oft ohne.

Nicht nur, dass Tiere zum Vergnügen getötet werden, ist verwerflich, man muss auch sagen, dass ihre Nichttötung manchmal sogar noch schlimmer ist. Denn die Begleitumstände der Jagd sind oft grausam. Nicht jeder Schuss ist ein »Treffer«, oft werden Tiere verletzt und flüchten. Sie müssen per sogenannter Nachsuche gestellt und dann getötet werden. Nachsuchen sind kompliziert, gerade wenn es sich um eine große Jagd bzw. Jagdgesellschaft handelt. Sie können nur zu bestimmten Zeiten

41 www.tjv.or.at/uploads/jagd_auf_zuchtwild.pdf
42 Klaus Schmidt: »Zwischen Prachtvogel und Flintenfutter – Welcher Fasan für unsere Reviere?«, in Deutsche Jagdzeitung 4/2007, Seite 42, www.djz.de/r30/vc_content/bilder/firma447/Archiv_2008/042_049_fasan_0407.pdf, Zugriff 6. 12. 2011

stattfinden, das heißt nach Abschluss der Jagd, um Gefährdungen der Menschen auszuschließen. Bis zum Beginn der Nachsuche und bis zu ihrem Abschluss können mehrere Stunden vergehen – Zeit, in der sich die verletzten Tiere quälen oder elend sterben. Manche Tiere werden auch erst deshalb sehr spät gefunden, weil nicht jeder Jäger seinen Fehlschuss zugeben mag.[43]

Trotz dieser und vieler anderer »Begleiterscheinungen« ist die Jagd gesellschaftlich sanktioniert, und mancher glaubt tatsächlich, dass die Jagd gelebter Naturschutz sei. Die deutsche Bundesministerin für Ernährung, Landwirtschaft und Verbraucherschutz begrüßte auf dem Bundesjägertag 2011 ausdrücklich, dass die Rechte der Jäger auch seitens der EU gestärkt worden seien. »Gefreut hat mich die Entscheidung des Europäischen Gerichtshofs für Menschenrechte vom Januar dieses Jahres. Dabei ging es um die Pflicht von Eigentümern, Bejagung auf ihren Grundstücken zu dulden. Dadurch fühlte sich der Beschwerdeführer in seinen Menschenrechten verletzt! Wir haben demgegenüber als Bundesregierung vor dem Gerichtshof klargemacht, welche große Bedeutung wir der Erhaltung eines gesunden Wildbestandes beimessen.«[44] Das muss man sich auf der Zunge zergehen lassen: Die Ministerin freut sich, dass jemand gezwungen werden kann, die Jagd auf seinem Eigentum zuzulassen. Dass er möglicherweise Probleme mit seinem Gewissen bekommt, wenn es um die Tötung von Tieren auf seinem Grund geht, scheint als persönliche Schwäche oder gar Übertreibung gewertet zu werden – und ist deshalb nicht relevant.

43 www.djz.de/447,270/, Zugriff 6. 12. 2011
44 www.bmelv.de/SharedDocs/Reden/2011/06-17-AI-Bundesjaegertag-2011.html, Zugriff 6. 12. 2011

An diesem kleinen Beispiel sieht man: Eine bessere Position des Tierschutzes in Recht und Gesellschaft nützt nicht nur den Tieren, sondern auch den Menschen. Wenn jemand seinem Gewissen als Tierschützer nicht folgen darf, sondern zum Beispiel sein Eigentum für die Jagd zur Verfügung stellen muss – dann stimmt etwas mit unserem System nicht. Und deshalb sollten wir uns dafür einsetzen, dass dieses System verbessert wird.

Frage 9

Eine Frage der Existenz:
Brauchen wir wirklich Tieranwälte?

Sie haben die Frage, die über diesem Kapitel steht, sicher als rhetorische erkannt. Nachdem Sie in der Lektüre dieses Buchs hier angelangt sind, ist Ihnen zweifellos klar, dass ich eine Stärkung des Tierschutzes in rechtlicher Hinsicht für absolut notwendig halte. Wobei es nicht nur im wörtlichen Sinne um die Installation eines Amts geht, das als »Tieranwalt« bezeichnet wird. Anwalt für Tiere zu sein, sich für ihren Schutz, für die Wahrung ihrer Würde und für einen einklagbaren Anspruch auf einen respektvollen Umgang einzusetzen bedeutet mehr, als eine Position zu schaffen. Es verlangt eine deutliche Veränderung der bestehenden Gesetzeslage, vor allem in Deutschland. Wer sich dafür engagiert, als juristischer Experte oder einfach als Mensch mit Verantwortungsbewusstsein – den möchte ich ebenfalls Tieranwalt nennen. Und in diesem Sinne wünsche ich mir, dass dieses Buch dazu beiträgt, möglichst viele Menschen zu Tieranwälten zu machen.

Vergleichender Blick auf die Gesetzeslage

Ich selbst war von 2007 bis 2010 Tieranwalt im Kanton Zürich in der Schweiz, der offizielle Titel lautete »Rechtsanwalt für Tierschutz in Strafsachen des Kantons Zürich«. Der Tieranwalt nahm qua Amt die Rolle des geschädigten Tieres wahr und unterstützte so die Staatsanwaltschaft und die Statthalterämter als untere Instanzen, die zusammen mit der Polizei die Strafuntersuchung durchführte. Die Schweiz war das einzige Land auf der Welt, das in immerhin einem »Bundesland« einen Tieranwalt hatte. In dieser Zeit bin ich in rund 700 Fällen vor den Behörden aufgetreten, um den Tieren eine Stimme zu verleihen, damit ihnen Recht verschafft wurde – gegen ihre Halter, die sie vernachlässigten oder absichtlich schlecht behandelten, aber auch gegen Menschen, die sich bei speziellen Gelegenheiten grausam gegenüber Tieren verhielten. Oft hatte ich Erfolg, manchmal keinen, beispielsweise als ich einen Angler anzeigte, der sich in den Medien damit brüstete, einen Hecht von über einem Meter Länge geangelt und ihn dabei besonders ausgiebig gedrillt zu haben, ihn also gezielt durch Nachlassen und Anziehen der Leine in die Erschöpfung trieb. Das Gericht folgte meinen Ausführungen nicht, dass dieser absichtlich lange Drill eine Tierquälerei sei. Trotzdem bekam der Fall durch meine Aktivität Aufmerksamkeit, und es wurde ausführlich darüber debattiert, ob Fische Schmerzen empfinden und ob man sich ihnen gegenüber so verhalten dürfe oder nicht. In diesem Sinne hat das Verfahren auf jeden Fall einen positiven Effekt gehabt. Auch hat das Amt nachweislich dazu geführt, dass mehr Tierschutzdelikte verfolgt und die Schuldigen härter bestraft wurden als in den anderen Schweizer Kantonen.

Im Jahr 2010 wurde die Stelle abgeschafft, nach über 20 Jahren ihrer Existenz. Nicht weil sie überflüssig geworden wäre, sondern weil sie im Rahmen einer Reform der Justizbehörden angeblich nicht mehr ins System passte. Das ist sehr bedauerlich, denn obwohl die Schweiz bei der Tierschutzgesetzgebung im Ländervergleich nicht schlecht dasteht, gäbe es noch viel zu tun. Darüber hinaus besteht ein – allerdings unterschiedlich ausgeprägtes – Interesse in anderen Ländern an Institutionen wie einem Tieranwalt, wofür das Schweizer Beispiel von Vorteil war. In Österreich beispielsweise gibt es mittlerweile in jedem Bundesland einen Tierombudsmann, der die Interessen des Tierschutzes vertritt und in Verwaltungsverfahren als Partei auftreten kann.

Die Einrichtung der Institution eines Tieranwalts steht jedoch nicht am Beginn einer weitergehenden gesetzlichen Regelung, sondern eher an deren Ende. Fundamental ist zunächst die Verankerung des Tierschutzes in der Verfassung – und dabei ist entscheidend, zu definieren, was genau geschützt werden soll. Denn es hat gänzlich andere Auswirkungen, ob etwa »nur« die grausame Behandlung von Tieren verboten ist oder ob ihnen auch Ansprüche im Hinblick auf ihre Würde zugestanden werden. In den letzten Jahren habe ich mich intensiv damit beschäftigt, die Verfassungen und Gesetzgebungen verschiedener Länder miteinander zu vergleichen und auf die Position des Tierschutzes und der Mensch-Tier-Beziehung im Recht hin abzuklopfen. Teilweise sind erstaunlich fortschrittliche Regelungen zu finden, auch in Ländern, von denen man nicht ohne weiteres annimmt, dass der Tierschutz für sie ein besonders wichtigstes Ziel ist, etwa Südkorea, Japan oder Polen. Das weltweit bisher einzige Land jedoch, das den Begriff der Würde des Tieres in seine Verfassung aufgenommen hat, ist die Schweiz. Es hat viel Arbeit gebraucht und eine Menge Überzeugung, bis es 1992 so weit war. Ich selbst war intensiv daran beteiligt. Seitdem lautet der Artikel 120 Absatz 2: »Der Bund erlässt Vorschriften über den Umgang mit Keim- und Erbgut von Tieren, Pflanzen und anderen Organismen. Er trägt dabei *der Würde der Kreatur* [Hervorhebung von mir] sowie der Sicherheit von Mensch, Tier und Umwelt Rechnung und schützt die genetische Vielfalt der Tier- und Pflanzenarten.«

Für den Unbeteiligten sieht der Artikel vielleicht harmlos aus, die Änderung kam jedoch einer Revolution gleich. Bis dahin standen die Interessen des Tieres an Freiheit von Leiden, Schmerzen, Schäden und Ängsten im Vordergrund. Es war der Ausdruck eines Tierschutzbegriffs, der von der Leidensfähigkeit des Tieres ausgeht. Mit dem neu eingeführten Begriff der Würde ging der Gesetzgeber aber einen großen Schritt darüber hinaus. Von nun an sollte das Tier in seinem Selbstzweck geschützt, seine Mitgeschöpflichkeit und sein Eigenwert anerkannt werden. Das bedeutet: Tiere dürfen nicht überwiegend für Zwecke der Menschen verwendet werden. Und absolut neuartig war: Die individuellen Interessen der Tiere an Leben, Selbsterhaltung und artgemäßer Selbstentfaltung sind damit ebenfalls anerkannt. Sie dürfen nicht von vorneherein den Interessen der Menschen geopfert werden.

Wie ich im ersten Kapitel schon ausgeführt habe, ist das Rechtswesen ein lebendiges System. Anders als Laien manchmal annehmen, sind Gesetze keine in Marmor gemeißelten, unverrückbaren Festlegungen. Sie müssen vielmehr ständig interpretiert und ihre Grenzen ausgelotet werden. Beim Schweizer Verfassungsartikel zur Würde des Tieres ist das ebenso, und es sind noch etliche Fragen zu beantworten, etwa was die Anwendung des Begriffs der Würde der Kreatur für den Eingriff in embryonale Stammzellen und Embryonen bedeutet und ob die Empfindungs- und Leidensfähigkeit eines Tieres unsere Auffassung von seiner Würde beeinflussen darf. Das und vieles mehr gehört zu dem großen Gebiet, auf dem wir noch unsere Hausaufgaben machen müssen. Entscheidend aber ist: Die Schweiz hat einen solchen Absatz in ihrer Verfassung, Deutschland ebenso wenig wie – mit Ausnahme von Südkorea in seinem neuen Tierschutzgesetz – alle anderen Länder.

Immerhin ist in Deutschland der Tierschutz als Staatsziel 2002 ins Grundgesetz aufgenommen worden, was eine bedeutende Aufwertung darstellte. Der neue Artikel 20a weist ausdrücklich darauf hin, dass der Staat »auch in Verantwortung für die künftigen Generationen die natürlichen Lebensgrundlagen und die

Tiere im Rahmen der verfassungsmäßigen Ordnung«[1] zu schützen hat. Der Tierschutz stellt somit – wie in der Schweiz schon seit 1973 – eine rechtspolitische Staatsaufgabe dar und gilt als überragend wichtiges Gemeinschaftsgut. Die neue Staatszielbestimmung verpflichtet zwar nicht zu einem unbegrenzten Tierschutz, aber er muss gegen andere Verfassungsgüter abgewogen und darf nicht einfach unterlaufen werden. Das ist vor allem interessant, wenn es etwa um die freie Ausübung von Kunst, Religion, Wissenschaft oder Lehre geht. Ein Künstler kann also nicht mehr ohne weiteres lebende Tiere als Teil eines Kunstwerks, etwa im Rahmen einer Performance, benutzen, sie gar töten und sich dabei auf die Freiheit der Kunst berufen. Wenn es im individuellen Fall zu einer Anzeige kommt, muss das Gericht die beiden betroffenen Güter (Freiheit der Kunst – Unversehrtheit des Tieres) sorgfältig gegeneinander abwägen, und genau darin besteht der Fortschritt: dass die Berufung auf die Freiheit der Kunst nicht automatisch als das höherrangige Gut gilt.

Dennoch müssen wir konstatieren: In Deutschland kommt die Gesetzgebung zugunsten des Tierschutzes nur in Trippelschritten voran. Es ist noch ein langer Weg, bis dem Schutz des Tieres und ein sehr langer Weg, bis der Würde des Tieres in allen ihren Facetten Rechnung getragen wird. Selbst in juristischen Fachkreisen kritisiert man, dass das Verfassungsprinzip »Tierschutz« nur mangelhaft umgesetzt ist und die Gerichte die Interessen der Tiernutzer tendenziell stärker gewichten als die der Tiere selbst. Die Neuformulierung des Paragraphen 20a des Grundgesetzes war zwar eine Verbesserung, aber doch sehr allgemein gehalten (»und die Tiere«). Eine klare Stoßrichtung des Tierschutzes kann

---

1 www.gesetze-im-internet.de/gg/art_20a.html, Zugriff 10. 1. 2012

man daraus nicht entnehmen. Ich plädiere energisch dafür, auch in Deutschland dieses Ziel zu konkretisieren. Das bisher bestehende Tierschutzkonzept will das Tier lediglich vor Schmerzen, Schäden, Leiden und Ängsten bewahren. Wenn man auch in Deutschland darüber hinaus die Würde des Tieres als zu respektierendes Kriterium ins Grundgesetz aufnähme, käme der Tierschutz einen großen Schritt voran.

Auch die Revision der Bestimmungen des Zivilrechts fiele leichter, wenn das Staatsziel Tierschutz im Grundgesetz verbessert würde. Immerhin gilt zwar das Tier zivilrechtlich seit 1990 nicht mehr als Sache. Das »Gesetz zur Verbesserung der Rechtsstellung des Tieres im bürgerlichen Recht« löste die Tiere privatrechtlich aus dem reinen Objektstatus. Trotzdem haben sie dadurch noch keine dem Menschen vergleichbare Rechtsposition; vielmehr müssen, wenn nichts anderes bestimmt ist, die für Sachen geltenden Vorschriften entsprechend angewendet werden. Ich könnte nun die verschiedenen Rechtsgebiete wie Mietrecht, Haftpflichtrecht, Ehescheidungsrecht etc. durchgehen und auf ihre Tierfreundlichkeit hin abklopfen. Für juristische Laien ist das aber sicher nicht so spannend wie für mich. Deshalb konzentriere ich mich im Folgenden auf einzelne Aspekte, die auch für Laien interessant oder vielleicht sogar neu sind, etwa den Affektionswert. So lässt sich wenigstens im Ansatz verdeutlichen, welche Auswirkungen bestimmte gesetzliche Regelungen zugunsten der Tiere haben – oder eben welche Lücken ihr Fehlen bestehen lässt.

Tieren wird im deutschen Recht zum Beispiel kein Affektionswert zuerkannt. Was ist damit gemeint? Der Affektionswert beschreibt den emotionalen Wert einer Sache, der im Falle eines Schadens und seiner Regulierung ebenfalls berücksichtigt werden muss, also über den rein wirtschaftlichen Wert hinaus.

Man kann auch von Liebhaberwert sprechen, beispielsweise bei einem Oldtimer-Auto. Da kommt es nicht auf den Stand seiner Technik an, sondern auf den Seltenheitswert, das Image etc. Der Affektionswert kann also den materiellen Wert deutlich übersteigen. Für viele Menschen ist nun ihr Haustier ein wichtiger Bezugspunkt, es ist oft ein Lebensgefährte, dessen Tod einen großen emotionalen Verlust bedeutet. Diese gefühlsmäßige Beziehung zwischen Mensch und Tier berücksichtigt der deutsche Gesetzgeber nicht, ebenso wenig wie die Gesetzgeber vieler anderer Länder. Trifft also etwa einen Hunde- oder Katzenhalter das Unglück, dass sein Tier durch einen Dritten getötet wird, kann er deshalb in aller Regel keinen finanziellen Anspruch auf Ausgleich des Affektionswerts geltend machen. Selbst wenn man davon ausgeht, dass Geld die Trauer nicht mindern kann: Der Anspruch auf Genugtuung durch Ersatz des Affektionswerts würde immerhin bestätigen, dass es sich bei der Beziehung zu dem Tier um etwas anderes gehandelt hat als um eine lediglich zweckmäßige oder materielle Verbindung. Und es würde verdeutlichen, dass Tiere keine Sache sind, sondern Mitgeschöpfe, deren Wert anders zu bemessen ist als der eines Autos oder eines Schranks. Man könnte demnach die Tierschutzgesetzgebung einzelner Staaten auch daran messen, ob sie Tieren einen Affektionswert zugesteht oder nicht. Deutschland tut es wie gesagt nicht.

In Österreich ist die Lage ein bisschen besser. Nach Paragraph 1331 des Allgemeinen Bürgerlichen Gesetzbuchs (ABGB) kann jemand, der in seinem Vermögen geschädigt wird, nicht nur den entgangenen Gewinn, sondern auch den »Wert der besonderen Vorliebe« geltend machen, sofern der Schaden durch eine verbotene Handlung verursacht wurde. Somit wird zumindest implizit der emotionale Wert eines Tieres anerkannt. In der Regel gelingt es einem geschädigten Tierhalter leicht, die besondere Vorliebe nachzuweisen. In Liechtenstein gibt es eine vergleichbare Regelung.

In der Schweiz ist auch die emotionale Beziehung zwischen dem Menschen und seinem Haustier anerkannt und geschützt, seit die Schweizer Gesetzgebung die Tiere nicht mehr als Sachen ansieht. Der Richter kann im Fall der Verletzung oder Tötung eines Heimtieres den Affektionswert, den dieses für seinen Halter oder dessen Angehörige hatte, berücksichtigen (Art. 43 Abs. 1 des Obligationenrechts). Die Höhe des Affektionswerts ist gesetzlich nicht geregelt, sondern wird vom Gericht nach freiem Ermessen und angesichts der konkreten Umstände bestimmt. Der materielle Wert eines Tieres, also etwa sein Anschaffungspreis, beeinflusst übrigens die Berechnung nicht. Schließlich kann auch ein Mischlingshund oder eine Bauernhofkatze für den Halter eine große emotionale Bedeutung haben. Und auf die kommt es entscheidend an. Hält jedoch jemand Hunde zu Erwerbszwecken, beispielsweise indem er sie züchtet und verkauft, dann wird kein besonderer Affektionswert berücksichtigt. Der Gesetzgeber geht davon aus, dass die emotionale Bindung zu einem Tier, das einem Halter als Geldquelle dient, weniger groß ist als die zu einem ausschließlich aus Freude gehaltenen Heimtier.

Auch das Mietrecht, das richterliche Zuteilungsrecht an Tieren – beispielsweise bei der Auflösung von Ehen – und das Fundrecht erfordern tierspezifische, vor allem tierfreundliche Regelungen. Deutschland hinkt hier in allem nach: Tiere fallen weitgehend unter dieselben Bestimmungen wie Sachen. Viele andere Länder sind auf diesem Gebiet wesentlich fortschrittlicher. Bulgarien, Finnland, die Niederlande, Südkorea, die Schweiz und zahlreiche weitere Staaten haben etwa ein tierspezifisches Fundrecht entwickelt – also ein Verfahren, das angewendet wird, wenn ein Tier gefunden wird, und das bestimmt, wo es gemeldet wird, wo es hinkommt, wer es wann unter welchen Umständen behalten darf etc.

Konkrete Forderungen:
wie der Tierschutz gesetzlich verbessert werden muss

Man könnte an vielen Stellen ansetzen, aber speziell für Deutschland ergibt sich besonderer Handlungsbedarf in der Tierschutzgesetzgebung, den ich im Folgenden skizzieren will. Sehr wichtig wäre die Aufnahme des Begriffs der kreatürlichen Würde ins Grundgesetz, das würde sich positiv auf viele Rechtsgebiete auswirken. Doch eine Änderung des Grundgesetzes ist immer eine langwierige Sache, und derzeit (Anfang 2012) sieht es nicht so aus, als ob die Vorbereitungen dafür schon weit gediehen seien. Doch auch ohne Grundgesetzänderung ließe sich im Tierschutzgesetz schon viel verbessern.

Dreh- und Angelpunkt wäre die Aufnahme des Grundsatzes, dass Tiere eine schützenswerte Würde haben. Darunter würden die bereits im Tierschutzgesetz aufgeführten Begriffe von Leiden, Schmerzen, Schäden und Angst (zusammengefasst unter dem Begriff »Belastungen«) fallen. Darüber hinaus müsste der Gesetzgeber aber ebenfalls klarstellen, dass ein Tier auch durch andere Eingriffe in seiner Würde verletzt werden kann – und dass das ebenfalls bestraft werden kann. Man sieht schon: Eine Kleinigkeit ist die Reform des Tierschutzes nicht. Unterhalb des Grundgesetzes gibt es viele Rechtsgebiete, auf die eine Besserstellung des Tieres Einfluss hätte. Das alles im Einzelnen aufzuzeigen, würde Bände füllen und ist ab einem bestimmten Grad der Genauigkeit nur noch für Experten interessant. Deshalb will ich mich im Folgenden auf die Skizzierung der Bereiche und der Forderungen beschränken, die gestellt werden müssen.

1. Schutz der Würde

Um Tiere nicht mehr bloß vor Schmerzen, Leiden, Schäden und Ängsten zu bewahren, sondern darüber hinaus auch in ihrer kreatürlichen Würde zu schützen, müsste Paragraph 1 des deutschen Tierschutzgesetzes geändert werden. Bisher lautet er so: »Zweck dieses Gesetzes ist es, aus der Verantwortung des Menschen für das Tier als Mitgeschöpf dessen Leben und Wohlbefinden zu schützen. Niemand darf einem Tier ohne vernünftigen Grund Schmerzen, Leiden oder Schäden zufügen.«[2] Mein Vorschlag für eine Erweiterung: »Zweck dieses Gesetzes ist es, aus der Verantwortung des Menschen für das Tier als Mitgeschöpf dessen Würde, Leben und Wohlbefinden zu schützen. Niemand darf einem Tier ohne vernünftigen Grund Schmerzen, Leiden oder Schäden zufügen oder in anderer Weise seine Würde missachten.« Um den Begriff der Würde zu erläutern, könnte man sich an der Definition im Schweizer Tierschutzgesetz (Art. 4 Abs. 2) orientieren. Demnach wird unter Würde verstanden: »Eigenwert des Tieres, der im Umgang mit ihm geachtet werden muss. Die Würde des Tieres wird missachtet, wenn eine Belastung des Tieres nicht durch überwiegende Interessen gerechtfertigt werden kann. Eine Belastung liegt vor, wenn dem Tier insbesondere Schmerzen, Leiden oder Schäden zugefügt werden, es in Angst versetzt oder erniedrigt wird, wenn tiefgreifend in sein Erscheinungsbild oder seine Fähigkeiten eingegriffen oder es übermäßig instrumentalisiert wird.«

2 www.gesetze-im-internet.de/tierschg/BJNR012770972.html, Zugriff 9. 12. 2011

2. Erweiterter Inhalt des Würdebegriffs

Die Einführung des Würdebegriffs umfasste also alles, was als
Erniedrigung, weitreichender Eingriff in das Erscheinungsbild
oder in die Fähigkeiten, als übermäßige Instrumentalisierung
oder als anstößiger Umgang angesehen werden kann. Was bedeuten die einzelnen Kriterien genau?

• **Erscheinungsbild:** Ein Eingriff in das Erscheinungsbild läge
zum Beispiel dann vor, wenn Tiere als Werbeträger benutzt werden, indem man ihnen Plakate umhängt und sie durch Fußgängerzonen führt. Oder wenn sie in Werbespots albern verkleidet
und vermenschlicht werden. Aber auch das Enthornen von Rindern wäre damit verboten, ebenso wie die Amputation von Geweihen bei Damhirschen. Für Tierversuche hätte eine solche Bestimmung ebenfalls Folgen: Gestaltveränderungen zum Beispiel
durch genetische oder andere Manipulationen dürften nicht
mehr geschehen. Es wäre das Ende von Experimenten, in denen
Fliegen zwölf Augen oder Mäusen ein menschliches Ohr angezüchtet würde.

• **Erniedrigung:** Das ist ein weites Feld, hier nur einige Beispiele. Tiere werden unter anderem erniedrigt, wenn sie in einer
demütigenden oder lächerlichen Form zur Schau gestellt werden. Eine Dressurnummer, in der sich der Trainer auf die
Schnauze eines Delphins stellt, ist für das Tier erniedrigend.
Ebenso, wenn der Dompteur seine »Macht« über die Wildkatzen
durch Peitschenknallen zelebriert. Die Nutzung von Wildtieren
wie Delphinen als Therapeuten, bestimmte Formen der Ausbildung von Schutzhunden, deren Aggressivität gesteigert werden
soll, Hetzjagden, das Treiben von Schlachttieren durch Strom-
stöße oder durch Schläge, um höhere Schlachtfrequenzen zu er-

zielen – das alles fiele unter Erniedrigung und wäre damit unzulässig.

• **Anstößiger Umgang:** Das betrifft Sodomie und ähnliche sexuelle Handlungen mit und an Tieren sowie die Erziehung von Tieren zu sexuellen Handlungen am Menschen. In der Schweiz sind, im Gegensatz zu Deutschland, seit September 2008 »sexuell motivierte Handlungen mit Tieren« ausdrücklich verboten.[3]

3. Regelungen zum Schutz der Würde nach Bereichen

Betrachtet man die Wahrung der Würde nach den Bereichen und den Zwecken, zu denen Tiere gehalten werden, ergeben sich weitere Aspekte.

• **Heimtiere:** Generell sollten die Bedürfnisse der Heimtiere nach Beschäftigung, Bewegungsfreiheit und besonders auch nach Sozialkontakten und Gruppenhaltung stärker berücksichtigt werden. Wenn das »Einschränken der Fähigkeiten« verboten wäre, beträfe das bestimmte Haltungsformen oder überhaupt Tiere, die nicht mehr als Heimtiere gehalten werden könnten. Meerschweinchen und Ratten dürften nicht mehr einzeln in den Käfigen leben, bei Ziervögeln, vor allem bei Papageien, wären Amputationen wie das Kürzen der Flügel ausdrücklich verboten. Dringend notwendig ist die Novellierung des Zuchtparagraphen 11b des deutschen Tierschutzgesetzes. Hier müsste zusätzlich aufgenommen werden, dass das Tier auch in seinem Erscheinungsbild zu schützen ist. Das bedeutete, dass ein Tier nicht auf

---

3 Art. 16 Abs. 2 Bst. j der ausführlichen Tierschutzverordnung vom 23. April 2008

ein lächerliches Erscheinungsbild hin gezüchtet werden darf, etwa wenn ein Hund auf einen möglichst hilflosen Gesichtsausdruck hin gezüchtet wird.

• **Landwirtschaftliche Nutztiere:** Bei der Zucht von Nutztieren bzw. der Veränderung durch biotechnische Maßnahmen müssen alle Methoden unterbunden werden, die beim Muttertier oder den Nachkommen zu Schmerzen, Leiden, Schäden oder Ängsten (»Belastungen«) führen können oder sie in ihrem Erscheinungsbild oder in ihren Fähigkeiten tiefgreifend verändern. Die bisher auftretenden tierwidrigen Missstände dürfen unter dem Aspekt der Würdeverletzung nicht länger geduldet werden. Rinder leiden oft unter schmerzhaften Euterentzündungen, Schwierigkeiten beim Gebären, an Zungenvergrößerung, Kieferverkürzung, Kehlkopfverengung und erhöhter Stressanfälligkeit. Bei Schweinen treten häufig Lahmheit, Sauerstoffunterversorgungen des Muskels und damit verbundene Stressanfälligkeit auf. Geflügel weist Skelettdeformationen und Bewegungsstörungen, Knorpelstörungen und Knochenverformungen auf, in der Mast kommen Herz- und Kreislaufbeschwerden, Beinprobleme, Eileiterentzündungen, Verformungen des Brustbeins und Knochenbrüche dazu. Der Tod von Geflügel ist ethisch besonders relevant: Männliche Küken werden, da sie für die Legehennenzucht wirtschaftlich uninteressant sind, unmittelbar nach dem Schlüpfen aussortiert und getötet, was behördlicherseits zwar für gerechtfertigt und durch die EU-Schlachtrichtlinie 93/119/EG legitimiert wird. Ob Tötungen aber ausschließlich aufgrund des Geschlechtsmerkmals und wirtschaftlicher Überlegungen als »gerechtfertigt« zu gelten haben und mit der Würde der Küken vereinbart werden kann, ist ethisch umstritten.

Auch bei der Haltung von Nutztieren gibt es großen Reformbedarf: Nicht nur die den Tierschutz-Vollzugsbehörden bestens bekannten haltungs- und schlachtungsbedingten Leiden, Schäden und Schmerzen wären zu bekämpfen. Unter dem Aspekt der kreatürlichen Würde müssten auch die vielen Amputationen oder das Entnehmen oder Zerstören von Organen oder Geweben verboten werden. Das Schwanzkürzen bei Ferkeln und Lämmern oder das Entfernen des Hornansatzes bei Kälbern und viele andere Maßnahmen werden immer noch toleriert. Aufmerksamkeit verdient auch das Halten exotischer Tiere bzw. von Wildtieren als Lebensmittel- und Güterlieferanten, zum Beispiel Straußenvögel, Nerze und Füchse als Pelztiere. Ebenso wäre unter ethischen Gesichtspunkten zu prüfen, ob der Vertrieb von Fleisch exotischer und möglicherweise sogar gefährdeter Tiere wie Känguru und Krokodil zu rechtfertigen ist.

Nach Möglichkeit und im Rahmen der Handelsordnung soll der Handel mit tierschutzwidrig hergestellten Gütern und damit die legalisierte Nachfrage unterbunden werden. Das betrifft zum Beispiel »Quäleier«, Katzenfelle, Gänsestopfleber, Pelze, Froschschenkel. Nutztiere können als Güterlieferanten zu medizinischen Zwecken verwendet werden, etwa als Medikamenten-, Impfstoff- und Serenlieferanten sowie als Organ- und Gewebespender. Erforderlich wäre eine Debatte über die ethische Vertretbarkeit dieser Verwendung. Die nötige Güterabwägung sollte so gehandhabt werden wie bei der von Versuchstieren. Wichtig ist, dass den Tieren auch unter klinischen Haltungsbedingungen ermöglicht wird, ihre Fähigkeiten auszuleben. So sollte etwa ein zur Xenotransplantation verwendetes Schwein sein natürliches Sozialverhalten und seine in ihm angelegte Neugier ausleben dürfen.

- **Versuchstiere:** Um die Zahl der Tierversuche möglichst gering zu halten und um die Bedingungen einigermaßen erträglich zu gestalten, müssten hohe Anforderungen erfüllt werden:

– Es müsste tatsächlich Aussicht darauf bestehen, dass eine echte Innovation entwickelt wird.

– Die Verhältnismäßigkeit der Versuchstierzahl muss gegeben sein.

– Die Belastungen dürften nicht über Schweregrad 2 liegen (siehe dazu die Erläuterung zur Schweizer Einteilung der Schweregrade auf Seite 137 f.).

– Auch wenn die Heraushebung bestimmter Tierarten problematisch ist: Es dürften keine gentechnischen Veränderungen an Menschenaffen und anderen dem Menschen besonders nahestehenden Tieren wie Hunds- und Breitnasenaffen, Pferden, Hunden, Katzen, Rindern, Schweinen vorgenommen werden.

– Nur wenn wirklich nachgewiesen werden kann, dass es für die Erprobung keine Alternative gibt, dürfen Tierversuche durchgeführt werden. Zur Herstellung von nicht lebensnotwendigen Produkten und zur Entwicklung von Nachahmerprodukten dürften überhaupt keine Tierversuche durchgeführt werden. Das betrifft etwa Kosmetika, Waschmittel, Waffen, Lifestyle-Produkte wie Potenz- und Schlankheitsmittel oder Mittel gegen Haarausfall.

– Sämtliche Haltungsbedingungen von Versuchstieren müssten überprüft und gegebenenfalls angepasst werden, insbesondere die von Mäusen, Ratten, Meerschweinchen, Kaninchen, Haushühnern, aber auch von Katzen, Hunden und Affen. Geringe Käfiggrößen, Reizarmut, Monotonie der Haltung und Sozialkontakte dürfen nicht mehr erlaubt sein. Die Haltung von Versuchstieren darf nicht von den allgemeinen Tierhaltungsvorschriften abweichen, da sich eine Ungleichstellung von Versuchs- und anderen Tieren verbietet.

Dazu kommt eine wichtige Frage, die es zu klären gilt: Dürfen genetisch veränderte Tiere hergestellt, gehalten und verwendet werden? Darüber wird noch immer debattiert, und es gibt sehr unterschiedliche Ansichten. Einige meinen – und dazu gehöre auch ich –, dass transgene Versuchstiere als gesetzgeberischer Sonderfall zu behandeln sind und ihre Herstellung unterbunden werden sollte. Die Verwendung transgener Tiere in der Landwirtschaft wäre ebenfalls kritisch zu hinterfragen.

• **Wildtiere:** Schwierig zu haltende Wildtiere, insbesondere solche mit einem starken Bewegungsbedürfnis, das sie in der freien Natur in großen Räumen stillen können, sollten möglichst gar nicht gehalten werden dürfen, zum Beispiel Wale und Delphine, Eisbären, Primaten, Raubkatzen. Andere Tiere mit weniger hohen Ansprüchen sollten höchstens noch in wissenschaftlich geführten zoologischen Gärten gehalten werden, sofern diese nachweisen können, dass es für die menschliche Bildung und Erholung, für Forschung und Naturschutz notwendig ist. Fang und Zucht bestimmter Wildtiere als Heimtiere sowie Amputationen und Organzerstörungen, damit die Tiere einfacher gehalten werden können, sollten untersagt werden, das betrifft zum Beispiel Flügelstutzen und Schnabelkürzen von Papageien und anderes.

Dass ich die Verwendung von Wildtieren für sogenannte therapeutische Zwecke äußerst kritisch betrachte, haben Sie bereits in Kapitel 5 erfahren, Stichwort Delphintherapie. Wenn diese Art der Therapie überhaupt sinnvoll sein sollte, müsste man sie durch die Verwendung von domestizierten Tierarten ersetzen. Zucht oder Import von Wildtieren im Hinblick auf ihre erneute Auswilderung und Bejagung sollte auf jeden Fall untersagt werden.

4. Geltungsbereich des Schutzes der Würde

Wichtig zu klären ist: Für welche Tierarten gilt die Annahme einer schützenswerten Würde? Die bisherige deutsche Tierschutzgesetzgebung ist zwar nicht auf Wirbeltiere beschränkt. Doch die Verletzung oder Tötung wirbelloser Tiere – immerhin 98 Prozent der Tierarten – ist nicht strafbar (§ 17 TierSchG). Ebenso gelten die meisten verwaltungsrechtlichen Bestimmungen, wie etwa über Tierversuche (§ 8), explizit bloß für Wirbeltiere. Und wenn es heißt, dass Tiere vor Schmerzen geschützt werden sollen, dann geht man davon aus, dass die Wirbellosen keine Schmerzempfindung haben, also in dieser Hinsicht auch nicht geschützt zu werden brauchen. Ich meine, dass auch Wirbellose geschützt werden müssen. Das Tierschutzgesetz sollte unter anderem dahingehend reformiert werden, dass auch für Tierversuche an Wirbellosen eine Meldepflicht besteht. Tötungsmethoden etwa in der Gastronomie, die nicht sofort zum Tod des Tieres führen (zum Beispiel das Kochen von lebenden Hummern und Schnecken), sollten verboten sein.

Außerdem plädiere ich dafür, dass die Schädigung von Wirbellosen aus Mutwillen oder Bosheit bestraft werden kann. Momentan ist es noch so: Wenn beispielsweise ein Dritter ein Tier aus der Sammlung eines Skorpionliebhabers tötet, kann er wegen Sachbeschädigung bestraft werden. Wenn aber der Sammler selbst seine Tiere verhungern lässt, dann ist das bisher nicht zu ahnden. Deshalb soll in Zukunft jemand bestraft werden können, der – so mein Vorschlag – »aus Bosheit oder Mutwillen ein wirbelloses Tier tötet oder Körperteile oder Organe für den artgemäßen Gebrauch zerstört, entfernt oder unbrauchbar macht«. »Bosheit« bedeutet juristisch: etwas mit Vorsatz tun in dem Bestreben, jemandem Schaden zuzufügen. »Mutwillen« bezeichnet rücksichtsloses Handeln aus einer momentanen Laune heraus. Damit hätten die nichts zu befürchten, die versehentlich einen Käfer zertreten oder den Tod von Fliegen auf der Windschutzscheibe verursachen, indem sie mit hoher Geschwindigkeit auf der Autobahn fahren. Aber die, die Tiere absichtlich malträtieren oder vernachlässigen, die könnte man mit so einer Formulierung fassen.

5. Durchsetzungsmöglichkeiten

Wenn der Tierschutz durch die Aufnahme ins Grundgesetz zusätzlich aufgewertet wird oder wenn zumindest der Begriff der kreatürlichen Würde in das deutsche Tierschutzgesetz aufgenommen wird, dann benötigt man auch wirksame Instrumente, um diese Maßstäbe durchzusetzen. Das muss nicht immer Ahndung oder Strafe sein. Auch Anreize können wirken, etwa Subventionen für Unternehmen, die im Sinne des Tierschutzes vorbildlich arbeiten; in der Schweiz etwa gibt es mehr Direktzahlungen für besonders tierfreundliche Landwirte. Das Verbraucher- und Konsumentenverhalten könnte man beeinflussen, indem Information und Bildung intensiver die Belange des Tierschutzes thematisieren.

Ohne Sanktionen wird man aber nicht auskommen. Und ohne ein »Klagerecht für Tiere« auch nicht. Das könnten unter Umständen Tierschutzorganisationen wahrnehmen; im Bundesland Bremen etwa ist die Verbandsklage in verwaltungsrechtlichen Tierschutzfällen bereits möglich. Dort können anerkannte Tierschutzverbände behördliche Maßnahmen im Nachhinein überprüfen lassen.

In Nordrhein-Westfalen gibt es seit Juli 2011 einen Kabinettsentwurf und eine Anhörung von Experten fand im November 2011 statt, entschieden ist aber bisher nichts (Stand Anfang 2012). Doch sollte das Tier nicht bloß im Verwaltungsrecht besser geschützt werden, sondern auch im Strafrecht, also in Straf- und Ordnungswidrigkeitsverfahren wegen Tierquälereien und anderen Tierschutzverstößen. Hier könnte ein amtlicher »Rechtsanwalt für Tierschutz in Strafsachen« oder zumindest eine aktive Mitwirkungsmöglichkeit der Veterinärbehörde im Strafverfahren große Fortschritte bewirken. Die Debatte um die Würde der Kreatur steht erst am Anfang. Sie darf sich nicht auf das Privatrecht und das Tierschutzrecht beschränken. Auch in anderen Teilen des Rechts muss dieser Begriff eingeführt werden, so etwa im Landwirtschafts-, Umweltschutz-, und Gewässerschutzrecht, in der Jagd, Fischerei und im Vogelschutz.

Seit rund 30 Jahren beschäftige ich mich mit dem Thema der Besserstellung des Tieres im Recht. Und bis heute habe ich letztlich nicht ganz verstehen können, warum eine gewisse Trägheit bzw. ein Widerstand gegen die gesetzliche Verbesserung des Tierschutzes existiert, speziell gegen die Forderung, das Amt eines Tieranwalts zu installieren. Natürlich ist mir klar, dass es Kollisionen mit wirtschaftlichen – vielleicht sogar auch wissenschaftlichen – Interessen gibt. Dennoch meine ich, dass es eigentlich selbstverständlich sein müsste, den Tieren eine Stimme zu geben. Im Unterschied zu anderen Gruppen, die benachteiligt werden, können sie sich nun mal nicht selbst wehren und ihr Recht einfordern. Im Übrigen: Verkehrssünder werden bestraft. Warum sollte man in Kauf nehmen, dass Tierqualer nicht zur Verantwortung gezogen werden können? Ich meine, dass der Schutz der Tiere eine wichtige Aufgabe ist. Es ist der Ausdruck praktizierter Menschlichkeit gegenüber Schwächeren. Und insofern geht er uns alle an.

Mein Appell richtet sich an jeden, dass er nach seinen Möglichkeiten dazu beiträgt, die Stellung des Tieres im Recht und damit den Tierschutz generell zu verbessern. Dafür braucht man kein Anwalt und auch kein Bundestagsabgeordneter zu sein. Es wäre schon gut, wenn jeder versucht, seine Stimme zu erheben, Öffentlichkeit zu schaffen und dadurch einen gewissen Druck zu erzeugen. Viele Gesetze sind so entstanden bzw. diskriminierende Verhältnisse abgeschafft worden. Dass beispielsweise die gesetzgebenden Versammlungen vieler Länder Anfang des 20. Jahrhunderts das Wahlrecht für Frauen beschlossen, geschah erst, nachdem ein gesellschaftliches Klima geschaffen wurde, in dem die Frage relevant wurde und nach Lösung verlangte. Es war ein mühsamer Kampf. In der Tierschutzgesetzgebung sind wir heute in einer besseren Situation, als die engagierten Frauen und Männer damals waren. Doch wie gezeigt: Wir sind noch längst nicht am Ziel, und viele Missstände schmerzen uns jeden Tag. Deshalb: Setzen wir uns ein, lassen Sie uns Druck erzeugen, damit die Würde des Tieres endlich zu ihrem Recht kommt.

Frage 10

Was tun?

Wenn Sie sich als Anwalt des Tierschutzes verstehen wollen, können Sie eine Menge tun, in Taten und in Worten. Schon im Gespräch lässt sich viel bewirken, das Thema Tierschutz kommt in seinen vielen Facetten bei den erstaunlichsten Gelegenheiten zur Sprache. Richtiges Verhalten gegenüber Tieren, Fleisch essen oder nicht, Tierversuche etc. – klären Sie auf und ergreifen Sie Partei. Sie werden sehen, dass vielen Menschen gar nicht ganz klar ist, welche Aspekte das Thema Tierschutz eigentlich umfasst. Prinzipiell sind die meisten irgendwie dafür, wenden sich aber schnell vermeintlich wichtigeren Dingen zu oder glauben, dass man es »damit auch nicht übertreiben« dürfe. Solche Einstellungen bieten gute Anknüpfungspunkte für ein aufklärendes Gespräch.

Manchmal höre ich die Sorge: »Eigentlich weiß ich ja, was ich sagen will, ich bin auch nicht schüchtern. Aber oft fällt mir im entscheidenden Moment nicht das Richtige ein, um auf eine Nachfrage oder gar eine Provokation adäquat zu antworten.« In der Stiftung für das Tier im Recht haben wir deshalb ein »Argumentarium« entwickelt, das eine Hilfestellung bietet, mit der man sachlich und differenziert auf häufig vorgebrachte Positionen reagieren kann. Angelehnt daran stelle ich Ihnen auf den folgenden Seiten einen Argumentationskatalog zur Verfügung. Ihnen steht damit ein nützliches Dialogwerkzeug zur Verfügung, mit dem Sie auch spitzfindigen Debattierern gewachsen sind. Ich habe die verschiedenen Argumente in »Schubladen« gesteckt, das erleichtert die Orientierung.

Noch ein Hinweis: Natürlich sind solch plakativ zugespitzte Argumente nicht sehr differenziert, sie können einen falschen Eindruck erwecken, etwa man sei zwar ein Tierfreund, aber gleichzeitig auch ein Menschenfeind. Selbstverständlich bedarf es in der Auseinandersetzung einer tiefergehenden Begründung.

Dafür hat Ihnen dieses Buch – so hoffe ich zumindest – ausreichend Stoff geliefert, und die stark komprimierten Argumente sind lediglich als »Erste Hilfe« im akuten Fall zu verstehen.

Für alle Fälle: Gute Argumente für das Gespräch

Die Prioritäten-Schublade: Kümmern Sie sich lieber um die Menschen, die haben es nötiger.

»Den Tieren geht es hier besser als vielen Menschen in anderen Teilen der Welt. Man sollte lieber den Menschen helfen.«
Nicht ganz logisch. Viele Menschen müssen unter unwürdigen Bedingungen leben, das ist schlimm und muss geändert werden. Daraus, dass es Menschen schlechtgeht, folgt aber nicht das Recht, Tiere schlechter zu behandeln. Auch wenn es wichtig ist, notleidenden Menschen zu helfen, darf der Tierschutz nicht ignoriert werden. Das Schicksal von Mensch und Tier ist eng miteinander verknüpft. Eine verbesserte Beziehung zwischen Mensch und Tier kommt auch der Gesellschaft zugute.

»Menschen sind wichtiger als Tiere.«
Eine Frage des Standpunkts. Werturteile sind stets subjektiv. So ist das eigene Kind in den Augen der Mutter wichtiger als ein fremdes, der Mitbürger in der Regel wichtiger als der Fremde und eben der Mensch wichtiger als das Tier. Vom Standpunkt des Tieres aus gesehen hat das eigene Leben oder das seiner Jungen höchste Priorität. Da Tiere dieses Empfinden aber nicht äußern und verteidigen können, ist es die moralische Pflicht des Menschen, auch im Sinne des Tieres zu handeln.

»Es ist nichts Verwerfliches, die eigene Spezies einer anderen vorzuziehen. Dies ist das Gesetz der Natur; sozial lebende Tiere tun dies auch.«

Das ist nicht die ganze Wahrheit. Einerseits betont der Mensch gern seine Sonderstellung innerhalb der Natur und beurteilt das tierische Verhalten abwertend als instinktgetrieben. Andererseits rechtfertigt mancher seine Handlungen, indem er sich bei Bedarf mit dem Tier auf eine Stufe stellt. Im Gegensatz zum Tier besitzt der Mensch aber eine Moral und sollte deren Anwendung nicht nur auf Menschen beschränken, sondern auch Tiere einbeziehen.

Die Reicht-doch-Schublade: Es gibt schon Tierschutzgesetze, und die greifen bereits in wichtigere Rechte ein.

»Obwohl im Normalfall Tierschutzvorschriften eingehalten werden, wollen Tierschützer immer schärfere Bestimmungen im Gesetz verankern. Das reicht doch alles längst.«

Nein. Die Vorgaben von Tierschutzgesetz und -verordnung stellen oft nur minimale Haltungsanforderungen auf. Dieser Tatsache sind sich viele Halter nicht bewusst. Zudem ist teilweise unklar, wie einzelne Tierarten gehalten und behandelt werden müssen. So ist zum Beispiel die Meerschweinchenhaltung gesetzlich nicht ausreichend definiert. Solche Unklarheiten müssen unverzüglich aus dem Weg geschafft werden.

»Durch Forderungen, Tieren rechtlich durchsetzbare Ansprüche einzuräumen, werden Tiere vermenschlicht.«

Nein, keineswegs. Tiere sollen nicht als Menschen, sondern als Tiere und somit als Lebewesen mit eigenen Ansprüchen wahrgenommen werden. Eine Vermenschlichung ist nicht Ziel dieser

Bemühungen. Die Stellung des Menschen als Lebewesen mit alleiniger Verfügungsgewalt muss jedoch kritisch überdacht und relativiert werden.

»Tieranwälte kosten den Steuerzahler viel Geld.«
Das stimmt so nicht. Ein besserer Vollzug – der zweifellos nötig wäre – kostet zwar Geld, aber längst nicht so viel, wie mancher glaubt, das zeigt die Praxis. Das Honorar des Tieranwalts im Kanton Zürich betrug im Jahr 2009 ca. 80 000 Franken für 190 behandelte Fälle. Insgesamt belaufen sich die Strafverfolgungskosten des Kantons Zürich auf jährlich rund 100 Millionen Franken. Das Honorar für den Tieranwalt macht also weniger als ein Tausendstel aus. Wahrscheinlich spart man sogar noch Kosten gegenüber anderen Modellen, weil der Tieranwalt über tierschutzrechtliches Spezialwissen verfügt und deshalb externe Gutachter seltener benötigt werden.

»Tierschutzgesetze schränken wichtige Grundrechte der Bürger ein, zum Beispiel die persönliche Freiheit, die Freiheit der wirtschaftlichen Entfaltung, Religionsfreiheit etc. Es geht nicht, dass die Grundrechte im Rang unter den Tierschutz gestellt werden.«
Doch. Die schrankenlose Durchsetzung der Grundrechte ist dem Einzelnen nicht erlaubt. Ihre Begrenzung ist manchmal zwingend erforderlich. Pocht jemand darauf, seine Rechte bedingungslos auszuleben, beeinträchtigt er damit wahrscheinlich im Gegenzug seine Mitmenschen – oder eben Tiere. Tieren werden heute zu Recht gewisse Interessen und Ansprüche zugestanden, die durch Einschränkung anderer Rechte geschützt werden müssen.

*»Wo soll das enden, wenn wir Tieren fundamentale Rechte
zugestehen und sie aufgrund dessen nicht mehr nutzen dürfen?«*
Es wird langfristig gut enden. Um Tieren grundlegende Rechte –
und so verstehe ich das Wort »fundamental« hier – zuzuge-
stehen, müssen alle in der Gesellschaft umdenken. Umdenken ist
möglich, es ist ein gradueller Prozess, der in der Vergangenheit
immer wieder stattgefunden hat. Er ist daher weder unrealistisch
noch gefährlich, sondern macht unsere Gesellschaft morali-
scher. Es bedeutet nicht, dass die Tiernutzung ganz verboten
werden muss. Es heißt aber, dass wir das Leben und den Eigenwert der Tiere respektieren und die Tiere wenn irgend möglich
psychisch und physisch nicht beeinträchtigen.

Die Natur-Schublade 1: Der Tod gehört zum Leben.

»Leben und Sterben gehen Hand in Hand.«
Nein. Das bewusste Töten von Tieren ist mehr, als den Tod als
Teil des Lebens zu akzeptieren. Es senkt die allgemeine Hemmschwelle zur Gewalt und führt zur Verrohung. Die Gesellschaft
darf grundlose Tiertötungen nicht tolerieren; sie müssen bestraft werden.

»Das Leben auf Kosten anderer ist unumgänglich.«
Ja. Wir müssten tatsächlich aufhören zu leben, wollten wir
Menschen, Tieren, Pflanzen und Gegenständen keinen Schaden
zufügen. Man kann aber zumindest versuchen, den Schaden so
gering wie möglich zu halten und unzumutbare Zustände zu
verbessern. Das wird uns Menschen auch von der Moral, die wir
hegen, vorgeschrieben.

*»Es gibt selbst vom Tötungsverbot gegenüber Menschen
Ausnahmen. Die sollte es auch bei der Tötung von Tieren geben.«*
Das stimmt so nicht. Viele der Ausnahmen, die für die Tötung
von Menschen gelten, sind in der Gesellschaft umstritten.
Hierzu gehören etwa die Forschung an embryonalen Stammzellen, die Todesstrafe und der Krieg. Nur die Notwehr ist unum-
stritten vom Tötungsverbot ausgenommen, wenn dadurch das
eigene oder nächste Leben gerettet werden kann. Dieses Not-
wehrrecht gilt selbstverständlich auch gegenüber Tieren. Ein ge-
nerelles Tötungsrecht leitet sich daraus jedoch nicht ab.

*»Tiere sind Augenblicksgeschöpfe und sich ihres Todes daher
nicht bewusst.«*
Das kann man so nicht sagen. Tiere haben Erwartungen und
sind daher auch zukunftsgerichtet. Es ist nicht klar, ob sie sich
Vorstellungen über ihren Tod machen können. Das Verhalten
der meisten Tiere ist aber darauf ausgerichtet, dem Tod auszu-
weichen. Offenbar haben Tiere also eine mindestens instinktive
Abneigung gegen den Tod und entscheiden sich, wenn sie die
Wahl haben, immer für das Leben.

**Die Natur-Schublade 2: Tiere zu essen und sie zu nutzen ist
naturgegeben.**

*»Der Verzehr von Fleisch ist, solange er sich im vernünftigen
Rahmen bewegt, nicht nur natürlich, sondern auch gesund. Eine
vegetarische oder vegane Ernährung in der Kindheit kann
schädlich sein.«*
Falsch. Ein Großteil der Weltbevölkerung ernährt sich fast ausschließlich vegetarisch. Zwar kommen Mangelerscheinungen in
Entwicklungsländern häufig vor, sie sind aber nicht auf Vege-

tarismus, sondern auf einseitige oder nicht ausreichende Ernährung zurückzuführen. In Industrieländern hingegen ruft die eiweißreiche Ernährung oft gesundheitliche Probleme wie Diabetes, Fettsucht, diverse Allergien, Herz-Kreislauf-Erkrankungen oder Krebs hervor. Diese Erkenntnisse gelten für Kinder, Jugendliche und Erwachsene gleichermaßen. Insbesondere bei Kindern kann beispielsweise Kuhmilch Verdauungsprobleme auslösen.

»Nutztierhaltung ist natürlich und Bestandteil der menschlichen Kultur.«

Ja, aber was folgt aus einem Argument im Sinne von »Das haben wir schon immer so gemacht«? Die Tatsache, dass Nutztierhaltung geschichtlich weit zurückreicht, rechtfertigt objektiv nicht die Handlung an sich. In der Vergangenheit wurden unzählige Traditionen, die lange bestanden haben, letztlich für verwerflich befunden und daher nicht weiter fortgeführt. Ausschlaggebend ist das jeweilige Denkmuster der Gesellschaft. Die konventionelle industrialisierte Tiernutzung kann längst nicht mehr als »natürlich« bezeichnet werden. Vielmehr wird »natürlich« hier mit »selbstverständlich« verwechselt.

»Die Freilandhaltung ist die einzige Haltung, die wirklich den Bedürfnissen der Tiere entspricht. Dadurch werden aber untragbare Grundwasserbelastungen verursacht.«

Stimmt. Ob drinnen oder draußen: Viele Tiere bedeuten viel Jauche, und das hat eine Belastung des Grundwassers zur Folge. Massentierhaltung ist eine wesentliche Ursache für die massive globale Boden-, Gewässer- und Luftverschmutzung. Aber auch bei Freilandhaltung müssen gewisse Regeln zur Schonung des Grundwassers beachtet werden.

»Wenn man die Bedürfnisse von Nutztieren so stark berücksichtigt, muss man auf größere Tierherden verzichten. Dieses Defizit kann nicht ausgeglichen werden.«
Falsch. Die konventionelle Massentierhaltung hat viele Nachteile. Insbesondere fördert sie die Entstehung und Verbreitung ansteckender Krankheiten und Seuchen. Zur Vorbeugung oder Behandlung bekommen die Nutztiere Medikamente und werden bei Ausbruch der Seuche sogar massenweise getötet und verbrannt. Auch dadurch entsteht ein Defizit, das ausgeglichen werden kann, indem der Tierbestand reduziert und der Qualitätsstandard erhöht wird.

Die Ökonomie-Schublade: Das kostet doch alles viel zu viel Geld.

»Landwirte müssen sich den wirtschaftlichen
Rahmenbedingungen im internationalen Umfeld anpassen,
wenn sie konkurrenzfähig sein wollen.
Darüber hinausgehende tierschützerische Forderungen
sind illusorisch und bauernfeindlich.«
Falsch. Tierschützerische Forderungen nach einem ethischen Umgang mit Nutztieren sind keineswegs bauernfeindlich. Ganz im Gegenteil sterben kleine und mittlere Betriebe aus, weil internationale wirtschaftliche Bestimmungen immer weitere Spezialisierungen fordern. Daraus folgt der Verlust unzähliger Arbeitsplätze durch Produktionssysteme, die allein auf Wirtschaftlichkeit abzielen. Diesem globalen Trend muss man durch hohe Qualitätsstandards entgegenwirken. Dazu gehört auch ein respektvoller Umgang mit Tieren, der daher nicht als illusorisch bezeichnet werden kann. Er erfordert aber eine entsprechende Einstellung sowie breite Unterstützung durch Staat und Bevölkerung.

»Man kann die Tierliebe auch übertreiben. Übervolle Tierheime beispielsweise sind teuer – man würde diese Tiere besser einschläfern.«

Nein. Es stellt sich die ethische Frage: Darf man Tieren das Leben nehmen, nur weil der Mensch keine Verwendung mehr für sie hat? Es besteht die Gefahr, dass diese Form der Problemlösung sich auch auf andere gesellschaftliche Bereiche überträgt. Außerdem bekämpft man durch die Tötung unerwünschter Tiere nicht die Ursache, sondern nur ein Symptom. Und ganz grundsätzlich: Finanzielle Interessen allein dürfen nicht über Leben und Tod entscheiden.

Die Notwendigkeits-Schublade: Zum Wohle des Menschen können wir auf Tierversuche nicht verzichten.

»Man kann nur Tests am Menschen durchführen, wenn die Unbedenklichkeit des Versuchs bereits gewährleistet ist.
Die Wirkung einer unbekannten Substanz muss zuerst an einem anderen Lebewesen mit einem vergleichbaren Organismus geprüft werden.«

Falsch. Bis noch vor relativ kurzer Zeit wurde angenommen, dass Menschenaffen dem Menschen am ähnlichsten seien und sich somit für die Zuverlässigkeit von Tierversuchen am besten eignen. Heute geht man davon aus, dass die einfache Maus dem Gesamtorganismus des Menschen am ehesten entspricht. Ob diese Erkenntnis endgültig ist oder in einigen Jahren erneut revidiert werden muss, weiß niemand. Fest steht, dass trotz Versuchen am Tier häufig Medikamente wegen unkalkulierbarer Nebenwirkungen vom Markt zurückgezogen werden. Immer mehr Menschen werden ins Krankenhaus eingewiesen oder sterben, weil Produkte, die an Tieren getestet wurden, unerwünschte oder unerwartete Nebenwirkungen hervorrufen. Somit ist die absolute Vergleichbarkeit der Organismen nicht gegeben.

»Obwohl die Forschung im Reagenzglas sehr präzise ist, gibt sie keinen Aufschluss darüber, wie sich ein Wirkstoff im Organismus verhält. Um entsprechende Fragen zu beantworten, sind Studien am Tier unerlässlich.«
Das ist nicht ganz richtig so. Je nach Testbereich werden unterschiedliche Tiere verwendet. Es ist also kein Tier im Bezug auf den Gesamtorganismus mit dem Menschen vergleichbar. Darüber hinaus werden im Tierversuch unzählige wichtige Einflussfaktoren, zum Beispiel Lebensbedingungen, Umwelteinflüsse, Verhalten, Stress etc., verändert oder ausgeblendet. Künstlich verursachte Krankheiten, eine sterile Atmosphäre sowie die Unterbindung artnatürlicher Verhaltensweisen haben massiven Einfluss auf die Resultate. Außerdem werden nur ganz bestimmte Konzentrationen einer Substanz getestet. Demnach sind selbst bei Versuchen im Gesamtorganismus die Werte nicht vollkommen aussagekräftig.

»Tierversuche müssen sein, damit man für jede Krankheit ein Medikament bzw. eine Behandlungsmethode entwickeln kann.«
Das stimmt so nicht. Medikamente und Impfstoffe müssen auch nach Tierversuchen an freiwilligen menschlichen Probanden untersucht werden, bevor sie für den Markt freigegeben werden. Ohne diese menschlichen Versuche (die unter größten Vorsichtsmaßnahmen vorgenommen werden) wäre die Akzeptanz eines Medikaments oder Impfstoffs kaum denkbar und die Verabreichung auch sehr gefährlich. Im Übrigen ist nicht ein Verzicht auf Medikamente gefordert, sondern eine vertretbare Forschung und Entwicklung. Auch ohne Tierversuche ist Forschung möglich – und dies vielleicht sogar besser und zuverlässiger.

»Transgene Tiere werden in der biomedizinischen Grund-
lagenforschung immer bedeutender, da sie sozusagen als ›maß-
geschneiderte‹ Krankheitsmodelle eingesetzt werden können.«

Nein. Die Frage nach der ethischen Legitimation der Gentechnik
ist bis heute keineswegs einstimmig beantwortet. Tiere gezielt
krank zu machen, um an ihnen zu forschen, ist ethisch bereits
bedenklich. Darüber hinaus noch ihre Identität, ihr Erbgut, zu
verändern geht noch entschieden weiter und verletzt das Tier in
seiner Würde und in seiner Integrität, auf die es einen Anspruch
hat. Es ist zudem fraglich, ob Krankheitsmodelle, die durch Gen-
Einpflanzung bzw. -Veränderung hervorgerufen wurden, Aufschluss über den Verlauf natürlicher Krankheiten geben können.
Versuche in diesem Bereich sind sehr belastend für Tiere.

»Labortiere retten Menschenleben.«

Nein, jedenfalls nicht notwendigerweise. Tierversuche haben
eine lange Tradition: Hinweise darauf gehen bis ins 5. Jahrhundert vor Christus zurück. Heute werden weltweit Millionen Tiere
als Versuchstiere benutzt, allein in Deutschland 2,9 Millionen
Wirbeltiere (2010, Bundesministerium für Ernährung, Landwirtschaft und Verbraucherschutz). Gegenüber dem Vorjahr ist das
eine Steigerung um 2,8 Prozent, die vor allem auf den Einsatz
von transgenen Tieren zurückgeführt wird. Trotzdem treten immer wieder neue Krankheiten auf, altbekannte wie Krebs oder
Aids werden häufiger. Die Existenzberechtigung von Tierversuchen muss mehr denn je in Frage gestellt werden. Möglicherweise hat die Fixierung auf Tierversuche die Menschheit bisher
in falscher Sicherheit gewiegt und ihr den Blick auf eine bessere
Forschung versperrt.

Die Zusammenleben-Schublade: Mensch und Tier treffen sich im Zoo.

»Zoos bieten eine sinnvolle Freizeitgestaltung. Die Erholung in einer schönen Umgebung ist für Mensch und Tier förderlich.«
Nein. Die Annahme, der Zoo sei ein Ort, wo Mensch und Tier einander friedlich begegnen können, ist eine Illusion. Die Interessen des Menschen werden denen des Tieres klar übergeordnet. Was der Besucher als Entspannung und Erholung in einer idyllischen Landschaft empfindet, bedeutet für das eingesperrte Tier oftmals Stereotypie, Langeweile oder Stress. Große Besucheranstürme können selbst für bereits lange Zeit im Zoo lebende Tiere beängstigend sein.

»Der Zoo erfüllt einen unerlässlichen Bildungsauftrag: Er fördert das Verständnis für die Wichtigkeit der Artenvielfalt und eine gesunde Gefühlsbeziehung zum individuellen Tier.«
Kaum. Viele Besucher kommen schon mit einer vorgefertigten Meinung in den Zoo: Manche Tiere sind »niedlich«, andere »eklig«. Das Interesse des durchschnittlichen Zuschauers richtet sich nur auf augenfällige, bunte und vor allem aktive Tiere, während die »langweiligeren« oft ignoriert werden. Der Zoo wird nicht als Bildungsstätte, sondern als Unterhaltungsspielplatz verstanden. Viele Zoobesucher wissen nichts über Herkunft und Leben exotischer (oder auch einheimischer) Wildtiere – und wollen auch nichts daran ändern. Zootiere werden oft vermenschlicht und somit nicht als eigenständige Lebewesen mit Bedürfnissen wahrgenommen. Der Zoo ist also in seinem bisherigen Erscheinungsbild wenig für den Bildungsauftrag geeignet.

»Der Zoo trägt wesentlich zur Arterhaltung bei, sowohl durch die Zucht der Tiere als auch durch Bildung der Bevölkerung sowie durch finanzielle Unterstützung von Naturschutzprojekten.«

Das stimmt so nicht. Es gibt rund 47 400 vom Aussterben bedrohte Tierarten. Es können weder alle gerettet noch einzelne einfach ausgewählt und nachgezüchtet werden, da alle Arten in vielfältiger Weise miteinander verbunden sind. Wenn nahezu ausgerottete Arten nachgezüchtet werden, obwohl kein natürlicher Lebensraum zur Verfügung steht, geht es vor allem um das Prestige des Zoos. Mit echter Arterhaltung hat das wenig zu tun. Durch Bildung der Bevölkerung und finanzielle Unterstützung müssen intakte Biotope erhalten werden, damit die notwendigen Lebensgrundlagen geschaffen sind. Diese Unterstützung durch Zoos ist noch immer sehr spärlich. Es wird viel mehr Geld für Bau und Renovierung von Tierhäusern, für größere Gehege, Personal und aufwendige Tiertransporte ausgegeben als für Naturschutzprojekte vor Ort.

»Bedeutende Erkenntnisse über wilde Tiere sind auf die Forschung in Zoos zurückzuführen und wären ohne sie kaum durchführbar. Diese Ergebnisse kommen wiederum den Tieren zugute.«

Falsch. Forschung ist in keiner Weise an den Zoo gebunden, im Gegenteil: Forschung etwa zu Reproduktionsbiologie und Verhalten ist nur dann aussagekräftig, wenn sie im Freiland betrieben wird. Nur hier sind die natürlichen Lebensbedingungen, die ein Tier stark beeinflussen, gegeben. Darum können im Zoo Forschungsergebnisse nur in Bezug auf Anatomie, Physiologie, Morphologie oder Pathologie erzielt werden.

»In freier Wildbahn sind Tiere ständig auf der Flucht, sie sind Krankheiten schutzlos ausgeliefert und stets auf der Suche nach Nahrung. Es geht ihnen draußen wesentlich schlechter als im Zoo. Tiere befinden sich im Zoo nicht in Gefangenschaft, sondern in menschlicher Obhut.«

Nein. Die Natur hat ihre eigenen, von uns nicht zu ändernden Regeln. Der Zoo erhebt den Anspruch, das Verständnis für die Natur zu fördern. Trotzdem werden wichtige natürliche Aspekte ausgeblendet, so dass ein naturfremdes Bild entsteht. Das ist ein Widerspruch in sich. Es kann nicht sein, dass Tiere vor der Natur gerettet werden müssen.

Die Angewandter-Naturschutz-Schublade: Tiere zu jagen hält die Natur in Ordnung.

»Jagen ist natürlich.«

Keineswegs. Die heutige Form des Jagens hat mit der ursprünglichen Jagd nicht mehr viel gemeinsam. Bei der Jagd zur Nahrungssuche waren rund neun von zehn Versuchen, ein Tier zu erlegen, erfolglos. Die heutige Überlegenheit des Menschen durch hochentwickelte technische Hilfsmittel kann dagegen nicht mehr als natürlich angesehen werden.

»Die durch das Wild verursachten Waldschäden müssen eingedämmt werden.«

Ja, aber anders als durch Jagd. Wildschäden in Wald und Landwirtschaft sind Problembereiche, die zwingend Maßnahmen erfordern. Möglicherweise werden diese Schäden durch Hegemaßnahmen der Jäger, die zu künstlich überhöhten Tierbeständen führen, begünstigt. Anstatt Wildtiere zu jagen, sollten Maßnahmen wie der Zaunbau zum Schutze von Bäumen und anderen

Pflanzenarten verstärkt werden. Weitere ethisch verantwortbare Methoden der Prävention sind zu entwickeln.

»Jagd ist angewandter Naturschutz.«

Das stimmt nicht. Eingriffe in die Natur stellen immer einen Schaden dar. Allein schon die Tonnen von Blei, die durch die Jagd entstehen, sind mit Naturschutz nur schwer in Einklang zu bringen. Wo Menschen leben, sind Eingriffe unumgänglich; dabei kann höchstens durch möglichst schonendes Vorgehen eine Schadensminimierung erreicht werden.

»Die Abschaffung der Jagd bedeutet enorme Kosten für den Staat.«

Nicht zwangsläufig. Mit Abschaffung der herkömmlichen Jagdsysteme (Patent- und Revierjagd) fallen die daraus entstehenden Einnahmen weg. Allerdings gehen Tierschutzorganisationen und Biologen zunehmend davon aus, dass Wildschäden zu einem bedeutenden Teil durch sogenannte Hegemaßnahmen der Jäger entstehen. Mit deren Wegfall würden sich also auch die Entschädigungen des Staates für Waldschäden deutlich reduzieren. Dadurch könnte der Einnahmenverlust aus der Jagd kompensiert werden.

Die War-schon-immer-so-Schublade: Pelzbekleidung gibt es seit Beginn der Menschheit.

»Die älteste Bekleidung des Menschen ist Pelz. Er schenkt Lebensfreude, Wärme und Geborgenheit und verbindet uns mit dcr Natur.«

Keineswegs. Lebensfreude, Wärme und Geborgenheit sind zwar schöne Gefühle, doch ist das Tragen von Pelz weniger damit als mit Gefühlskälte und Rücksichtslosigkeit verbunden. Auch das Argument der Natürlichkeit von Pelz gibt heute nicht mehr viel her: Mehr als drei Viertel der Felle stammen aus Pelzfarmen, in denen Haltung, Fütterung, Zucht sowie chemische Behandlung der Felle alles andere als natürlich sind. Spätestens seit Erfindung der Zentralheizung hat sich das Argument der »ältesten Bekleidung« sowieso erledigt. Frei nach Bernard Grzimek: »Der Einzige, der einen Nerzpelz wirklich braucht, ist der Nerz.«

»Dank neuer Erkenntnisse in der Verhaltensforschung konnten Mängel in der Haltung von Pelztieren behoben werden. Deshalb können die heute bestehenden Pelzfarmen, die streng kontrolliert werden, als artgerecht bezeichnet werden.«
Keineswegs. Populäre Pelztiere wie Nerz und Fuchs können aus Kostengründen nicht artgerecht in Farmen gehalten werden. Der Zentralverband Deutscher Pelztierzüchter e. V. stellt in geradezu beeindruckender Offenheit dar, welche Funktion Pelztiere haben: »Unsere Mitgliedsbetriebe züchten Pelztiere in kontrollierter Haltung und erzeugen so hochwertige Rohstoffe für die pelzverarbeitende Bekleidungsbranche.«

»Tiere, die in Zuchten gehalten werden, sind keine Wildtiere, sondern domestiziert und deshalb den Haustieren zuzuordnen.«
Falsch. Das Verhalten der Pelztiere hat sich innerhalb der ca. 80 Generationen, seit denen sie in Europa gezüchtet werden, nicht wesentlich verändert. Vielmehr verhalten sich beispielsweise freigelassene oder entlaufene Nerze praktisch wie ihre Artgenossen, die in Freiheit geboren wurden. Die Bedingungen, die in Pelzfarmen herrschen, stellen indessen auch für domestizierte Tiere eine grobe Tierquälerei dar. Selbst wenn Nerze und Füchse sich also an ein Leben in menschlicher Obhut gewöhnt und ihr Verhalten angepasst hätten, käme es noch immer zu

krankhaften Verhaltensweisen, weil den Tieren selbst die Befriedigung elementarster Bedürfnisse verweigert wird.

»Pelztiere haben nur dann ein glänzendes und damit wertvolles Fell, wenn sie optimal gehalten werden. Deshalb gehören Pelztiere weltweit zu den am besten betreuten Haus- und Nutztieren.«

Keineswegs. Ein glänzendes Fell kann Indikator für die Gesundheit eines Tieres sein. Daraus kann aber nicht das Wohlbefinden eines Tiers abgeleitet werden. Pelztiere sind das lebendige Beispiel dafür, dass Leid und ein schönes Fell einander nicht ausschließen. Rund 70 Prozent der in Zuchten gehaltenen Nerze leiden unter psychischen Störungen, die sich vor allem in stereotypem Verhalten äußern. Die Tiere sind dank medizinischer Behandlung körperlich in der Regel zwar gesund, leiden psychisch aber stark, von der Verletzung ihrer Würde ganz zu schweigen.

»Durch die Aufrufe zum Boykott von Pelzbekleidung wird die Lebensgrundlage arktischer Völker, diverser indigener Stämme und zahlloser Trapper aufs Spiel gesetzt.«

Falsch. Der überwiegende Teil der Pelze stammt aus Farmen oder Zuchten. Laut Deutschem Pelzinstitut stammen knapp 47 Prozent der verarbeiteten Felle aus Zucht- und Farmhaltung, 37 Prozent aus Aufzucht in Steppengebieten und Landwirtschaft. 0,2 Prozent kommen aus Tierbeständen in ihren Lebensräumen und dienen auch Naturvölkern zur Existenzsicherung. Übrigens hat gerade die Pelzbranche massiv zu einem Abhängigkeitsverhältnis einiger Volksstämme und somit zu deren Ausbeutung geführt. Bei den heutigen Trappern schließlich handelt es sich zu 80 Prozent um Hobbytrapper, für die der Pelzhandel ein Zusatzeinkommen darstellt.

Einige Hinweise, was man als einzelner Bürger unternehmen kann, um dem Tier in Recht und Gesellschaft eine bessere Position zu verschaffen

Grundsätzlich gibt es zwei Arten von Handlungen, wenn es um praktizierten Tierschutz geht: das Unterlassen *von* etwas und das Engagement *für* etwas. Es sind keine gegensätzlichen Positionen, sondern einander ergänzende. Gleichwohl ist zu beobachten, dass viele Menschen sich auf das Unterlassen von tierschädlichem Verhalten beschränken, sich mit dem Engagement aber eher schwertun. Manche sind einfach auch zufrieden damit, dass sie sich beispielsweise fleischlos oder sogar vegan ernähren. Einige würden aber gern noch mehr unternehmen, wollen jedoch keiner Partei oder Gruppe beitreten und wissen nicht so recht, was sie selbst tun können und wie. Das ist nachvollziehbar, denn wenn man kein politischer Profi ist, fehlt einem die Vorstellung davon, was man in Gang setzen kann und wie man für die Multiplikation von Ideen und Aktionen sorgt.

Im Folgenden finden Sie einige Anregungen für Aktivitäten. Die Betonung liegt auf »Anregungen«. Denn je nach individueller Situation und persönlicher Neigung ergeben sich noch ganz andere Möglichkeiten, wenn Sie sich erst einmal mit der Idee vertraut gemacht haben, aktiv zu werden.

Setzen Sie sich für schlecht gehaltene Tiere ein.

Tierschutz ist ein globales Problem, aber wie fast alles fängt das Engagement im eigenen Umkreis, in der unmittelbaren Nachbarschaft an. Wenn Sie also beobachten oder Ihnen zugetragen wird, dass jemand ein Tier nicht gut behandelt oder fortwährend gegen dessen natürliche Bedürfnisse verstößt, dann sollten Sie das Gespräch suchen. Das erfordert eine kleine bis mittlere Portion Mut und eine Menge Fingerspitzengefühl. Mut, weil die meisten von uns eine innere Sperre fühlen, auf jemanden zuzugehen, sein Verhalten zu kritisieren und ihn zur Änderung zu ermahnen. Wir empfinden es als peinlich, scheuen möglicherweise auch, uns so zu exponieren. Ich darf Sie beruhigen: Dieses Gefühl geht schnell weg. Wenn Sie erst einmal ein klein wenig »Übung« in der Behandlung solcher Fragen und dazu Erfahrungen gesammelt haben, gehen Sie das Thema an wie viele andere auch. Mut benötigt man also vor allem am Anfang.

Fingerspitzengefühl ist immer nötig. Es bringt nichts bzw. nur Ärger, wenn Sie mit der Tür ins Haus fallen und einem Tierhalter heftige Vorwürfe machen, dass er seinem Hund oder seiner Katze keinen Auslauf gewährt oder sein Pferd schlägt. Damit erledigen Sie jede Kooperation, ja selbst die vielleicht im ersten Moment vorhandene Bereitschaft, sich auf Sie einzulassen. Meine Empfehlung: Gehen Sie durch die Hintertür und steuern Sie das Thema über Umwege an. Beginnen Sie das Gespräch beispielsweise mit allgemeinen Erkenntnissen, mit der Rechtslage, sofern Sie darüber Bescheid wissen, neuen Studien oder sonst etwas zum Bewegungsdrang von Hunden oder Katzen und pirschen Sie sich dann an den konkreten Fall heran. Äußern Sie nicht von vornherein Schuldvorwürfe, sondern problematisieren Sie einen Aspekt. Bekunden Sie also beispielsweise Verständnis für die Schwierigkeiten, die das Halten von Tieren in Großstädten mit sich bringt, und kommen Sie dann darauf zu sprechen, wie sehr es den Tieren zu schaffen macht, wenn sie nicht genügend im Freien sind. Fragen Sie, wie es Ihr Gesprächspartner hält, bieten Sie Hilfe an, wenn er sein Ungenügen zu erkennen gibt, weisen Sie auf Hundesitter etc. hin.

Es gibt kein allgemeingültiges Verlaufsmodell für solche Gespräche, es hängt von Ihnen und Ihrem Gesprächspartner ab, inwieweit Aufklärung und Veränderung möglich sind. Aus meiner Erfahrung kann ich sagen, dass manche Menschen sich überraschend einsichtig zeigen, andere wiederum erstaunlich aggressiv werden. Es lässt sich nicht vorhersehen, einen Versuch lohnt es aber immer.

Melden Sie Verstöße gegen das Tierschutzrecht.

Wenn kein Gespräch (mehr) möglich ist und Sie nichts ausrichten können, sollten Sie eine Meldung bei Polizei, Veterinärbehörden, Umweltämtern, dem örtlichen Tierschutzverein oder anderen Stellen einreichen. Es ist nicht immer ganz einfach herauszufinden, wer zuständig ist, und es kann sein, dass Sie von einer Stelle zur anderen weitergereicht werden. Auf jeden Fall: Es ist sehr wichtig, dass Sie Ihre Kritik bzw. Ihre Meldung mit Dokumentationen der Verstöße belegen können. Der Eindruck, dass bei diesem oder jenem Tier bzw. seinem Halter »irgendetwas nicht stimmt«, reicht für eine polizeiliche oder gar juristische Maßnahme nicht aus. Versuchen Sie, Fotos zu erstellen, notieren Sie Zeitpunkte und Vorkommnisse und fertigen Sie genaue, wertfreie Beschreibungen an. Wenn Sie regelmäßig Verstöße feststellen, sollten Sie die Anwesenheit von Zeugen organisieren, die Ihre Beobachtungen bestätigen können.

In diesen wie in anderen Momenten Ihrer Aktivität kann es zu etwas hitzigeren Diskussionen kommen. Verständlich, wenn Sie die Leidenschaft Ihres Engagements packt – aber meistens problematisch, jedenfalls nicht zum Ziel führend. Wenn Sie aufgeregt sind, wenn Sie erschüttert sind vom Anblick einer leidenden Kreatur, dann rutscht Ihnen vielleicht eine Grobheit oder gar eine Schmähung heraus. So gut ich das nachvollziehen kann: Versuchen Sie, eine verbale Eskalation zu vermeiden. Das nützt niemandem, die Fronten verhärten sich, und im ungünstigsten Fall machen Sie sich womöglich noch wegen Beleidigung strafbar oder lassen sich gar zu Tätlichkeiten und Falschverdächtigung hinreißen. Auf jeden Fall untergraben Sie Ihre Glaubwürdigkeit, und das wäre wirklich ungünstig. Also, so schwer es Ihnen auch fallen mag: Bewahren Sie Ruhe, bleiben Sie kühl und behalten Sie das Ziel im Auge.

Machen Sie Ihren Einfluss in Restaurants und Geschäften geltend.

Sie sind Kunde, und wenn das auch nicht in jedem Fall eine königliche Existenz bedeutet, so heißt es doch zumindest, dass Sie Einfluss haben. Und den sollten Sie auch ausüben. Weisen Sie beispielsweise in den Restaurants, in denen Sie verkehren, darauf hin, dass es mehr vegetarische Speisen und Menüs geben sollte. Ich stelle immer wieder fest, dass es in vielen guten Restaurants gerade einmal ein fleischloses Gericht gibt, das häufig wie ein Alibi-Angebot wirkt. Vegetarische Menüs oder eine vielfältige vegetarische Auswahl findet man wirklich selten. Da besteht großer Nachholbedarf, und das wäre ein großes Feld, das es zu beackern gilt.

Fragen Sie auch nach der Herkunft der Zutaten, lassen Sie sich erläutern, nach welchen Kriterien der Chef einkauft. Werden die Haltungsbedingungen von Tieren, die Fleisch, Milch, Eier etc. liefern, geprüft? Ist uberhaupt ein Bewusstscin dafür vorhanden, dass solche Aspekte berücksichtigt werden sollten?

Dieselben Punkte können Sie auch in den Geschäften ansprechen, in denen Sie regelmäßig einkaufen – wenn es nicht sowieso Bioläden sind. Aber auch auf regionalen Bauernmärkten beispielsweise lohnt sich die Nachfrage, wie der Eiermann mit den Hühnern umgeht. Nur weil er einen kleinen Betrieb führt und aus der Nähe kommt, heißt das nicht automatisch, dass er die Tiere unter artgerechten Bedingungen hält.

Sie werden staunen, welchen Einfluss Sie ausüben können – natürlich vor allem dort, wo Sie ein guter und bekannter Kunde sind. Wenn die Inhaber oder Geschäftsführer merken, dass es Ihnen ernst ist, dass Sie sich mit dem Thema aus einem persönlichen Motiv heraus beschäftigen, werden sie zumindest überlegen, ob sie Ihre Fragen und Einwände einfach so vom Tisch wischen oder sich damit auseinandersetzen sollten. Zumal Sie ja nie allein sind. Sie haben Freunde, Bekannte, Kollegen etc., die vielleicht ebenso denken wie Sie. Für die meisten Geschäftsleute ist ein guter Ruf viel wert, und ein erfolgreicher Unternehmer wird sich genau überlegen, ob er es sich leisten kann, Sie zu verprellen.

Gewinnen Sie Verbündete.

Nie war es so leicht wie heute, ein Netzwerk zu gründen oder zu nutzen und Mitstreiter zu aktivieren. Twitter, Facebook und Co. sind Plattformen, die den schnellen und unkomplizierten Austausch ermöglichen. Blogs und eigene Internetseiten lassen sich relativ einfach erstellen, auch wenn man kein Computer-Spezialist ist. Sie werden sehen, dass Sie schnell Unterstützer für Ihre gute Sache finden. Und gemeinsam ist man nicht nur stärker, man bekommt auch mehr Ideen, als wenn man immer allein vor sich hin arbeitet.

Anhang

Adressen wichtiger Organisationen und Datenbanken

Es gibt Vereine, Initiativen, Freundeskreise, Aktionsbündnisse, Verbände und natürlich Einzelpersonen, die sich für Tierschutz im engeren oder weiteren Sinne engagieren. Es ist unmöglich, sie alle aufzuführen. Ich beschränke mich hier auf ein paar der Großen. Außerdem finden Sie die Adressen von Ministerien und Behörden sowie von Datenbanken, in denen Sie sich informieren können.

Tierschutzorganisationen

Deutschland
Ärzte gegen Tierversuche e. V.
Güldenstr. 44 a,
38100 Braunschweig
www.aerzte-gegen-tierversuche.de
www.datenbank-tierversuche.de/
Verband von Ärzten, Tierärzten, Naturwissenschaftlern und Psychologen, der sich für die Abschaffung von Tierversuchen einsetzt. Zahlreiche Informationsschriften, umfangreiche Datenbank

Deutscher Tierschutzbund e. V.
Baumschulallee 15
53115 Bonn
www.tierschutzbund.de
Engagiert sich unter anderem für ein neues Tierschutzgesetz

Menschen für Tierrechte – Bundesverband der Tierversuchs-gegner e. V.
Roermonder Straße 4 a
52072 Aachen
www.tierrechte.de
Organisation, die sich für die juristische Verbesserung des Tier-schutzes engagiert. Hier ist auch das Projekt SATIS – für humane Ausbildung angesiedelt, das für ein tierversuchsfreies Studium aktiv ist, www.satis-tierrechte.de

NABU – Naturschutzbund Deutschland e. V.
Charitéstraße 3
10117 Berlin
www.nabu.de
Weitgefächerte Aktivitäten für Natur- und Tierschutz

PETA Deutschland e. V.
Benzstraße 1
70839 Gerlingen
www.peta.de
Verein, der sich – teilweise mit sehr plakativen Methoden – für den Tierschutz einsetzt

ProVieh – Verein gegen tierquälerische Massentierhaltung
Küterstraße 7 – 9
24103 Kiel
www.provieh.de
Initiative, die eine Verbesserung des Schutzes von Nutztieren anstrebt

Pro Wildlife e. V.
Kidlerstraße 2
81371 München
www.prowildlife.de
Verein, der sich vor allem für den Schutz von Wildtieren engagiert

Vier Pfoten – Stiftung für Tierschutz
Schomburgstraße 120
22767 Hamburg
www.vier-pfoten.de
Internationale Organisation mit Hauptsitz in Wien, die sich mit Lobbyarbeit, Kampagnen und Informationen für den Tierschutz einsetzt

Wal- und Delfinschutz-Forum WDSF
Meeressäuger-Umweltschutzgesellschaft gUG
Möllerstr. 19
58119 Hagen
www.wdsf.de
Unabhängige Organisation, die sich mit Wissenschaftlern, Aktivisten und Politikern international für Wal- und Delphinschutz einsetzt; umfangreiche Dokumentation von Verstößen gegen den Tierschutz bei Meeressäugern

Österreich

Österreichischer Tierschutzverein

Büro Wien: Berlagasse 36, 1210 Wien

Büro Salzburg: Peter-Singer-Gasse 8, 5020 Salzburg

www.tierschutzverein.at

Informiert unter anderem über Zoo- und Zirkustiere, Tierversuche und Jagd

Vier Pfoten – Stiftung für Tierschutz

Linke Wienzeile 236

1150 Wien

www.vier-pfoten.at

Setzt sich mit Lobbyarbeit, Kampagnen und Informationen für den Tierschutz ein

Schweiz

Animalfree Research (ehemals FFVFF Stiftung Fonds für versuchstierfreie Forschung)

Hegarstraße 9

8032 Zürich

www.animalfree-research.org

Schweizer Tierschutz STS

Dornacher Straße 101

4008 Basel

www.tierschutz.com

Älteste national tätige Organisation in der Schweiz

Vier Pfoten – Stiftung für Tierschutz
Enzianweg 4
8048 Zürich
www.vier-pfoten.ch
Setzt sich mit Lobbyarbeit, Kampagnen und Informationen für
den Tierschutz ein

Sonstige Organisationen

Bauernhöfe statt Agrarfabriken
c / o ProVieh – Verein gegen tierquälerische Massentierhaltung
Küterstraße 7 – 9
24103 Kiel
www.bauernhoefe-statt-agrarfabriken.de
Zusammenschluss aus Bürgerinitiativen, Tierschutzorganisationen und ähnlichem, der sich gegen die Tierhaltung nach industriellen Maßstäben einsetzt

Deutsche Juristische Gesellschaft für Tierschutzrecht e. V.
Marienstraße 3
10117 Berlin
www.djgt.de
Netzwerk vornehmlich von Juristen und Juristinnen, für den
fachlichen Austausch und zur Förderung rechtspolitischer Initiativen

Eurogroup for Animals
6 rue des Patriotes
1000 Brussels
www.eurogroupforanimals.org
Das maßgebende Bündnis nationaler Tierschutzorganisationen
der EU

Stiftung für das Tier im Recht
Postfach 2371
8033 Zürich
www.tierimrecht.org
www.tierschutz.org
Organisation, die eine Verbesserung der Rechtslage von Tieren
anstrebt, umfangreiche Bibliothek zum Tier in Recht und Ethik
und Datenbanken von Urteilen, Gesetzen, Informationen

WSPA International
WSPA 5th Floor,
222 Grays Inn Road, London, WC1X 8HB,
United Kingdom
www.wspa-international.org
Die führende weltweit tätige Tierschutzorganisation

Zentrum für Ersatz- und Ergänzungsmethoden
zu Tierversuchen
Industriezeile 36/VII
4020 Linz
www.zet.or.at
Initiative, die den Ersatz von Tierversuchen anstrebt

Deutschland

Bundesministerium der Justiz
Mohrenstraße 37
10117 Berlin
www.gesetze-im-internet.de
Plattform für die Veröffentlichung von Gesetzen der Bundesrepublik Deutschland, mit Suchfunktion

Bundesministerium für Ernährung, Landwirtschaft und Verbraucherschutz
Dienstsitz Bonn: Postfach 14 02 70, 53107 Bonn
Dienstsitz Berlin: 11055 Berlin
www.bmelv.de
Unter anderem Veröffentlichung des Tierschutzberichts der deutschen Bundesregierung

Bundesministerium für Umwelt, Naturschutz und Reaktorsicherheit
Dienstsitz Bonn: Robert-Schuman-Platz 3, 53175 Bonn
Dienstsitz Berlin: Stresemannstraße 128, 10117 Berlin
www.bmu.de
Bietet Informationen zum Artenschutz in Deutschland

ZEBET – Zentralstelle zu Erfassung und Bewertung von Ersatz- und Ergänzungsmethoden zum Tierversuch am Bundesinstitut für Risikobewertung
Thielallee 88–92
14195 Berlin
www.bfr.bund.de / de / zebet-1433.html
Informationen zu Forschungsprojekten, Datenbank für wissenschaftlich anerkannte Alternativen zu Tierversuchen, Förderprogramme

Österreich
Rechtsinformationssystem des Bundes (RIS)
Bundeskanzleramt
Ballhausplatz 2
1014 Wien
www.ris.bka.gv.at
Gesetze zu Tierschutz und Haltungsbedingungen in Österreich

Bundesministerium für Land- und Forstwirtschaft, Umwelt und Wasserwirtschaft
Stubenring 1
1012 Wien
www.lebensministerium.at / land
Informationen über Tierschutz in Österreich

Schweiz
Bundesamt für Veterinärwesen
Schwarzenburgstraße 155
3003 Bern
www.bvet.admin.ch
Unter anderem Information über die Schweizer Tierschutzverordnung, viele Tipps für Tierhalter

Statistiken

Deutschland

Statistisches Bundesamt Deutschland

Gustav-Stresemann-Ring 11

65189 Wiesbaden

www.destatis.de

Unter anderem Statistiken zu Fleischkonsum und Tierhaltung

Österreich

Statistik Austria

Guglgasse 13

1110 Wien

www.statistik.at

Unter anderem Statistiken zu Schlachtungen und Jagd

Schweiz

Bundesamt für Statistik der Schweizerischen Eidgenossenschaft

Espace de l'Europe 10

2010 Neuchâtel

www.bfs.admin.ch

Unter anderem Statistiken zu Jagd und Fleischproduktion und -konsum

Weitere Hinweise auf www.tierschutz.org der Stiftung für das Tier im Recht, insbesondere die Bibliothek, die Schweizer Strafrechtsfälle und die Linkliste mit über 1 100 einzeln bewerteten Links auf andere tierrelevante Websites.

Literaturhinweise

In diesem Literaturverzeichnis habe ich den Großteil der Werke aufgeführt, die mich in den letzten Jahren in meiner Denkweise beeinflusst und gefördert haben. In ihrer Gesamtheit geben sie die verschiedenen Denkrichtungen wieder, die im heutigen Diskurs enthalten sind. Es sind also weit mehr Texte und auch andere als die, die ich explizit zitiert habe.

Sämtliche Titel sind in der Bibliothek der »Stiftung für das Tier im Recht« in Zürich einseh- und greifbar. Außerdem steht ein stattliches Medienarchiv zur Verfügung, eingeteilt in rund 200 Stichwörter, mit Medienberichten, die nicht in den gängigen Archiven zu finden sind.

AgrarBündnis (Hrsg.), Landwirtschaft 2011. Der kritische Agrarbericht Konstanz / Hamm 2011.

Aufhauser, Michael: Umdenken mit Herz, München 2006.

Baumgartner, Gerhard: Tierschutzrecht: Tierhaltung, Tiertransport, Schlachttiere, Versuchstiere, München ²2007.

Bäuerlein, Theresa: Fleisch essen, Tiere lieben, München 2011.

Bayertz, Kurt: Warum überhaupt moralisch sein? München 2006.

Beetz, Andrea: Love, Violence, and Sexuality in Relationships between Humans and Animals, Aachen 2002.

Bekoff, Marc (Hrsg.): Encyclopedia of Animal Rights and Animal Welfare, 2 Bände, Santa Barbara, Denver, Oxford 2010.

Ders.: Das unnötige Leiden der Tiere: Tierrechte – was jeder Einzelne tun kann, Freiburg i. Brsg. 2001.

Ders.: Das Gefühlsleben der Tiere: Ein führender Wissenschaftler untersucht Freude, Kummer und Empathie bei Tieren, Bernau 2008.

Ders., Pierce, Jessica: Vom Mitgefühl der Tiere: Verliebte Eisbären, gerechte Wölfe und trauernde Elefanten, Stuttgart
2011.

Bergler, Reinhold: Heimtiere Gesundheit und Lebensqualität,
Regensburg 2009.

Bichsel, Alain Jean-Luc: Tierschutz im Schweizerischen Rechts-
system: Eine Gegenüberstellung staatlicher und privater
Schutzmaßnahmen, Basel 2002.

Binder, Regina, und Freiherr von Fricks, Wolf-Dietrich: Das
österreichische Tierschutzgesetz – Tierschutzgesetz und Verordnungen mit ausführlicher Kommentierung, Wien 2007.

Dies.: Das österreichische Tierversuchsrecht. Tierversuchsge-
setz, Verordnungen und sonstige Rechtsgrundlagen, Wien
2010.

Dies.: Beiträge zu aktuellen Fragen des Tierschutz- und Tierver-
suchsrechts, Baden-Baden 2010.

Birnbacher, Dieter (Hrsg.): Ökologie und Ethik, Stuttgart 1980.

Birke, Lynda, Arluke, Arnold, Michael, Mike: The Sacrifice –
How Scientific Experiments Transform Animals and People,
West Lafayette / IN 2007.

Bolliger, Gieri, Goetschel, Antoine F., Richner, Michelle, Spring,
Alexandra: Tier im Recht transparent, Zürich 2008.

Bolliger, Gieri: Europäisches Tierschutzrecht: Tierschutzbestimmungen des Europarats und der Europäischen Union (mit
einer ergänzenden Darstellung des schweizerischen Rechts),
Zürich / Bern 2000.

Ders., Goetschel, Antoine F., Rehbinder, Manfred (Hrsg.): Psychologische Aspekte zum Tier im Recht (= Schriften zur
Rechtspsychologie, Bd. 11), Bern 2011.

Ders., Richner, Michelle, Rüttimann, Andreas: Schweizer Tier-
schutzstrafrecht in Theorie und Praxis (= Schriften zum Tier
im Recht, Bd. 1), Zürich, Basel, Genf 2011.

Ders., Sexualität mit Tieren (Zoophilie) – eine rechtliche Betrachtung (= Schriften zum Tier im Recht, Bd. 8), Zürich,
Basel, Genf 2011.

Ders., Spring, Alexandra, Rüttimann, Andreas: Enthornen von
Rindern unter dem Aspekt des Schutzes der Tierwürde
(= Schriften zum Tier im Recht, Bd. 6), Zürich, Basel, Genf 2011.

Ders., Goetschel, Antoine F.: Die Wahrnehmung tierlicher Interessen im Straf- und Verwaltungsverfahren (unter besonderer
Berücksichtigung der Situation des Tierschutzrechtsvollzugs
im Kanton Zürich) (= Schriften zum Tier im Recht, Bd. 3),
Zürich, Basel, Genf 2011.

Borchers, Dagmar, Luy, Jörg (Hrsg.): Der ethisch vertretbare
Tierversuch. Kriterien und Grenzen, Paderborn 2009.

Braithwaite, Victoria: Do fish feel pain? Oxford 2010.

Bregenzer, Ignaz: Thier-Ethik. Darstellung der sittlichen und
rechtlichen Beziehungen zwischen Mensch und Thier, Bam-
berg 1894.

Broom, Donald M., Fraser, A. F.: Domestic Animal Behaviour
and Welfare, Oxfordshire [2]2007.

Brown, Augustus: Warum Pandas Handstand machen, Berlin
2007.

Bundesministerium für Verbraucherschutz, Ernährung und
Landwirtschaft (BMVEL): Tierschutzbericht der Bundesregierung, Berlin 2011.

Camenzind, Samuel: Klonen von Tieren – eine ethische Ausle-
geordnung (= Schriften zum Tier im Recht, Bd. 7), Zürich,
Basel, Genf 2011.

Caspar, Johannes: Tierschutz im Recht der modernen Industrie-
gesellschaft: Eine rechtliche Neukonstruktion auf philosophi-
scher und historischer Grundlage, Baden-Baden 1999.

Ders., Koch, Hans-Joachim (Hrsg.): Tierschutz für Versuchstiere – Ein Widerspruch in sich?, Baden-Baden 1998.

Ders., Luy, Johannes (Hrsg.): Tierschutz bei der religiösen Schlachtung / Animal Welfare at Religious Slaughter, Baden-Baden 2010.

Clauss, Cornelia: Über Tierrecht, Tierschutz und die Gleichstellung von Mensch und Tier – Eine moralische Betrachtung unter Berücksichtigung Gaitas Position, München 2005.

Coetzee, J. M. (Hrsg.): The Lives of Animals, Princeton / NJ 2001.

Deutscher Tierschutzbund (Hrsg.): Tierschutz: Anspruch und Wirklichkeit, Bonn 2009.

Dinzelbacher, Peter (Hrgs.): Mensch und Tier in der Geschichte Europas, Stuttgart 2000.

Drewermann, Eugen: Über die Unsterblichkeit der Tiere: Hoffnung für die leidende Kreatur, Ostfildern 2008.

Duve, Karen: Anständig essen: Ein Selbstversuch, Berlin 2010.

EKTV / EKAH (Eidgenössische Kommission für Tierversuche / Eidgenössische Ethikkommission für die Biotechnologie im Ausserhumanbereich) (Hrsg.): Forschung an Primaten – eine ethische Bewertung – Bericht der Eidgenössischen Kommission für Tierversuche (EKTV) und der Eidgenössischen Ethikkommission für die Biotechnologie im Ausserhumanenbereich (EKAH), Bern 2006.

Engels, Eve-Marie (Hrsg.): Biologie und Ethik, Stuttgart 1999.

Faix, Anna-Vanadis: Die Bedeutung der Entwicklung von Tierrechten für die Menschenrechte: Ausgehend von Kants Tugendlehre, München 2010.

Faller, Rico: Staatsziel »Tierschutz«: Vom parlamentarischen Gesetzgebungsstaat zum verfassungsgerichtlichen Jurisdiktionsstaat?, Berlin 2005.

Focke, Hermann: Tierschutz in Deutschland: Etikettenschwindel?! – Der gequälten Kreatur gewidmet, Berlin 2007.

Foer, Jonathan Safran: Tiere essen, Köln 2011.

Francione, Gary L.: Animals, Property and the Law, Philadelphia / PA 1995.

Frewein, Josef (Hrsg.): Das Tier in der menschlichen Kultur, Zürich 1983.

Gerdes, Thorsten: Tierschutz und freiheitliches Rechtsprinzip, Frankfurt a. M. 2007.

Goetschel, Antoine F.: Kommentar zu §§ 7 – 11c TierSchG, in: Kluge, Kommentar 198 – 268, Stuttgart 2002.

Ders.: Kommentar zum Eidgenössischen Tierschutzgesetz, Bern / Stuttgart / Wien 1986.

Ders.: Der Zürcher Rechtsanwalt in Tierschutzstrafsachen, in: Schweizerische Zeitschrift für Strafrecht, Vol. 112, Bern 1994.

Ders. (Hrsg.): Recht und Tierschutz, Hintergründe – Aussichten, Bern / Stuttgart / Wien 1993.

Ders.: Tierschutz und Grundrechte, Bern / Stuttgart / Wien 1989.

Ders.: Das Tier in Recht und Ethik – Herausforderungen an die Tierärzteschaft, in: Nova Acta Leopoldina, NF 95, Nr. 353, 11 – 28, Halle (Saale) 2007.

Ders.: Würde der Kreatur als Rechtsbegriff und rechtspolitische Postulate daraus, in: Liechti (Hrsg.): Die Würde des Tieres, S. 141 – 180, Erlangen 2002.

Ders., Bolliger, Gieri: Das Tier im Recht – 99 Facetten der Mensch-Tier-Beziehung von A – Z, Zürich 2003.

Ders., Bolliger, Gieri: Die Tier-CD-ROM, Zürich 2005.

Ders., Bolliger, Gieri: Tierethik und Tierschutzrecht – Plädoyer für eine Freundschaft, in: Interdisziplinäre Arbeitsgemeinschaft Tierethik (Hrsg.), Tierrechte – eine interdisziplinäre Herausforderung, S. 177 – 197, Erlangen 2007.

Ders., Hitz, Dieter, Naef, Christine: Unser Hund: Praktische Tipps zu Haltung, Gesundheit und Rechtsfragen, Zürich 2001.

Gröning, Gert, Wolschke-Bulmahn, Joachim (Hrsg.): Naturschutz und Demokratie !?, München 2006.

Gruber, Franz P., Spielmann, Horst (Hrsg.): Alternativen zu Tier-experimenten – Wissenschaftliche Herausforderung und Per-spektiven, Berlin / Heidelberg / Oxford 1996.

Gruber, Malte-Christian: Rechtsschutz für nichtmenschliches Leben: Der moralische Status des Lebendigen und seine Im-plementierung in Tierschutz-, Naturschutz- und Umwelt-recht, Baden-Baden 2006.

Hackbarth, Hansjoachim, Lückert, Annekatrin: Tierschutzrecht: Praxisorientierter Leitfaden, München / Berlin [2]2002.

Hagencord, Rainer: Diesseits von Eden. Verhaltensbiologische und theologische Argumente für eine neue Sicht der Tiere, Regensburg [4]2009.

Händel, Ursula M. (Hrsg.): Tierschutz: Testfall unserer Mensch-lichkeit, Frankfurt a.M. 1984.

Harrer, Friedrich, Graf Georg (Hrsg.): Tierschutz und Recht: Tierschutz im Straf- und Zivilrecht – verfassungsrechtliche Grundlagen – Tierschutz in der EG – rechtliche Grenzen des tierschützerischen Aktionismus – rechtshistorische und phi-losophische Wurzeln der geltenden Regelungen, Wien 1994.

Hartung, Jörg: Kommentar zu §§ 5 – 6a TierSchG, in: Kluge, Kommentar, S. 180 – 197, Stuttgart 2002.

Haybäck, Gerwin, Haybäck, Michael: Hunderecht – Ethik und Recht der Hundehaltung im Wandel, Wien 2000.

Herbrüggen, Holger: Österreichisches Tierschutzrecht im Lichte der europäischen Integration, Stuttgart 2001.

Herbrüggen, Holger, Wessely, Wolfgang: Öffentlicher Tierschutz als Kunst des Möglichen, Wien, Graz 2011.

Ders.: Raschauer, Nicolas, Wessely, Wolfgang: Österreichisches Tierschutzrecht – Band II: Tierversuchsrecht, Kommentar, Wien, Graz [2]2011.

Herbrüggen, Holger, et al.: Österreichisches Tierschutzgesetz, Wien, Graz 2006.

Hippel, Robert von: Die Tierquälerei in der Strafgesetzgebung des In- und Auslandes, historisch, dogmatisch und kritisch dargestellt, Berlin 1891.

Hirt, Almuth, Maisack, Christoph, Moritz, Johanna: Tierschutzgesetz, Kommentar, München ²2007.

Imhoff, Daniel (Hrsg.): The CAFO Reader – The tragedy of industrial animal factories, Berkeley / CA 2010.

Interdisziplinäre Arbeitsgemeinschaft Tierethik (Hrsg.), Tierrechte, Erlangen 2007.

Jedelhauser, Rita: Das Tier unter dem Schutz des Rechts – Die Tierethischen Grundlagen eines rechtlichen Schutzmodells für das tierschutzrechtliche Verwaltungshandeln, Basel 2011.

Joerden, Jan C., Busch, Bodo (Hrsg.): Tiere ohne Rechte?, Berlin / Heidelberg / New York 1999.

Kaplan, Helmut F.: Der Verrat des Menschen an den Tieren, Neukirch-Egnach ²2007.

Ders.: Tiere haben Rechte, Erlangen 1998.

Karch, Dieter, Rating, Dietz, Bode, Harald, Boltshauser, Eugen, Plecko, Barbara, Sprinz, Andreas: Tiergestützte Therapien. Stellungnahme der Gesellschaft für Neuropädiatrie und der Deutschen Gesellschaft für Sozialpädiatrie und Jugendmedizin, Berlin 2008.

Karremann, Manfred: Sie haben uns behandelt wie Tiere: Wie wir jeden Tag mühelos Tiere schützen können, Hamburg 2006.

Kluge, Hans Georg (Hrsg.): Tierschutzgesetz: Kommentar, Stuttgart 2002.

Köpernik, Kristin: Die Rechtsprechung zum Tierschutzrecht: 1972 bis 2008 – Unter besonderer Berücksichtigung der Staatszielbestimmung des Art. 20a GG, Frankfurt a.M. 2010.

Korff, Wilhelm, Beck, Lutwin, Mikat, Paul (Hrsg.): Lexikon der Bioethik, Gütersloh 2000.

Körner, Jürgen: Bruder Hund & Schwester Katze: Tierliebe – Die Sehnsucht des Menschen nach dem verlorenen Paradies, Köln 1996.

Kourim, Heinz: Tierschutz: Heim- und Hobbytiere, Landshut 2008.

Krepper, Peter: Zur Würde der Kreatur in Gentechnik und Recht: Thesen zum gentechnischen Umgang mit Tieren in der Schweiz unter Berücksichtigung des internationalen Rechtsumfelds, Basel, Frankfurt a. M. 1998.

Ders., Affektionswert-Ersatz bei Haustieren (= Schriften zum Tier im Recht, Bd. 2), Zürich, Basel, Genf 2011.

Kunzmann, Peter: Die Würde des Tieres – zwischen Leerformel und Prinzip (Angewandte Ethik, Bd. 7), Freiburg, München 2007.

Kroth, Eva: Das Tierbuch, Frankfurt a. M. [5]2000.

Le Bot, Olivier: La protection de l'animal en droit constitutionnel, Étude de droit comparé, Lex Electronica, vol. 12, n°2, Montréal 2007.

Leimbacher, Jörg: Die Rechte der Natur, Basel 1988.

Leitzmann, Claus, Keller Markus: Vegetarische Ernährung, Stuttgart [2]2010.

Leondarakis, Konstantin: Tierversuche – Kollisionen mit dem Tierschutz – Das verwaltungsrechtliche Gestattungsverfahren für Tierversuche, Göttingen 2001.

Ders.: Menschenrecht »Tierschutz«: Die Verletzung von Menschenrechten durch die Verletzung von Belangen von Tieren, Baden-Baden 2006.

Liechti, Martin (Hrsg.): Die Würde des Tieres, Erlangen 2002.

Lorz, Albert: Mein Haustier: Die Rechte und Pflichten bei Erwerb und Verlust, Haltung, Reisen, Versicherung, Steuer, Tierarzt, Tierseuchen, Tierschutz, Jagdschutz und gegenüber Vermieter und Nachbarn, München [3]2000.

Lorz, Albert, Metzger, Ernst: Tierschutzgesetz, Kommentar: Tierschutzgesetz mit allgemeiner Verwaltungsvorschrift, Rechtsverordnungen und Europäischen Übereinkommen sowie Erläuterungen des Art. 20a GG, München ⁶2008.

Lorz, Albert, Metzger, Ernst, Stöckel, Heinz: Jagdrecht / Fischereirecht, München ³1998.

Lührs, Katja: Viva Veggie!: Ein praktisches Handbuch mit CD-ROM zur Optimierung des persönlichen Speiseplans, Emmendingen 2011.

Maisack, Christoph: Zum Begriff des vernünftigen Grundes im Tierschutzrecht, Baden-Baden 2007.

Martin, Madeleine: Die Entwicklung des Tierschutzes und seiner Organisationen in der Bundesrepublik Deutschland, der Deutschen Demokratischen Republik und dem deutschsprachigen Ausland, Berlin 1989.

Dies. (Hrsg.): Rechtsschutz für Tiere, Wiesbaden 1998.

Methling, Wolfgang, Unshelm, Jürgen (Hrsg.): Umwelt- und tiergerechte Haltung von Nutz-, Heim- und Begleittieren, Berlin 2002.

Müller, Denis, Poltier Hugues (Hrsg.): La dignité de l'animal, édtion Labor et Fides, Genf 2000.

Nida-Rümelin, Julian, Pfordten, Dietmar von der (Hrsg.): Ökologische Ethik und Rechtstheorie, Baden-Baden ²2002.

Niewöhner, Friedrich, Seban, Jean-Loup (Hrsg.): Die Seele der Tiere, Wiesbaden 2001.

Odparlik, Sabine, Kunzmann, Peter (Hrsg.): Eine Würde für alle Lebewesen? (ta Ethika, Bd. 4), München 2007.

Ort, Jost-Dietrich, Reckewell, Kerstin: Kommentar zu §§ 3 und 17–20a TierSchG, in: Kluge, Kommentar 135–163 und 322–431, Stuttgart 2002.

Ottensamer, Elke: Ausgewählte Aspekte des österreichischen Tierschutzgesetzes, Wien 2006.

Otterstedt, Carola: Mensch und Tier im Dialog, Stuttgart 2007.

Dies., Rosenberger, Michael (Hrsg.): Gefährten – Konkurrenten – Verwandte. Die Mensch-Tier-Beziehung im wissenschaftlichen Diskurs, Göttingen 2009.

Patronek, Gary J.: Hoarding of Animals. An Under-Recognized Public Health Problem in a Difficult-to-Study-Population. Public Health Reports, Vol. 114, Washington / DC 1999.

Pirkelmann, Heinrich, Ahlswede, Lutz, Zeitler-Feicht, Margit: Pferdehaltung, Stuttgart 2008.

Precht, Richard David: Noahs Erbe: Vom Recht der Tiere und den Grenzen des Menschen, Reinbek b. Hamburg 2000.

Radford, Mike: Animal Welfare Law in Britain. Regulation and Responsibility, Oxford 2001.

Regan, Tom: The Case for Animal Rights, Berkeley / CA 2004.

Ders., Singer, Peter: Animal Rights and Human Obligations, Upper Saddle River / NJ [2]1989.

Reinhardt, Christoph A. (Hrsg.): Sind Tierversuche vertretbar? Beiträge zum Verantwortungsbewusstsein in den biomedizinischen Wissenschaften, Zürich 1990.

Rheinz, Hanna: Eine tierische Liebe: Zur Psychologie der Beziehung zwischen Mensch und Tier, München 1994.

Rippe, Klaus Peter: Ethik im außerhumanen Bereich, Paderborn 2008.

Risi, Armin, Zürrer, Ronald: Vegetarisch leben – Die Vorteile einer fleischlosen Ernährung, Zürich [9]2011.

Rost, Beate: Notizen zum Tierschutz, Neunkirchen 2011.

Sambraus, Hans Hinrich, Steiger, Andreas (Hrsg.): Das Buch vom Tierschutz, Stuttgart 1997.

Sax, Boria: Animals in the Third Reich – Pets, Scapegoats and the Holocaust, New York / London 2000.

Schaal, Manfred: Tiere in der Zwangsvollstreckung, Hamburg 2000.

Schäfer, Rolf, Weimer, Wolfgang: Schlachthof Schlachtfeld – Tiere im Menschenkrieg, Erlangen 2010.

Schlatzer, Martin: Tierproduktion und Klimawandel – Ein wissenschaftlicher Diskurs zum Einfluss der Ernährung auf Umwelt und Klima, Münster 2011.

Schluep, Christoph: Mit Tieren auf dem Weg – Warum das Leben mit Tieren glücklich macht, Stuttgart 2008.

Schmidt, Kirsten: Tierethische Probleme der Gentechnik. Zur moralischen Bewertung der Reduktion wesentlicher tierlicher Eigenschaften, Paderborn 2008.

Schneider, Manuel (Hrsg.): Den Tieren gerecht werden: Zur Ethik und Kultur der Mensch-Tier-Beziehung, Kassel 2001.

Schnieper, Claudia: Blickpunkt Tiere. Professioneller Tierschutz im Lauf der Zeit, Zürich 2006.

Schuster, Helwig: Recht im Reitstall – Der Ratgeber für Reiter, Pferdebesitzer und Stallbetreiber, Wien 2006.

Schwab, Alexander: Vorwärts zur Natur. Ökophilosophie für Jäger und Angler, Wohlen / Bern 2007.

Schweisfurth, Karl Ludwig: Tierisch gut – Vom Essen und Gegessenwerden, Frankfurt a. M. 2010.

Schweitzer, Albert: Gesammelte Werke in 5 Bänden, München o. J.

Sigel, Stefani: Sportgerät Pferd – oder mehr?: Tierschutz im Pferdesport, Rheine 2009.

Singer, Peter: Animal Liberation. A New Ethics for Our Treatment of Animals, New York 1975.

Ders.: Befreiung der Tiere – Eine neue Ethik zur Behandlung der Tiere, Reinbek b. Hamburg ²1996.

Ders.: Praktische Ethik, Ditzingen 1994.

Ders. (Hrsg.): In Defense of Animals – The Second Wave, Malden / MA 2006.

Ders. (Hrsg.): Verteidigt die Tiere, Frankfurt a. M. / Berlin 1988.

Staguhn, Gerhard: Tierliebe: Eine einseitige Beziehung, München / Wien 1996.

Stallwood, Kim W. (Hrsg.): A Primer on Animal Rights: Leading Experts Write about Animal Cruelty and Exploitation, Brooklyn / NY 2002.

Stohner, Nils: Importrestriktionen aus Gründen des Tier- und Artenschutzes im Recht der WTO, Bern 2006.

Stohner, Nils, Bolliger, Gieri: Die GATT-rechtliche Zulässigkeit von Importverboten für Pelzprodukte (= Schriften zum Tier im Recht, Bd. 4), Zürich, Basel, Genf 2011.

Sunstein, Cass R., Nussbaum, Martha (Hrsg.): Animal Rights, Oxford 2004.

Teutsch, Gotthard M.: Tierversuche und Tierschutz, München 1983.

Ders.: Mensch und Tier: Lexikon der Tierschutzethik, Göttingen 1987.

Ders.: Die »Würde der Kreatur« – Erläuterungen zu einem neuen Verfassungsbegriff am Beispiel des Tiers, Bern, Stuttgart 1995.

Thein, Peter (Hrsg.): Handbuch Pferd: Zucht – Haltung – Ausbildung – Sport – Medizin – Recht, München [5]2000.

Theophil, Daniela: Haltungsbedingungen von Zirkustieren in 25 Zirkussen in der Bundesrepublik Deutschland, Inauguraldissertation, vorgelegt an der Tierärztlichen Hochschule Hannover, Hannover 2008.

Topal, Josef, Miklosi, Adam, Csanyi V. Vilmos, Doka, Antal: Attachment behaviour in dogs: A new application of Ainsworth's Strange Situation Test. 112, S. 219 – 229, Journal of Comparative Psychology, Washington / DC 1998.

Waldau, Paul: Animal rights – What everyone needs to know, Oxford 2010.

Waisman, Sonia S., Frasch, Pamela D., Wagman, Bruce A.: Animal Law – Cases and Materials, Durham / NC 2006.

Weiss, Jürgen, Pabst, Wilhelm, Strack, Karl Ernst, Granz, Susanne: Tierproduktion, Stuttgart [14]2011.

Wiegand, Klaus Dieter: Die Tierquälerei: Ein Beitrag zur historischen, strafrechtlichen und kriminologischen Problematik der Verstöße gegen § 17 Tierschutzgesetz, Frankfurt a.M. 1979.

Wiegleb, Gerhard, Briese, Andreas (Hrsg.): Ethik in den Lebenswissenschaften, Münster 2008.

Wise, Steven M.: Rattling the Cage, New York 2000.

Ders.: Drawing the Line, New York 2002.

Ders.: Unlocking the Cage, New York 2002.

Wolf, Jean-Claude: Tierethik, Erlangen [2]2005.

Wolf, Ursula (Hrsg.,): Texte zur Tierethik, Stuttgart 2008.

Wonisch, Oliver: Tierquälerei. § 222 St.GB unter besonderer Berücksichtigung des Bundes-Tierschutzgesetzes (= Neue juristische Monografien, Band 49), Wien/Graz 2008.

Herzlichen Dank!

Dr. Doris Mendlewitsch gebührt mein erster Dank für ihr Auf-den-Punkt-Bringen meiner Überlegungen und Meinungen. Somit liest sich das Buch nicht wie eine komplizierte Bedienungsanleitung, sondern eingängig und nachvollziehbar, und dies ist beim manchmal beengenden Thema eine prächtige Leistung!

Alexandra Kosian-Krishnabhakdi vom S. Fischer Verlag hat Idee und Konzept zu diesem populären Sachbuch eingebracht und uns und mich stets warmherzig und zielorientiert umhegt.

Meiner Partnerin, Daniela Rieg, bin ich für ihre unermüdliche Unterstützung dankbar, mit der sie mich auf dem manchmal holprigen Weg zwischen Abstimmungskampagne, Amtsabschaffung hin zu meinem wohl persönlichsten Buch begleitet und getragen hat.

Bea Schenk, Oliver Goetschel, Moïse Delaquis und Felix Rudloff sind mir beim Erarbeiten stets zusprechend beigestanden.

Gieri Bolliger und seinem vielköpfigen, großherzigen Team der »Stiftung für das Tier im Recht« bin ich für die allen zugängliche, rechtliche und ethische (wohlgemerkt versuchstierfreie) Grundlagenforschung und angewandte Forschung und insbesondere für ihr Mitwirken bei den Argumentarien dankbar. Auf diese Überlegungen greife ich auch nach Jahren noch gerne zurück. Und ohne das Mitwirken der vielen Frauen und Männer, die sich dem Verbessern der Mensch-Tier-Beziehung in Ethik, Recht, Gesellschaft und Alltag einsetzen – heute oder früher –, wären wir in vielen Punkten nicht so weit wie heute. Ihr kreativer Gestaltungswille, Ihre Neugier und Ihr Einsatz mögen auch künftig nicht nachlassen; wir und die Tiere sind auf Sie angewiesen.

Mit einem kleinen Ruck nötige ich mir ab, auch all jenen Personen zu danken, die sich Fortschritten im Tierschutzrecht verschlossen und gar noch zur Abschaffung des Tieranwaltsamtes beigetragen haben: Sie haben mich bestärkt, meine Nase noch mehr ins Ausland zu strecken und mich ungezwungener und weniger nach links und rechts schauend zu äußern. Den Widerstand der Tiernutzer und deren Fürsprecher zu überwinden, damit die Nutz-, Versuchs-, Wild-, Heim- und Sporttiere endlich einen würdigen Platz in unserer Gesellschaft zugewiesen bekommen, stellt eine herausragende gesellschaftliche Herausforderung dar. Sie bedarf des Zusammenspiels vieler Meinungsträger und Faktoren und des Überbrückens althergebrachter Glaubenssätze und Befindlichkeiten, gerade auch auf Seiten der Tierschützer.

Den Tieren bin ich tief dankbar für ihr Da- und Sosein. Ihr Anblick und Ihr Wirken berühren mich stets, meistens stimmt es mich heiter, manchmal bedrückt es mich. Und mit welcher Geduld, ja Resignation sie das scheinbar Unabwendbare in Würde durchstehen, hierfür gebührt ihnen mein und unser Respekt. Möge es ihnen, den vielen Anzeichen in anderer Richtung zum Trotz, in Recht, Ethik und vor allem in ihrem Alltag bald viel besser gehen.

Antoine F. Goetschel, April 2012